颠覆者

[美]斯宾塞·贾卡布（Spencer Jakab）◎著

刘伟◎译

THE REVOLUTION THAT WASN'T

GameStop, Reddit, and the Fleecing of Small Investors

中国出版集团
中译出版社

The Revolution That Wasn't: GameStop, Reddit, and the Fleecing of Small Investors
Copyright © 2022 by Spencer Jakab
All rights reserved including the right of reproduction in whole or in part in any form. This edition published by arrangement with Penguin Life, an imprint of Penguin Publishing Group, a division of Penguin Random House LLC.
（著作权合同登记号：图字 01-2023-3841 号）

由中译出版社有限公司 China Translation & Publishing House (CTPH) 与企鹅兰登（北京）文化发展有限公司 Penguin Random House (Beijing) Culture Development Co,Ltd. 合作出版

 "企鹅"及其相关标识是企鹅兰登已经注册或尚未注册的商标。
未经允许，不得擅用。
封底凡无企鹅防伪标识者均属未经授权之非法版本。

图书在版编目（CIP）数据

颠覆者 /（美）斯宾塞·贾卡布著；刘伟译 . -- 北京：中译出版社，2024.7

书名原文：The Revolution That Wasn't: GameStop, Reddit, and the Fleecing of Small Investors

ISBN 978-7-5001-7878-1

Ⅰ. ①颠… Ⅱ. ①斯… ②刘… Ⅲ. ①股票市场—研究—美国 Ⅳ. ① F837.125

中国国家版本馆 CIP 数据核字 (2024) 第 091222 号

颠覆者
DIANFUZHE

著　　者：［美］斯宾塞·贾卡布 （Spencer Jakab）
译　　者：刘　伟
策划编辑：于　宇　薛　宇
责任编辑：于　宇
文字编辑：薛　宇
营销编辑：马　萱　钟筱童

出版发行：中译出版社
地　　址：北京市西城区新街口外大街 28 号普天德胜大厦主楼 4 层
电　　话：（010）68002494（编辑部）
邮　　编：100088
电子邮箱：book@ctph.com.cn
网　　址：http://www.ctph.com.cn

印　　刷：固安华明印业有限公司
经　　销：新华书店
规　　格：710 mm×1000 mm 1/16
印　　张：22.75
字　　数：253 千字
版　　次：2024 年 7 月第 1 版
印　　次：2024 年 7 月第 1 次

ISBN 978-7-5001-7878-1　　　定价：　79.00 元

版权所有　侵权必究
中　译　出　版　社

给我家的三只"猿猴"

约纳、埃利奥特和丹尼

目　录

引言 / 1

第一章　小猫先生去华盛顿

 基思·吉尔 / 9

 弗拉基米尔·特涅夫 / 11

 加布里埃尔·普洛特金 / 14

 肯·格里芬 / 17

 史蒂夫·哈夫曼 / 20

 华盛顿的当权派 / 22

第二章　2019 年 9 月 8 日

 巨大的赌注 / 24

第三章　杀手级应用程序

 生于硅谷 / 31

 "谁都能做到！" / 36

游戏化应用 / 39

做出糟糕决定 / 41

你有经验吗 / 44

暴民心态 / 45

正在打上一场战争的将军们 / 51

第四章 2019—2020年冬季

"华尔街下注"的影响力提高 / 54

第五章 逐底竞争

送罗宾汉登月 / 63

"钱多多们" / 67

万圣节糖果效应 / 71

彩票心态 / 73

错失恐惧症 / 75

请感受伯尼 / 77

第六章 2020年4月

第七章 矮子当道

一部逼空简史 / 89

赤裸裸的雄心 / 92

你这个性感迷人的东西 / 94

矮个子们有理由活下去 / 96

目 录

第八章　2020 年夏秋季节

　　当日交易 / 100

　　游戏驿站股价上涨 / 105

第九章　作弊码

　　地震保险 / 113

　　请阅读细则 / 115

　　那条鲸鱼发疯的路数 / 119

　　散户投资者们和期权狂热 / 121

　　伽马逼空 / 123

第十章　2020—2021 跨年假期

　　让数字说话 / 126

　　少即多 / 130

第十一章　摸老虎屁股

　　邪恶博士还是乡村白痴 / 135

　　这局扑克牌游戏中的傻瓜 / 137

　　喊散乌合之众 / 138

　　"我们实际上倒变成当权派了" / 140

　　让人噤声的批评家们 / 141

第十二章　2021 年 1 月 22 日

　　模因股票逼空 / 144

黑莓的股价 / 150

第十三章 "猿族"崛起

歌利亚对战歌利亚 / 155

陷阱并非密不透风 / 157

社会认同 / 159

第十四章 2021年1月26日

卓尔不群之处 / 163

游戏傻票 / 166

第十五章 网络红人

埃隆、查马特和戴夫 / 169

魅力四射的先知形象 / 172

正确类型的富人 / 174

"空白支票公司·耶稣" / 176

亿万富翁会所 / 178

"我只知道我正在赚钱" / 181

你是不是机器人 / 182

尸位素餐的监管者们 / 186

第十六章 2021年1月27日

闪回 / 188

故事越疯狂越好 / 191

目 录

第十七章　哈哈，没什么大不了的！

"傻票"的崛起 / 194

"无法可信的故事" / 196

靠糟糕的选股赚大钱 / 198

就像押注赛马 / 201

第十八章　2021年1月28日

让人交易 / 206

监控局势 / 211

第十九章　穿紧身衣的男人们

数以百万计的新客户 / 219

罗宾汉 / 222

没有阴谋 / 223

为订单流付钱 / 226

隐形扒手 / 230

第二十章　2021年1月29日

我谁也不支持 / 231

难以维持 / 233

第二十一章　怎样做就教训不了大人物

"华尔街喜欢波动" / 235

做市商们 / 237

罗宾汉 / 239

　　大银行 / 239

　　机会主义者们 / 240

　　内部人士套现 / 243

　　"银背"夺得王冠 / 245

第二十二章　2021年2月

　　什么是退出策略 / 248

　　有涨必有跌 / 250

第二十三章　故伎重演

　　"交易有损于你的财富" / 256

　　不，你其实并非生来就是个投资者 / 257

　　与华盛顿的美好关系 / 259

　　"一场闹剧" / 261

　　如果找不到"下一个谷歌" / 264

　　"雨水般倾泻而至的补偿" / 266

后记

　　专家们被高估了 / 273

　　做一个持股人 / 275

　　机器人大佬 / 277

　　有点摩擦力是好事 / 278

自己动手 / 279

请了解赔率 / 280

过早赔钱也伤人 / 282

致谢 / 284

注释 / 288

译者注 / 313

原书索引 / 335

引　言

我永远不会忘记发现我的儿子们是"堕落者"的那一天。我的新闻编辑室因为新冠疫情关闭了，2021年1月25日上午我在家工作，在为第二天的《华尔街日报》编辑一个专栏时中途停了下来，想要看看他们在互联网上的所作所为。滚屏不到十分钟后，我开始起草一封电子邮件。这封邮件不是给他们的妈妈或者他们的校长，甚或是给一位儿童心理学家的，而是给您手里正拿着的这本书的出版商。

我最大的儿子是一名大学四年级学生，最小的儿子是一名高中生，他们是新闻社交网站红迪网（Reddit）[①]一个名为"华尔街下注"（r/wallstreetbets）的子板块的成员，该子板块的成员之间互相称对方为"堕落者""猿猴"。那时我已经知道红迪网的股票市场论坛大约一年了。

在新冠疫情大流行之前的几个月里，随着市场的繁荣，每周都会有某只股票由于成交量巨大而跳涨，因为该论坛的成员已经开始大量买入。在我看来，它是20世纪90年代后期雅虎股票留言板的放大版。我很快就了解到，我低估了现代社交媒体和最新基于智能手机的免佣金交易应用程序的威力。

当世界领悟到了新冠疫情的严重性时，经济运行戛然而止，股市暴跌。这时，年长的投资者们再一次未能在其他人惊慌失措时听从自己的建议买进。不过，"堕落者"并不是这样，也许是因为他们根本就不知道什么是更好的选择，他们一头扎进股市，很快做得比像沃伦·巴菲特这样的投资传奇人物出色。但他们也在做一些愚蠢的事情，比如买进破产公司的股份，或者抢购那些名字只是听起来像是埃隆·马斯克（Elon Musk）在推特上提到过的但实际上是毫无价值的空壳公司的股票。交易员和基金经理认为这很搞笑。然而，从我那天早上的所见所闻来看，华尔街现在是"笑"不出来了。

我的大儿子问我是否在写一些关于游戏驿站（GameStop）②的东西，这促使我深入研究红迪网子板块"华尔街下注"论坛。原因是他的一个朋友，一个从他俩上幼儿园时我就认识的聪明男孩，在这个子板块上读到关于这家视频游戏零售商的情况后买入了它的股票，而这让他的钱在几天内几乎翻了一番。当我说他就当自己撞上了好运并卖出股票时，他说他绝对不会卖出，这激起了我的好奇心，我开始了解这个论坛。

有儿子的我对游戏驿站是再熟悉不过了：我曾无数次开车送他们去那里购买光盘然后又用它们换不同的光盘。从多年编辑关于连锁店专栏的经验和我的儿子们最近绕过商店而在线购买数字游戏的偏好来判断，我知道它是一家垂死的商号——有点像网飞公司（Netflix）真正开始起飞后的百视达音像店③。这一点是如此明显，以至于看起来似乎华尔街的每一位对冲基金经理都已经赌定它的股价最终会跌至零。

但专业人士突然发现自己面对的一群人，对资金流量或者下一

引　言

个 Xbox④何时推出并不感兴趣。如果一只股票的行情上涨了一周、一天，甚至几个小时他们及时卖出了，"堕落者"就很高兴。在 2020 年，他们注意到，某些股票的行情上涨仅仅是因为他们和其在红迪网上结识的许多陌生人买入它们。人多是有力量的。

现在他们正在玩一个新的危险游戏——毁掉对冲基金老板们的生活。那一天"华尔街下注"论坛的会员人数已经超过 200 万，而在几周之内，当他们撼动现存的金融权力体制时，会员人数是原来的 4 倍。

有些用户意识到投资基金有遭受无限损失的危险，因为他们采用了一种称为"做空"的手法，这种手法可以让他们在股价下跌时获利——这与大多数投资者的做法相反。各只基金对游戏驿站股票的利空押注十分流行，以至于如果其股价出于某种原因开始急剧上升的话，它们能够"逃生"的机会非常小。由于像罗宾汉（Robinhood）⑤这样的经纪商允许业余交易者使用借来的钱购买股票，并运用像力量倍增器一样的金融衍生工具，业余交易者就有手段造成一些严重的损害。

业余交易者也有动机要这么干。在美国，人们财富不平等，并且似乎存在两套规则，一套适用于富人和与富人有关系的人，另一套适用于其他人，人们对这种情况充满怨恨。人们的成长经历包括努力偿还学生贷款，以及目睹他们的父母在金融危机期间苦苦挣扎。人们一开始是为了娱乐和赚钱，结果却带来了一种特殊的心里快感——对操控系统的建构者们施加严厉的报复。

直观、多彩的应用程序（App）让那些粘在手机长大的一代人可以异常轻松地做到这一点。在新冠疫情大流行期间，困在家中感到无聊乏味时，他们发现在股市上投机和在网上与陌生人交换意见甚至比押注体育赛事更令人兴奋。而且，如果遇到牛市，他们更加有利可图。当几乎每只股票价格都在上涨，这时人们面临的挑战不是选择出一只优胜股，而是找到一种可以让大钱如雨倾盆而来的交易。喜欢发表情包的网红们都很富有，而且都是好人，他们都很乐意提出建议。

这个新的投资者阶层不信任华尔街的传统建议，却非常愿意从这些网红以及红迪网用户同侪那里得到指点。现在，"华尔街下注"的一些成员似乎对卖空和金融衍生工具等晦涩难懂的金融知识了如指掌，他们谈论的是一个一石二鸟的投资机会：既能挣一大笔钱，又能把富人中的一些坏家伙打发到济贫院去。唯一的问题是你需要有"钻石手"——无论股价涨到多高，都要坚持持有仓位。这就是我儿子的朋友不肯卖出股票的原因。

在股票市场上，通过抢购并囤积所有可以买到的股份来暗中垄断一只股票从而挤榨卖空者，这种事在1921年总是发生，但在2021年却不是这样。这种操作很久以来就已经是非法的了。然而，如果不是一小撮富人在关起来的门后秘密操作，而是几百万持有小额账户的陌生人在完全公开地做这件事会怎样呢？纵然监管者大喊大叫："这是违规的！"他们到底要怎么做才能平息此事呢？

当这股浪潮还在聚集力量时，监管者没有加以关注，基金经理也没有留心这件事。他们过于忙着死死盯着彭博（Bloomberg）终端，没有时间浪费在浏览红迪网的表情包上。如果他们曾经浏览一下的话，就会看到这些全新版本的投机者肩扛筹码写下诸如"你一生中最大的逼空⑥"和"傻瓜指南：怎样使机构投资者破产"之类的文字。当"堕落者"仔细阅读公开的证券备案文件时,这些经理中的一些人甚至会看到自己的名字。当游戏驿站的股价持续上涨时,职业投资人一开始并没有自食苦果,反而看到了很多弱者——持股意志不坚定、总想赚一把就跑的人,所以就投入了甚至更多的筹码。正如海明威曾经对破产所作的描述:那隐隐欲使华尔街一些最大的玩家破产的危险力量,"先是潜滋暗长然后发出猛然一击"。

接下来事情变得更离奇了。接连不断的损失和激增的成交量不仅威胁到这些基金,而且要淹没金融系统的全部基础设施,这场游戏就被搁置了。突然之间,像罗宾汉这样的经纪商中止了用户购买股票的权利。不过,"大人物们"并没有被施加这样的限制。游戏被操纵了!

其实它一直都是被操纵的。

在写书之前我是一家大银行的股票研究部主任。在 28 年的时间里,我从未经历过市场上发生引起如此之多公众舆论和争议的事情。每个人都把自己想要读到的东西塞进对这件事的理解中,大多数人同情小人物。我也如此,但这不是因为散户大军不被允许购买他们想要购买任意数量的游戏驿站股份,而是因为这件事不是任何革命。

华尔街不得不在短时间内如临大敌般严阵以待的原因是技术性的,而不是一个阴谋。除少数损失惨重的基金,整个金融界都乐在其中。大卫对战歌利亚的故事在业界是乐事。一个喜欢表情包的散户大军打败了大公司,有人在网上晒出他们证券交易收益率的截图,显示 5 000% 的收益和百万美元的收付差额。一对优雅的年轻夫妇在牛市期间拥有了总计五个月的交易经验,他们在抖音海外版 TikTok 上发布指导性视频,讲述他们是怎样因为只买入上涨的股票而再也不必工作的。

有人带着数百万美元离开并夸耀此事，华尔街对此的感觉大约和拉斯维加斯一样——这完全没什么糟糕之处。这就是为什么当有人中了头奖，中奖的人被要求拿着一张巨额支票给记者拍照时，灯光亮起、警报声大作。长期以来，零售经纪商一直在投放商业广告，比如"你高中上学时最笨的孩子"在从事股票买卖后与模特们在超级游艇上举行派对。但是这个呢？这个是金钱买不到的那种广告。

当某件疯狂的事情正在现实生活中发生时，我常常认为这恰好就像某部电影一样。我猜我并不孤单，因为很多人都把"华尔街下注"本应扭转贪婪金融家的局面与《颠倒乾坤》⑦的情节相提并论。在这个情节中，穷困潦倒的比利·雷·瓦伦丁（Billy Ray Valentine）智胜腐败的杜克兄弟（Duke），并使他们在期货市场破产。"卖出，莫蒂默！卖出！"

我喜欢这部电影，但我首先想到的是更为严肃的《祖鲁黎明》⑧，这部由伯特·兰开斯特主演的关于伊散德尔瓦纳战役的电影。其中，一支拥有当时最新军事技术、过度自信的英国殖民军被一群他们认为是原始人的投掷长矛的非洲战士通过谋略挫败和屠杀。这就是人们从那周的新闻头条诸如"游戏驿站狂热揭示了华尔街的权力转移——专业人士头晕目眩摇摇欲坠""投到游戏驿站的傻钱，正在华尔街自己的游戏中击败华尔街"中感受到的氛围。

但到尘埃落定时，我改变了看法。现在我认为事情更像是《克隆人的进攻》⑨。这场战斗是惊心动魄的，甚至是英勇的，每个人都为阿纳金（Anakin）欢呼，希望他能打败贪婪的贸易联盟，但你要记住这只是前传——你已经知道故事会有怎样的结局了。有一种更大的力量正在进行，它很乐于看到一场战斗。华尔街喜欢反复无常的波动状态，当数百万缺乏经验的新投资者带着他们的积蓄涌入时，它是绝对喜欢这种状态的，又有谁会在乎它是否杀死杜库（Dooku）伯爵呢？

最后，关于游戏驿站股票和其他"模因股票"⑩的战斗变得更激动人心了。经纪商不得不拔掉"插头"以避免人们提出各种问题来烧坏电路的系统。美国人被激怒了，横跨整个政治光谱的各路政客们也是如此。客户们对罗宾汉感到狂怒，因为它比其他经纪商拥有更多受挫的用户，他们把这位经纪商的旧营销路线之一改头换面重新提了出来："让人们交易。"

直到我们的故事开始前不久，华尔街一直担心的是相反的问题。在新冠疫情前，金融行业享受着有史以来最久的牛市和相当不错的利润，但它的客户却变得越来越懂行了。技术、竞争和金融教育正在威胁着该行业的赚钱机器。甚至年轻的储户也在追捧廉价指数基金⑪，他们会购买和再平衡，或者机器人顾问会为他们做这件事，从而让华尔街失去了从前通过让人们交易个股或聘请共同基金⑫经理人而赚取的数百亿美元。一位分析师写了一份报告，称不承诺击败市场的廉价指数基金"比一些主义更糟糕"¹。

实际上，只有人们相信他们可以与精明的投资者竞争投资的时候，才是这个行业最好的岁月。"堕落者"正是华尔街的一类客户。没有人预料到当派对变得疯狂时，他们差点把这个地方拆掉，但像罗宾汉这样的经纪商和那些对冲基金下一次会准备得更好。大投资者们正吵嚷着要投资它们呢。

当我看到那天早上将要发生的事情时，我认为这就是某种我想写的东西。当我看到政界人士、新闻媒体和普通民众对接下来几天坐过山车式的反应时,我知道我必须这样做。这是一系列狂野而引人入胜的事件,包括金融创新、自我意识、经济的不确定性、暴民心理、代际纷争和一场致命的大流行病。在几周内,至少有四部关于"红迪网革命"的电影正在开发中。我知道它们会更像是《颠倒乾坤》或《祖鲁黎明》,也许还带有一点《动物屋》⑬的味道。

我要讲述的是一个不同的故事。其疯狂程度丝毫不减,但远不是那么泾渭分明,充满了流行叙事套路和令人尴尬的真相。的确,事态已经失控,散户可能已经震惊了当权派,但他们真的掀起了一场革命吗?远非如此。散户在华尔街的食物链中占有传统的一席之地,而且一旦尘埃落定,盈亏相加,这一席之地并没有改变,尽管有那么一小段时间,他们是金融系统的顶级掠夺者,一些精明的投资者发现自己成为猎物。我在讲述这个故事的时候将以部分交替进行,一部分追述一个聪明年轻人的堂吉诃德式冒险,他真正智胜了华尔街并最终激励了其他人去试试他们的运气,另一部分则探索导致并鼓励了这场"革命"的机制。在这些章节中,我将详细说明华尔街如何将数百万计的新人带到它的竞技场,诱逼他们认为自己在游戏中具有优势,然后享受巨额收入的。

但我也会分享一些好消息。小人物确实有办法可以狠狠收拾大人物,到本书结束时,您会知道自己怎样才能够做到这一点。

让我向您介绍一下这个故事的关键人物——华尔街的"王子们",其中一些人几乎沦为贫民;硅谷的神童,他们太聪明了,不会怀疑他们所赋能的人群的智慧;以及有位心不甘、情不愿的革命者,他具有钢铁般的神经,激励了大批散户投资者加入这场游戏。

第一章　小猫先生去华盛顿

基思·吉尔

"我不是一只猫。"

就是以这样一句话开始了一位来自波士顿郊区、直到最近还属于中产阶级的三十四岁财务健康专家的国会证词。他的俏皮话引用了一周前就已经迅速传播的一个虚拟法律辩护视频，为2021年2月18日下午因疫情仍在肆虐而远程进行的严肃诉讼注入了一点儿轻松氛围。与倒霉的、长着一张猫脸的律师不同，基思·帕特里克·吉尔（Keith Patrick Gill）拥有的技术知识足以使他能够禁用变焦滤镜[1]。

他在股票市场上赚了一点钱——一度超过5 000万美元，而且这还至少是间接地多亏了他拥有现代社交媒体和交易应用程序，它们从根本上降低了新手投资者进入股市的门槛。这就让他即使在巅峰时期也很容易成为那天被传唤作证的五个人中最穷的一个。

颠覆者

吉尔在一系列油管（YouTube）视频中以"咆哮小猫"（Roaring Kitty）的名字、在红迪网的"华尔街下注"论坛上以网名"DeepF**kingValue"行走江湖，他也是在虚拟听证会上作证的人中唯一只拿自己的个人资金冒险而致富的一位。这一切都是通过集中单独押注一家公司的股票而获得的，而这家公司，即游戏驿站，是金融界的一些最聪明的人确信正朝着相反的方向前进的。正如人们所说，做市场一个巴掌是拍不响的。

当吉尔第一次在证券上发了大财，然后无论如何都坚持持有大部分股份时，他一夜之间成了一场在线社交运动的英雄。每天下午都有数百万人登录"华尔街下注"论坛，只是为了看看他是否卖出了，论坛成员们每次都发誓：

如果他不卖，我就不卖！

革命者在这个过程中不可能都致富甚至都获利，尽管很明显，许多人并没有把计划的这一部分考虑进去，但他们可以通过集体把微薄的经纪账户武器化，把自己从华尔街的猎物变成猎人。对一些人来说，狠狠收拾一番大人物不过是锦上添花的事情。而对于革命者，这却突然变成了他们的主要目标，他们发誓即使会耗费他们的钱财，也要坚持下去。在疯狂的一周的进程中，数以百万计的人加入了他们的行列，这让他们对自己的成功感到意外。但是，就在大人物们处于完全恐慌模式的时候，游戏规则改变了，他们再一次被救了出来。这是"正面我们赢，反面你们输"的玩法，正像金融危机期间的情况那样。至少流行的叙事就是这样的，这也是吉尔那天早上必须穿上西装打好领带的原因。

弗拉基米尔·特涅夫

其他被传唤的证人穿着西装，在时髦的办公室里作证，而不是在墙上挂着一只小猫海报的出租屋的地下室。他们积累的财富比吉尔多得多，这在很大程度上是通过充分利用那个时代涌现的风险投资或从"帮助"美国人投资和增加储蓄的长期实践中获利做到的。

当天从众议院金融服务委员会收到最多问题的那个人——弗拉基米尔·特涅夫（Vladimir Tenev），与吉尔同龄。瘦削且苍白，留着齐肩的棕色头发，他与亚当·德赖弗（Adam Driver）有着相似之处，很有几分大卫·卡西迪（David Cassidy）的样子。特涅夫小时候从保加利亚移民到美国。作为一个男孩，他全神贯注于如何能够有钱，这样他的家人就不会被遣返，他努力学习，在斯坦福大学主修数学。三年前，特涅夫利用硅谷和华尔街的赚钱机器创办了一家劫富济贫、以罗宾汉为名的公司，成了亿万富翁。但现在他是通过限制交易来操纵游戏的主要嫌疑人。

特涅夫通过朗读从他公司的营销材料中摘录的几行文字开始了他的证词，内容是关于"金融系统应该如何被建立起来为所有人服务，而不仅为富有的人"。委员会主席玛克辛·沃特斯（Maxine Waters）没有心情听这些，一开始就打断了特涅夫并告诉他："利用你有限的时间直接谈论 1 月 28 日所发生的事情以及你卷入其中的情况。"那是三周前的一天，它使所有人——从双方的主要政客到深夜脱口秀主持人——都感到愤怒，让"华尔街下注"论坛名噪一时。

然而，一位权威人士却说："听证会是一个正在寻找问题解决方案的地方"①，这句话忽略了大局²。听证会是一个错失的机会，借着它本来可以向公众揭露规模巨大且利润巨大的生意是怎样从投资新手的积蓄中赚钱的。几十年来，美国人一直被迫在那些试图帮助他们进行投资的公司发出的令人困惑的、混乱的营销信息中摸索，往往导致他们做出糟糕且昂贵的选择。复利并不是人们凭直觉就能掌握的东西，但像去世不久的指数基金先驱约翰·博格（John Bogle）这样的人那时已经说服数千万积蓄者相信，由于看似无关紧要的成本，他们放弃了大量潜在的储蓄。

不过，像罗宾汉许多股票交易服务现在都是"免费的"，直接发送到智能手机上的实时信息和社交媒体上不错的投资建议似乎也是如此。除此之外，指数基金的表现却一点儿都不令人兴奋。许多分析和新闻推送让专业人士损失了一笔财富，现在分析投资建议已经变成小人物也用得起的服务了，这让他们能够与精英投资者竞争，甚至智胜专业人士。至少，故事就是那样讲的。然而，如果金融正在"民主化"，为什么华尔街取得的利润比以往任何时候都多呢？

如果听证会是在其他时间点，比如，在互联网泡沫破灭之后召开的，收看听证会的人们可能会对股票市场的回报有多少归他们所有，以及那天作证的人们中某些人怎么会变得如此富有更感兴趣。但2021年2月大多数拥有投资账户的美国人都没有心情查看他们银行结单上的细则。股票正在大涨，受交易限制影响的人们认为，他们本来可以做得比仅仅获取市场的长期回报要好得多。他们是华尔街的理想客户。

在退休和子女教育筹资方面，美国人几乎完全靠自己。那些为这些目标留出足够资金的人通常会在路上不知不觉被掏腰包。模因股票的逼空提供了一个绝佳的机会，可以提出一些棘手的问题，比如我们有多少积蓄最终会让华尔街致富，以及可以做些什么来改变行业的激励措施。

委员会成员发表的几通声明和提出的几个问题就说到了这点。例如，伊利诺伊州众议员肖恩·卡斯滕（Sean Casten）在特涅夫发表讲话时提出一条令人不安的意见："在你的商业模式中存在一种与生俱来的紧张关系，即在实现金融民主化（这是神的一项高尚的感召）和充当把鱼儿喂给鲨鱼的渠道之间的紧张关系。"

另一位成员问特涅夫是否本应该看到交易狂潮的到来。特涅夫把模因股票的逼空称为"黑天鹅"事件，发生的可能性为350万分之一。也许这位前数学博士生的数字是准确的，畅销书作家和风险分析师纳西姆·尼古拉斯·塔勒布（Nassim Nicholas Taleb）使用而流行的术语"黑天鹅"是人们根本没有预料到的，这不仅是一个罕见的表达。对于过去一年里新手们越来越疯狂和冒险的举止，特涅夫并不是一个消极的旁观者。他的公司及其模仿者们把借来的钱和金融衍生品做交易创造成了免费、轻松，甚至好玩的产品，从而使新手们有了做出这般举动的能力。当客户进行大量交易时，罗宾汉的整个商业模式繁荣起来，而且因为新手们的鲁莽，甚至更繁荣了。罗宾汉的大量核心用户——青年男子，在没有任何鼓励的情况下已然鲁莽行事[3]。现如今他们还在社交媒体上互相借鉴。罗宾汉网站的界面和价格点还对这种趋势大肆推波助澜。特涅夫那天作证的原因是他的公司做得太好，于是不得不触发了熔断机制。

关于个人投资者（散户）成败的一切都告诉我们，这个行当是获得低回报和招致高风险的诀窍。那么罗宾汉的客户们做得怎样呢？特涅夫回答说，除他们存入的钱，他们总共赚了350亿美元。但是他们存入了多少钱、他们的回报是多少？回报会是至少和把钱存入一只指数基金一样好吗？特涅夫很明显地回避了这个问题，而是指出，客户拥有的钱比他们直接花掉的钱要多。

加布里埃尔·普洛特金

卡斯滕比喻中的鲨鱼之一是听证会上的一位证人。然而，在他比几乎任何别的鲨鱼都大口吃掉更多的小鱼数年之后，革命者们从加布里埃尔·普洛特金（Gabriel Plotkin）的对冲基金的价值中抹去了数10亿美元，几乎把这位梅尔文资本管理公司（Melvin Capital）的创始人兼首席投资官弄到穷困潦倒的地步。

尽管是逼空的最大受害者，但普洛特金却并不期待那天听证会的观众会同情他，他也确实没有得到同情。部分原因是，随着时间流逝，全球金融危机已经把像他这样的对冲基金经理变成卡通反派，并且他通过押注某些股票会下跌赚来的钱使他在公众眼中看起来甚至更糟糕。

和吉尔一样，普洛特金在三十四岁时发现卷入了一项证券欺诈调查。他没有做错任何事，但这种大恐慌几乎中断了一个大有前途的职业生涯。当时，普洛特金是SAC的明星投资组合经理。SAC是一家敢作敢为的对冲基金，其首字母名称代表其创始人、华尔街最令人畏惧的交易员史蒂文·A.科恩（Steven A. Cohen）的名字。他的话被抄录在发送给公司其他人的关于股票内幕消息的电子邮件中。没有证据表明普洛特金阅读了它们甚或依照这些内幕消息采取了行动。SAC 最终被迫支付 18 亿美元的刑事和民事罚款，数名员工面临内幕交易指控[4]。

科恩的逆境变成了普洛特金的一个机会，他在 2014 年自立门户，以他已故的祖父——一位勤奋的便利店老板的名字，命名了他的对冲基金公司[5]。凭借来自科恩和其他人的一些现金，在创业的第一年末他就管理着 5 亿美元而且立即开始获得巨大收益。正如普洛特金在书面证词中告知委员会的那样，他创办公司后首要的主张之一就是做空游戏驿站的股票——借入股票并卖出，因为他押注该股票价格会下跌，那么他就可以以更便宜的价格回购②。

为什么是游戏驿站？普洛特金像大多数投资者一样，关注认为会增值的成功公司。但是，他和许多对冲基金经理并没有避开那些没有入围的公司，而是选择了同一行业可能的输家，押注它会输。如果所有零售商都在股票市场上经历了糟糕的一年，那么他的业绩可能不会那么糟糕，因为他卖空的弱势公司会做得更糟，使普洛特金获利并填补他在别处的损失。这种操作就像一个咒符发挥作用直至不再有效：到模因股票逼空前夕，普洛特金管理着大约 130 亿美元。前一年，他个人获得了 8.46 亿美元的赔偿金[6]。

普洛特金在很多方面都与他的导师科恩不同，科恩收藏印象派绘画和现代艺术。据报道，他曾以 1 200 万美元的价格购买了达米恩·赫斯特（Damien Hirst）的一条泡在甲醛里的鲨鱼，标题为《生者对死者无动于衷》。梅尔文资本的第一间办公室只有一件花了约

12美元的装饰品——装在框里的足球传奇人物文斯·隆巴迪（Vince Lombardi）的名言引语："赢是习惯。"不过，在其他方面，他与科恩是相似的。普洛特金精力充沛，黑发，英俊，一头浓密的头发，看起来不是很像秃头、胖乎乎的科恩，但两人都有完全适合于华尔街的头脑。作为一个运动爱好者，普洛特金可以立即回忆起各种统计数据，并将这种能力转而用到了金融上，能够轻松地靠回忆说出日期和股票价格[7]。普洛特金和科恩都为一位"宇宙的主宰"③投资了终极奖杯的资产——一支职业运动队。科恩在2020年成为纽约大都会棒球队的大股东，而普洛特金则和丹尼尔·桑德海姆（Daniel Sundheim），一位也在模因股票逼空中赔了一大笔钱的竞争对手，在2019年一起从篮球传奇人物迈克尔·乔丹（Michael Jordan）手中买下了夏洛特黄蜂篮球队的很大一部分股份。

相对而言，对冲基金经理的收入是那些为夫妻管理共同基金的穷人的数百倍甚至数千倍，原因在于他们被认为具有优势。虽然自全球金融危机以来的这些年里，他们的平均表现不一定能证明这一点，但他们肯定被允许做一些为富达投资集团（Fidelity）或先锋领航集团（Vanguard）工作的人用你的401（k）退休计划④做不能做的事情。这种自由意味着他们的表现可能不同于整体市场——对冲基金中的"对冲"⑤。这本身就是对冲基金向养老金和捐赠基金受托人大肆推销自己说辞的一个卖点，这些受托人将数千亿美元交给像梅尔文资本这样的管理人。

但这肯定不是他们在雇用普洛特金时能得到的结果。在"华尔街下注"论坛人群交易繁忙的数天时间里，随着游戏驿站的股价飙升以及其他被严重做空公司的股票价格最终也飙升，梅尔文资本将会损失数量大到危险程度的资金。梅尔文从科恩和肯·格里芬（Ken Griffin）经营的巨型金融公司——城堡有限责任公司（Citadel LLC）收到快速注资 27.5 亿美元，普洛特金后来坚称这不是"救市资金"。

肯·格里芬

另一轮问题是针对肯·格里芬的，他在 1 月 25 日早上一通电话的过程中决定将那笔现金最大的一部分交给普洛特金。格里芬是对冲基金巨头城堡的创始人，也是城堡证券（Citadel Securities）最大的股东，该公司在模因股票逼空期间处理的零售股票订单比任何其他公司都多。当一些众议院议员的问题变得尖锐而格里芬给出不偏不倚、令人沮丧的答案时，他那双圆滚滚的蓝眼睛直视镜头，似乎从不眨动。藏在一位财经作家开玩笑说"三秒钟就可以烧掉人们脸上的肉"[8]的凝视背后，是一位超级具有竞争性、几乎像机器人一样高效的经理，他的公司一度被比作一座古拉格集中营，尽管是一座薪酬很高的公司[9]。

"即使是在紧张的人群中，格里芬也可能是非常罕见的人群中的前十分之一。"高盛（Goldman Sachs）前 CEO 劳埃德·布兰克费恩（Lloyd Blankfein）提到这位金融家时说[10]。

格里芬在 52 岁时被传唤作证，是迄今为止最年长、也最富有的被传唤作证者，其净资产估计为 160 亿美元，与普洛特金的前老板史蒂夫·科恩并列福布斯世界亿万富翁榜[11]。像他的对冲基金经理同行一样，他也是一位贪婪的艺术收藏家。

两人都经历了糟糕到令人难以置信的、昂贵的公开离婚。在更幸福的时候，格里芬于2003年在凡尔赛宫举行了婚礼，唐娜·萨默（Donna Summer）在那里招待宾客。在听证会召开仅仅几个月之前，他因建造几处估值约为10亿美元的胜利纪念碑式的豪宅而成为头条新闻，这些豪宅可与一个多世纪前由威廉·伦道夫·赫斯特（William Randolph Hearst）和约翰·D.洛克菲勒（John D. Rockefeller）等财阀建造的庄园比肩[12]。

格里芬不仅拥有最多的钱和玩具，也是最有影响力的作证人。2020年，他的个人政治捐款超过6 000万美元，其中包括给那天询问他的几名共和党成员的捐款[13]，他的公司给了财政部长珍妮特·耶伦（Janet Yellen）约80万美元，用于支付她在卸任联邦储备委员会主席后发表的一系列演讲。她在联邦储备委员会的前辈本·伯南克（Ben Bernanke）是城堡有限责任公司的一位薪酬丰厚的高级顾问。

格里芬在很年轻的时候就开始了他在金融方面的上升之途，当他还是哈佛新生时，就发现可转换债券的定价异常，于是就在宿舍里交易这些债券。为了从1987年的股市崩盘中获利，他及时成立了他的第一只基金。按照"杀不死你的东西会让你变得更强大"的范式，21年后几乎让格里芬的对冲基金公司倒闭的另一场崩溃却为他的风险交易企业开启了新的机遇。全球金融危机后制定的规则使美国银行交易股票变得更加困难和昂贵，因为它们不得不留出额外的资金，降低自身所冒的风险以避免发生另一次金融危机。

城堡证券公司不是一家银行或者一家证券交易所，但它充当了做市商或批发商，迄今为止它代表小投资者交易的股票数量超过任何竞争对手。这是罗宾汉最大的单一收入来源，证券公司支付这笔钱以取得执行罗宾汉的股票和期权订单的权利，而不是由罗宾汉将它们发送到每个人都可以看到这些交易的交易所。这种"为订单流付款"的做法将会在听证会上引起一些令人不安的问题。

在很大程度上就像罗宾汉可以指出它通过"金融民主化"所行的善事一样，城堡证券可以吹嘘并且确实在吹嘘它通过有效匹配订单为散户节省了多少钱。这些数字是真实的，但只有当你决定购买某物时，你才能在该物上省钱。这种做法使零美元佣金和小账户投资者的狂热交易成为可能。

在游戏驿站股票逼空事件之前，格里芬已经是金融界最杰出的人物之一，但在金融界之外他几乎不为人知。精通社交媒体的交易者对交易暂停感到不满，并在普洛特金铩羽而归后正在寻找新的反派。因此，格里芬突然就成了这些人愤怒的焦点。如果你能想起一张拙劣的或侮辱性的、使用 Photoshop 软件加工出来的格里芬的形象，在网上被嘲讽地称为"KennyG"，那么它可能已经在推特网或者红迪网上使用过了。在逼空事件之后，格里芬保持沉默达数月之久，但当 2021 年 9 月一起联邦诉讼的细节浮出水面，向某些人暗示城堡为了自身利益请求罗宾汉停止模因股票交易时，他的耐心到了尽头。推特话题标签 #KenGriffin Lied（#肯·格里芬撒谎了）变成了社交媒体上最热门的话题之一。

格里芬在城堡证券长期休眠的推特账户上写道："弗拉基米尔和我从来没有发过短信、打过电话或见过面，这一定会让阴谋论者们感到沮丧。"

格里芬的对冲基金业务和他的交易业务互不搭界,也没有任何确凿证据表明他就是交易停摆的幕后黑手。为什么会是他?格里芬没有做任何不正当的事情,他是那些创新的主要受益者之一,据说就是那些创新在像他这样精明的金融家和小人物之间创造出了公平的竞争环境。甚至在模因股票逼空的前一年,随着股票零售交易成为美国的新消遣,城堡证券就把收入翻了一番,高达数亿美元[14]。

史蒂夫·哈夫曼

红迪网的首席执行官兼联合创始人史蒂夫·哈夫曼(Steve Huffman)当天也被传唤作证,红迪网是"华尔街下注"和许多其他论坛的所在地。他的公司既距导致听证会被召集的金融诡计有一步之遥,又是这个故事的核心。由于他不是一家可以任凭自己的生活被听证委员会搞得复杂的金融公司的老板,他对有关红迪网平台上的财务咨询问题的回答是直截了当而且毫无歉意的。

"人们可能会说,事实上他们也一直在电视上说,红迪网鼓励人们做出称为错误的投资决定,"他说,"我认为,红迪网上的投资建议实际上可能位于最优之列,因为在获得那样一种知名度之前,它必须被成千上万的人所接受。"[15]

但是,人们不必在社交媒体上花太多时间就可以懂得,最突出、像病毒一样迅速传播的帖子很少是最聪明、最有见识的帖子。如果有人怀疑红迪网是否想要在这次市场动荡中扮演自己的角色,那么在模因股票逼空逐渐消退的日子里举行的超级碗比赛期间⑥，该网站播放了一个非常成功的5秒钟广告。它一开始看起来像是一个汽车广告，然后切入一个带有红迪网标志的声明，这个声明是如此之快，以至于许多人后来不得不在网上搜索它。

"谁知道呢，也许你会成为金融教科书必须添加一个关于'鸡柳'的章节的原因。""鸡柳"指的是鸡柳爱好者吉尔喜欢的表示利润的俚语。"当人们对他们真正关心的事情团结起来时，就会发生巨大影响力的事情。有一个做这种事的地方，它叫作红迪网。"

亚历克西斯·奥哈尼安（Alexis Ohanian）与哈夫曼共同创立了红迪网，但他已离开该公司，他将游戏驿站股票的狂热与10年前的占领华尔街运动进行了比较。他说："对于乔和简这样的普通美国人——股票的散户买家来说，这是一个反击并抵制这些对冲基金的机会。"[16] 这是对事态的一种无可救药的浪漫看法。尽管有少数对冲基金受到模因股票逼空的沉重打击，但许多对冲基金业绩很好，它们迫不及待地想看到乔和简的下一次行动，尤其是现在计算机程序员已经建立了各种算法，可以用比人类阅读更快的速度来交换他们在 Reddit 上聊天的内容。

而且，即使整个专业投资者阶层都因模因股票逼空而永久处于不利地位，也不会对散户有什么好处。正如稍后将解释的那样，具有讽刺意味的是：可以卖空股票的基金为寻找保证金而奔波的时期，对于父母这样的普通百姓来说可能是最危险的时期。与此同时，那些负责制定法律来保护他们的人并不是真的于事有所裨益。

颠覆者

华盛顿的当权派

因为未能感知公众的情绪，听证委员会主席沃特斯在她的政治生涯中没有赢得23次选举。即使在交易暂停的事实变得清晰的几天之后，她还是在宣布听证会议程时特别提到了对冲基金。"许多美国人觉得这个体系对他们不利，华尔街无论如何总是赢。"她在听证会上这样说。

民意调查公司"隐形实时调查"（Invisibly Realtime Research）在2021年2月上旬向1 300多名美国人询问了他们对游戏驿站股价大起大落的动荡和交易限制的看法。超过3/4的受访者表示，关闭交易与其说是防止其他股票出现重大损失的举措，不如说是"市场操纵"[17]。在华盛顿极端两极分化之际，左翼和右翼政客都回应了这些怀疑。

但在采取行动来帮助保护信息不灵通的散户投资者这个问题上，他们多年来一直在倒退。2012年，国会通过巴拉克·奥巴马总统签署了《乔布斯法案》（《创业企业融资法案》），尽管这个首字母缩略词是JOBS，但它与就业无关。它降低了许多公司的资料公开要求，并允许它们向投资者宣传产品。接着在2018年，特朗普政府又取消本要求经纪人将客户的利益置于他本人退休账户的利益之上的信托规则。

在听证会几周后，罗宾汉在其网站上的一篇投资人教育帖子中为观众中的门外汉界定了受托人在法律上的特点："一名受托人有点像一名保姆"[18]，这在一个年仅21岁、确信自己是股市天才的人听起来当然是不酷的或者不值得向往的。在接下来的一个月里，罗宾汉将会在马萨诸塞州提起诉讼，以推翻 2020 年 9 月生效的一条要求经纪人担任受托人的规则。该诉讼指控该州试图"在时间上将其居民带回过去，并恢复罗宾汉公司成立时要打破的金融壁垒"[19]。

在听证会的新闻报道中得到最少关注的证人是秉持自由意志主义的卡托研究所的货币与金融替代品中心金融监管研究部主任詹妮弗·舒尔普（Jennifer Schulp）。这是一种耻辱，但不是因为她向委员会成员提供了任何了不起的政策建议。总部位于华盛顿的这家智库提倡"一种基于个人自由、有限政府、自由市场的美国公共政策"，舒尔普处理特涅夫和格里芬的案子比他们自己处理得更好。她敦促不要采取任何使散户投资者的交易变得更加困难或更加昂贵的措施来遏制危险的投机行为，但她引用了一些关于股票所有权在美国按年龄、教育程度和种族的划分分配不均以及关于长期在市场做交易的好处的统计数据，这本来是可以使讨论转到一个更富有成果的方向上去的。这种不平等以及对专家的普遍不信任，在模因股票逼空事件中起到了关键作用。

吉尔，这位在很大程度上被委员会忽视的证人，本来会更有启发性。说到底，他是唯一作证的散户投资者。他并没有积极领导这场假定的革命，而是通过自己坚定不移地为大规模的股票买入浪潮提供了关键的诱因。吉尔比 99% 大量投资于模因股票的年轻人更老练，他分享了大部分风险偏好。尽管当时面临调查，但他还是大肆吹捧游戏驿站股票，这是他持续持有并很快会购买更多的一只股票。甚至厚颜无耻地在他的证词中加入了一句经常在"华尔街下注"论坛上被重复的台词：

我喜欢这只股票。

第二章　2019 年 9 月 8 日

巨大的赌注

"天哪,兄弟,是什么让你在游戏驿站股票上投入了 53 000 美元?"[1]

网友 Techmonk123 对网友 DeepF**kingValue 的风险和回报意识完全没有印象。根据他在"华尔街下注"上发布的亿创理财账户(E*Trade)的屏幕截图,这位用户在一只股票上就做了 53 566.04 美元的全有或全无投注。尽管在红迪网这个子板块上都是用自己的钱在股市上鲁莽行事的人,但这次押注却是一场巨大而专注的赌博。更重要的是,这笔钱甚至都不是押在了特斯拉(Tesla)、网飞(Netflix)或者引领有记录以来最久牛市的任何其他魅力股上,而恰恰是投在游戏驿站股票上,这是一家基于商场的视频游戏零售商。华尔街上一些理财经理确信,随着软件的日益数字化,它正走在像已经停止经营的百视达公司的道路上。

第二章 2019年9月8日

DeepF**kingValue 并没有仅仅买入股份,而是购买了"看涨期权"。它是一种衍生合约,只有当股票价格在某个日期高于某个水平时才会产生回报。如果股票价格的情况不是这样,该合约会过期失效而变得毫无价值。而按照该股票在其最近的交易日的表现计算,要使这笔赌注哪怕值一分钱,游戏驿站的股价到2021年1月15日必须至少上涨86%。

DeepF**kingValue 的真实身份在16个月后被揭露出来:基思·吉尔。他在红迪网上发的这篇帖子都标记为"YOLO",意思是"你只活一次"(You Only Live Once)。这个首字母缩略词已经变成了一个形容词"优洛",同样也变成了一个动词。比如,在不知情的情况下就鲁莽下注的人被称为"优洛交易人"。"华尔街下注"论坛充斥着带有如下这类标题的言论,例如:

"将42 000的终身积蓄优洛到维视图像(MVIS)股票上(我21岁,亟须这个,这样我才能够在几年内支付房屋首付)。"

或者

"我在服用致幻药,却优洛了230 000到\$MNMD股票[①]"

或者

"胡乱优洛一大注就结束了?"

论坛上的其他人看来像是刚刚走了大运。有趣的是,吉尔自己不这么看,还透露给我们很多关于他的事情。价值型投资者迈克尔·伯里(Michael Burry)因迈克尔·刘易斯(Michael Lewis)的《大空头》(*The Big Short*)一书而出名[②],夏天早些时候他要在游戏驿站担任要职这个消息，导致看涨期权的价格飙升，迫使吉尔为最近购买的一些合约支付的价格是他不到一个月前所购买的合约的两倍还多。截图显示，他账户的价值为 113 962.61 美元。

他的帖子标题是"嘿，伯里，非常感谢你提高了我的成本"。

像吉尔和伯里这样的价值型投资者来自火星，而日间交易者们则来自金星。DeepF**kingValue 对他的笔名是忠实的，并对一个大牌的意外到来迫使他为投资支付更多的费用而感到恼火。深度价值投资者收集市场的碎屑，如有必要，他们愿意等待很长时间以看到股票价格上涨到他们认为值当的水平。如果在他们买入股票后股价下跌，那么许多人认为这是一件好事，因为这样就有机会以更低的价格买入更多。

几乎论坛上的任何人都会因为钱不止翻了一番而高兴得跳起来。一位发帖人说，DeepF**kingValue 至少应该套现他最初的投资，然后用剩下的作赌注。另一个人也提出了类似的建议。毕竟没有人会因为获利而破产。

"也许吧，但这不是你在长期内实现回报最大化的方法。"他回答道。

化名背后的那个人显然是无比自信。他在一个以粗鲁和几乎不重视拼写和标点符号而闻名的董事会上，也表现出了不寻常的成熟——更不用说礼貌了。

"小猪会变肥，肥猪会被宰。"关于 DeepF**kingValue 对抓紧一笔可能会化为乌有的小额财富不放的执著，另一位发帖人写道。

"再说一遍，那不是在长期内实现回报最大化的方法。那是在恐惧中交易——损失厌恶心理，是一种常见的情绪性偏见。"他回答道。

"如果这个愚蠢的人在一周内失去了一切,提醒我!"另一位的回帖写道。

正如一位前怀疑论者在很久以后更新一条给处于游戏驿站股票逼空事件中心的吉尔的旧评论时所说的那样,"像7月的一个下午在莫哈韦沙漠里的一大杯牛奶一样变陈旧了。"

如果与吉尔打嘴仗的几个人将他的化名与他的另一个账号——YouTube 上的"咆哮小猫"(Roaring Kitty)联系起来,很难知道他们会怎样认真得多地对待他。接下来的夏天他将开始在 YouTube 上进行关于游戏驿站增长机会的广播。吉尔经常戴着一条红色头带将棕色的长发束起来,一边啜饮比利时啤酒,一边兴奋地比画着,与《反斗智多星》③中迈克·梅尔斯(Mike Myers)的角色有着异乎寻常的相似之处。但他的论题是严肃且详细的,在要点中列出了对估值大师阿斯瓦特·达摩达兰(Aswath Damodaran)等权威的引用,他的听众几乎不知道这位大师,甚至在他的分析开始取得成果之后,吉尔还作证说他只吸引了很小的一部分人:"现实情况是,人们并不真正关心对游戏驿站和其他股票进行的令人厌烦的、翻来覆去的分析,这很好。"

他的目标不是成为视频投资明星,但如果是的话,那么吉尔选择了正确的开始时间。年轻投资者以创纪录的数量成群涌向市场,并在社交媒体上从有趣的和亲切可交的人那里寻求购买建议。大约在同一时间,一个年轻人赚了相当于吉尔赚的零头,却一边喊着"我不知道我在做什么",一边在 TikTok 上获得了 50 万的追随者[2]。吉尔通过了特许金融分析师所需的所有三级严格考试,从而挣得了镀金的投资资格证书。通常考生总共要花将近1 000个小时为通过这些考试，而且大多数人在初次尝试时要么没有通过三级考试中的第一级，要么没有通过第二级。

吉尔从来没有提到他的资历，这或许本来就不重要。在沉迷于匿名之后，他在一个不信任专家，尤其不信任华尔街专业知识的人群中声名鹊起。他的年轻、他对表情包的热爱以及他的非正式语言风格无疑打破了与同时代人之间的冰冷僵局，吉尔彬彬有礼、理智的做法几乎是通过网络对人们产生影响的教科书式案例。对社交媒体影响的研究表明，那些对自己最有把握的人往往会吸引更多的关注。

华盛顿州立大学的两名经济学研究生贾德里安·伍顿（Jadrian Wooten）和本·史密斯（Ben Smith）想测试股票市场假说，但他们发现金融预测通常不会在同一个句子中提及日期和价格——这可能是权威人士的明智之举。因此，他们编写了一个程序来分类整理超过10亿条关于2012年棒球季后赛和2013年超级碗比赛的推特预测。他们发现，表达自信但犯错比做出细微分析的正确预测获得的追随者要多得多[3]。

那么，深思熟虑的吉尔怎么会最终成为游戏驿站股票逼空事件的核心人物呢？在一个疯狂的牛市中，他在2019年夏天所做的那样，和在社交媒体上一群吹嘘自己的交易员来说，让自己的资金翻倍没什么特别之处。但由于他选择了这样一种投机性的金融工具，当游戏驿站的股票价格在2020年底模因股票逼空前的几周内终于开始更有意义地上涨时，吉尔的净资产会迅速增长，他的传奇也会如此。他的收益在巅峰时期几乎达到了100 000%。他大部分时间是在坚持，结果证明这个事实是激动人心的。

"没有一张脸附着在这个名字上——他只是一个神话般的家伙。他成了一个被当作偶像来崇拜的人物。"塞思·马奥尼（Seth Mahoney）说。他是一名大学生，也是罗宾汉的活跃客户，今年20岁，在游戏驿站股票逼空时已经在"华尔街下注"论坛呆了3年，在红迪网呆了9年。"他是领导者之一，就像拥有狗狗币的埃隆·马斯克一样。"[4]

当他的影响力达到顶峰时，吉尔只是在发布表情包或者更新他的亿创理财证券投资账户截图。然而，随着交易的成功，这些截图变得非常重要，纽约大学社会身份与道德实验室的心理学家杰伊·范·巴维尔（Jay Van Bavel）博士指出，社交媒体都是关于注意力的，当一张海报能够展示过去在正确的事情上取得的一些成功或展示一些已知的知识时，人们所看到的影响就会被放大[5]。

"一旦被引起足够的关注，它就会对实际行为产生影响，"他说，"在这种情况下，屏幕截图提供了所谓的社会认同，它会激励人们在模棱两可的情况下采取同样的行动。"

然而，回到2019年9月，那时人们很难得到赞美，更不用说模仿者了。在避开了主动提出的建议获利后，一位用户终于祝贺吉尔迄今为止获得的收益。吉尔回复：

谢啦！这仅仅是开始。

第三章　杀手级应用程序

如果你在半个世纪前告诉一位有进取心的年轻投资者，未来人们都会在口袋里随身携带一个设备，借助它可以即时访问人类知识的总和、来自同侪交易者社区的建议、涌流而出的媒体新闻头条和股价，以及通过滑动几次手指即可免费买卖股票甚至期权的权利，他会对潜在的获利垂涎三尺。但是，如果要谈到愚蠢的财务错误，那就是社交媒体上最响亮的声音和最狡猾的交易应用程序不是教育新手和允许年轻人积累资本，而是它正在帮助 Z 世代①和千禧一代与他们的长辈——互联网泡沫破灭和房地产崩盘的受害者——进行激烈的竞争。在这个过程中，他们和他们的长辈一样，也在填满有钱人的腰包，只不过是以一种不太明显的方式。

你需要对过去 5 万年来几乎没有变化的人类心理学有扎实的了解，才能仔细分析一场金融狂热。但是，如果你不知道过去 10 年左右被开发出来的几个基于智能手机的应用程序是怎样起作用的，那么你就无法理解游戏驿站股票逼空以及最新一代投资者的行为方式。它们已经以创纪录的速度发生了进化，并且通过自然选择和智能设计，已经非常擅长吸引人类大脑的注意力，并把注意力放在让人们赚钱的事情上。

那些对个人理财的新面貌感到满意并从中获利的人争辩道,像罗宾汉和红迪网提供的不过是更便利的服务形式,而服务本身,不管好赖总是存在的。毕竟,25年来人们一直在互联网上交易股票并交换有关股票的误导性信息。在此之前,他们通过电话或亲身进行交易,并从提供行情者那里获得没那么靠谱的建议。金融狂热和恐慌就像市场一样古老。对此,通常的处方是进行更多、更好的"投资者教育",尽管几乎没有证据表明它是有效的。

模因股票逼空给每个人都敲响了警钟。当它仍在继续时,狂怒的政客们召集听证会,电影制片厂竞相为拍摄以游戏驿站事件为主题的电影签署交易,对冲基金争先恐后地聘请数据科学家来搜遍社交媒体,以便他们能够在下一次狂热中尽早介入,或者至少待在远离伤害的地方。说到投资或者有关股票行情的小道消息,这方面可能的确是"太阳底下无新事",但超高速链接的、算法上得到了增强的应用程序的效能提高了一个数量级。它强有力到足以激怒华盛顿,激励好莱坞,让华尔街手忙脚乱。

了解红迪网和罗宾汉应用程序的工作原理就是理解这个故事的关键。

生于硅谷

红迪网的子板块"华尔街下注"论坛和罗宾汉应用程序分别于2012年和2013年启动。它们的增长轨迹表现出惊奇地一致,并且它们用户的重叠也值得注意。帕基·麦考密克（Packy McCormick）是一位在博客上写关于流行文化和商业战略文章的前银行家，他观察到，"在新冠病毒肺炎疫情开始时，作为红迪网子板块的成员与作为罗宾汉公司的交易员差不多是同义词。这两个词语都指'特别寻求风险的散户优洛交易者'。'华尔街下注'依赖于罗宾汉，而罗宾汉依赖于'华尔街下注'。罗宾汉应用程序用户的增长几乎完美地反映了'华尔街下注'论坛的发展"。[1]

该论坛的名字透露出很多关于创始人詹姆·罗戈津斯基（Jaime Rogozinski）对"华尔街下注"的愿景。他觉得自己在一些较老的、更稳重的红迪网投资子板块上被边缘化了——尤其是当他开始谈论投机交易或使用股票期权等金融衍生品的主题时。他想要一个人们可以讨论赌注、而不仅仅是讨论投资的地方。

社交网络和交易应用程序背后的技术可能是革命性的，但论坛和罗宾汉应用程序的使用者是革命者吗？当被问及论坛几近将主要对冲基金下架是否某种阶级战争时，罗戈津斯基摇了摇头。他表示，该组织的宗旨始终是寻找有利可图的黑客攻击或漏洞。在这种情况下，一些成员足够老练，能够理解短时间挤压的机制。

"所以这只是供他们进入其中的一个很棒的设置，然后突然之间它开始取得越来越大的吸引力。每个人都在欢呼喝彩，开始赚一大笔钱，然后突然之间，'轰隆'一声，出现一条头条新闻，这些对冲基金有麻烦了，"他说，"接下来，它就变成了一场运动，而目的始终是赚钱。"[2]

尽管罗宾汉以劫富济贫的神话英雄的名字命名，并且其公开宣称的使命是"为所有人实现金融民主化"，但它的意图同样也是赚钱。具有讽刺意味的是，在特涅夫退出加州大学洛杉矶分校的数学博士课程后，由弗拉基米尔·特涅夫和他的联合创始人白居·布哈特（Baiju Bhatt）创办的第一家公司却是旨在帮助对冲基金更有效地交易。两人在建立金融系统的过程中了解了金融系统的基本格局，并准确定位了一个机会。作为他们客户的大公司可以完成数百万笔交易而几乎没有什么成本，创建一个可以做同样事情的消费者应用程序又会有多难呢？

"我们清楚了智能手机将成为您访问市场和进行一般金融交易的首要工具。"特涅夫在 2017 年接受一次采访时说[3]。

这个想法出人意料地难以推销。特涅夫说，有超过 70 名潜在投资者拒绝了他们。社会影响力（Social Leverage，一家风险投资公司）的风险投资家霍华德·林德森（Howard Lindzon）立即看出了这个想法大有前途，飞往硅谷与特涅夫和布哈特会面。他们两人都戴着谷歌眼镜出席会议，那是极客时尚的极致[②]，这削弱了他们的庄严感。林森说："他们，尤其是他们的想法，给他留下了深刻的印象。"他一直试图将事业有成的零售经纪商与社交媒体、股票交易相结合，把制作和提交购买订单设计得就像在 Tinder[③] 上遇到特别的人一样简单。

"2007 年，我在亿创理财，后来又在嘉信理财（Schwab），他们的态度就像在说：'不，不，不，不，不！'"

前对冲基金经理林森创立了一个供投资者使用的早期的社交媒体网站 Stocktwits，并看出能够根据用户刚刚看到或听到的东西采取行动是件很有前景的事。

他说："我马上就明白了——这个想法就是只需点击一次，就能够右滑进入任何页面。因为有推特存在，有 Stocktwits 存在，所以我知道这会管用。你到最后虽然没有交易，却参与了人们关于股票的谈论。"4

风险投资人马克·安德森（Marc Andreessen）帮助设计了第一个商业网络浏览器，并且在他 20 多岁时是早期互联网的奇迹网景公司（Netscape）的联合创始人，他和说唱歌手"史努比狗狗"（Snoop Dogg）都成了早期投资者。布哈特在特涅夫从事软件加工时负责设计，他在产品开发过程中得到了目标受众的帮助。两人已从东海岸搬到帕洛阿尔托（Palo Alto），并把早期版本带到斯坦福大学校园附近的一家咖啡馆让学生们测试。在真正完成软件编写之前，这家初出茅庐的公司建立了一个网页，邀请人们通过留下他们的电子邮件地址来注册，甚至列表本身也变成了一种游戏，人们能看到自己在哪里排队以访问这个时髦的新应用程序[5]。

在社交媒体上的迅速传播帮助罗宾汉应用程序一夜成名。关于罗宾汉计划提供基于智能手机的免佣金交易的故事是在有影响力的计算机科学论坛"黑客新闻"（Hacker News）上，而不是在红迪网上获得了足够多的"赞成票"，从而成为页面上的第一名。那一周该公司有 5 万名潜在的客户注册。到 2015 年 3 月，当特涅夫和布哈特有了一款真正的应用程序时，罗宾汉已经有近 100 万客户。快速的增长和更多轮次的筹资接踵而至，到 2018 年，他们的公司估价为 60 亿美元，使当时 31 岁的特涅夫和 33 岁的布哈特成了亿万富翁[6]。对年轻的商界王子们的硅谷式英雄崇拜紧随其后，这两个男人被问及他们的日常生活（布哈特起床很早，践行间歇性禁食；特涅夫很少熬夜，喜欢阅读诸如柏拉图的《理想国》和《孙子兵法》这类经典著作）[7]。

与嘉信理财（Charles Schwab）、富达资本（Fidelity）或德美利证券（TD Ameritrade，美国交易控股公司）不同，罗宾汉成功的关键在于它诞生于现代硅谷。即使与那些在互联网时代起步的竞争对手相比，它也有一个优势，它是在智能手机发明之后成长起来的。它更像是一个附带一家经纪公司的应用程序，而不是拥有一个应用程序的经纪商。而且罗宾汉应用程序是一件美丽的事物，在推出的那一年就获得了"苹果设计奖"。当该公司为其首次公开募股提交文件备案时，专家们惊讶地发现，该应用程序的客户几乎每天要打开它7次[8]。到游戏驿站股票逼空事件发生时，罗宾汉拥有1 300万客户，而仅仅几个月后就拥有了1 800万客户。

电子商务巨无霸亚马逊（Amazon.com）在面对像巴诺书店（Barnes & Noble）和沃尔玛（Walmart）这样的竞争对手时令人难以置信的崛起的原因是数字化优先的优势。这些竞争对手的最初规模大得多而且想要像碾碎一只臭虫那样彻底打败亚马逊。但亚马逊就像一只具有进化优势的生物一样，拥有流畅的界面和一键下单功能，使其能够吞噬越来越多的忠实客户，而老牌企业笨拙地将在线商店拴到他们的实体业务上来。像DraftKings和FanDuel这样的公司以迎合Z世代和千禧一代用户的丰富多彩、直观的智能手机应用程序从日常梦幻体育起步。当各州一开始将在线体育博彩根据最高法院2018年的一项开创性裁决加以合法化时，它们就立即迫不及待地投入了这个领域。此后，它们在内华达州的赌场抢占了相当大的市场份额，那里曾经是全美国唯一可以合法押注体育赛事的地方。

在罗宾汉成立一年前，云计算公司Box的首席执行官、罗宾汉最早的投资者之一亚伦·列维（Aaron Levie）发表在《快公司》杂志（*Fast Company*）上的一篇文章阐述了其中的利害关系。这篇标题为"简单作为论题"的文章吹捧"一切事物的彻底简单化"，并附有一张一位佛教僧侣安详地凝望大海的照片。列维警告说："一家企业如果让客户做超出绝对必要工作量的工作，就会令自己成为人们攻击的目标。"

"最终，任何在简单性方面没有一家领军企业的市场很快就会有领军企业。如果你的公司不扮演这个角色，另一家公司就会带头。"⁹

但有效是一回事，对客户有好处则完全是另一回事。当事情到了要吸引我们的注意力并从中获利时，放任硅谷"快速行动，打破常规"的理念在数万亿美元的个人积蓄上肆意作为必然会产生一些问题。它的主要作用就是使人无法忽视一些长期存在的问题。

"谁都能做到！"

折扣经纪商们似乎在提供一种无差别的产品——不支付任何费用，却投资于这数 10 万种股票、债券、基金或期权合约中的任何一种。尽管如此，它们还是各投不同的客户之所好并以不同的方式赚钱。领军企业富达投资最初是一家共同基金公司，而截至 2021 年它是工作场所退休计划的重要参与者。在理想情况下，它愿意牵着你的手，让一位员工帮助你，但要收费。

在让人困惑的金融世界中，这吸引了许多人。有成千上万合乎职业道德的财务顾问会为你提供帮助，但每年收取大约相当于你资产1%的费用，如果你没有足够的资产值得他们花时间或者你宁愿少付很多钱，那么就会出现新的由算法驱动的机器人顾问，比如像财富前沿（Wealthfront）、Betterment和SoFi等，它们具有对千禧一代的吸引力和与之相匹配的定价。不幸的是，仍然有经纪商和保险代理人向那些不阅读或不理解细则的人出售不合适的产品，并收取隐性的费用。

有这么多人通过罗宾汉等平台成为自主投资者，尤其是在牛市期间，并不是因为他们对这些"鲨鱼"保持警惕或不想为咨询付费，而是因为他们听说别人发财了，害怕因错过机会而出局，接着又高估自己猜测个股的表现这种几乎完全随机事件的能力。

这种被称为"控制错觉"的现象最早是在20世纪70年代由心理学家艾伦·兰格（Ellen Langer）在一项实验中描述的。她让研究的参与者能够以1美元的价格购买彩票，购买时其中一半人是按照给他们的随机数字，另一半能够选择他们的幸运数字。随后他们用提供给他们的现金购买彩票。尽管赔率相同，选择自己号码的那一组却要求提供给他们数倍的钱，并且不太愿意出售。

心理学家戴维·邓宁（David Dunning）和贾斯汀·克鲁格（Justin Kruger）描述了另一种偏见：对某一主题所知相对较少的人往往比具有平均知识水平的人更加自信。像2020年这样的牛市中，当几乎每只股票都在上涨，而那些被投资专家回避的股票似乎表现最好时，不那么有经验的投资者更有可能将他们的好运归功于技巧而不是运气。

长期以来，鼓吹自主经纪人的广告一直瞄准的就是人性的弱点。后来被摩根士丹利收购的Discover Brokerage在互联网繁荣时期的一个商业广告节目就是该类型的经典之作：一个邋里邋遢、圆滚滚的拖车司机让一个身材细瘦倒在路边的股票经纪人搭便车，此人注意到司机的驾驶室里有一份投资周刊《巴伦周刊》④。他们开始讨论拖车司机的贸易公司。经纪人问："这么说来，你……做网上交易？"原来，司机只是喜欢帮助人，而且已经退休了。他向经纪人展示了一张贴在卡车遮阳板上的属于他的岛屿的照片，并说："严格来说，这是一个国家。"

出自一次更晚近的牛市的一个商业广告显示，一名年轻男子漫不经心地驾驶着一艘巨大的游艇，伴随着音乐的喧嚣和甲板上一群跳舞的模特，船的尾迹导致一对年长的夫妇从他们的桨板上掉下来，然后他就越过栏杆一头扎入水中。"高中最笨的家伙刚刚得到了一条船。不要生气。注册一个亿创理财账户吧。"

罗宾汉在其营销信息中回避作出让人变得极度富有的承诺。它针对的是更愤世嫉俗的一代，他们在全球金融危机期间达到法定年龄，并因此而看到他们的父母受苦。但基本的信息是相似的——谁都能做到。

就在几天前，由于对模因股票交易实施交易限制，罗宾汉面临压力，但它还是在超级碗比赛期间投放了一个感觉良好的广告，内容为大部分是年轻人而且种族多样的用户，在工作、学习以及开心玩耍时一路点击该应用程序。"你不需要成为投资者，你生来就是。"

然而，压倒性的证据表明，我们不是为投资而生的。历经了人类历史的 99.9% 传承下来的基因，在事涉股票买卖时也会妨碍我们。当然，我们确实应该投资，但在大脑和点击"买入"或"卖出"之间的距离能够拉开得越远就越好。任何让我们更频繁地做出决定的事情都可能让我们付出代价并让其他人受益。

游戏化应用

除了简单之外，罗宾汉应用程序的一个显著特点是它鼓励能动性。例如，获胜的交易会在您的屏幕上洒下五彩纸屑。这种设置导致马萨诸塞州州务卿威廉·加尔文（William Galvin）于2020年12月起诉罗宾汉，称其通过"游戏化鼓励客户不断使用该平台"。他特别指出，它旨在通过设计吸引年轻、缺乏经验的投资者[10]。

罗宾汉笨拙地否认了这些断言，例如，它说五彩纸屑不会在每次交易后都落下。"因此，事实就是五彩纸屑与频繁交易无关。"它还表示，它已经增强了系统，并提供了更多的教育材料和保护措施[11]。当然，对于70岁的加尔文来说，这款应用看起来与罗宾汉34岁的老板或31岁的典型客户不同。据报道，加尔文使用翻盖手机，让他的员工帮他处理电子文件。五彩纸屑功能在2021年春天被悄然放弃，但其他设计元素却被保留了下来。

"整个游戏化领域在市场中都有体现。"美国消费者联合会投资者保护部主任芭芭拉·罗珀（Barbara Roper）在模因股票逼空事件几周后接受采访时说。那时，罗珀已经在华尔街工作了30多年，她在会议上和在记者面前发表演讲，试图和华盛顿有权有势的人不断地谈论华尔街，因为他们有能力让华尔街变得更公平、更安全。罗珀6个月后被任命为证券交易委员会主席的高级顾问，负责处理与保护散户投资者相关的问题[12]，所以当她本人成为那些有权有势的人之一时，在罗宾汉总部，人们关于罗珀对他们的商业模式的担忧程度无疑上升了几个档次。

当罗珀任命为高级顾问后一个月，特涅夫向《华尔街日报》提交了一篇题为"罗宾汉用户受到攻击"的署名专栏文章，为他公司所提供的"供娱乐"的服务辩护，这是因为游戏驿站股票狂热现在成了公众关注的中心。"投资不是一场游戏，但它非得是冷酷难懂的吗？"特涅夫把让他变得非常富有的企业所面临的监管威胁描绘成对客户的攻击——这种论点大概也是烟草、酒类或者赌博公司的老板希望自己能够一本正经地板着脸提出的吧[13]。

罗宾汉并不是唯一一家卷入模因股票漩涡的经纪公司。尽管如此，它还是发挥得很好，于是便信心爆棚地跻身这次事件中。该公司最近一个季度的营业额增长了100%，并且刚刚购买了第一个超级碗广告。其智能手机应用程序的以数百万计、多数为年轻男性的用户可以在一次远投上下注低至几美元并急于赚取数倍的钱。他们甚至在首次注册时就能获得一次免费的下注机会。

糟糕！抱歉！这实际上是对在线体育博彩公司 Draft Kings 的描述。你在罗宾汉网站上获得的是免费的股票，而不是免费的下注机会。尽管如此，其用户的人口统计资料、强劲的成长、简单得诱人的智能手机应用程序，以及……坦率地说，以及它对赌徒的吸引力，都是一样的。甚至看起来惊人地与之相似。

"我高度怀疑他们从体育博彩应用程序中汲取了许多设计特点——甚至获得第一只股票的抽彩式机制，"全国赌博问题委员会执行主任基思·S. 怀特（Keith S. Whyte）说，"在鼓励经常玩这点上是相似的。"[14]

在吸引新的投资者这方面，五彩纸屑只走了这么远。罗宾汉很大一部分吸引力在于新冠疫情肆虐引起的市场波动，而疫情的肆虐恰逢交易爆炸式增长。

"波动性——当我玩扑克时，我也会感到突然一阵激动。"塞思·马奥尼（Seth Mahoney）说。那年春天，他在他新开的罗宾汉账户里作第一笔交易时才19岁，他说："你会觉得头晕目眩。"

像许多新交易者一样，马奥尼最初取得了一些激动人心的胜利，其间也经历了挫折。事实证明，在适当的条件下，就像获得老虎机的奖金一样偶尔地、随机地获胜甚至更具吸引力。著名的行为学家B. F. 斯金纳（B. F. Skinner）发现，用"可变比例程序表"奖励人们让他们完成一项任务，可以让他们坚持不懈地做这件事。他还发现，这种行为会变得"难以根除"[15]。换句话说，它会让人上瘾。

不过，有比押注顶级运动员的真实比赛更容易使人上瘾吗？在游戏驿站股票逼空前不到一年，罗宾汉和它的同侪撞上了一个令人难以置信的好运——人们在股市中历来见识过的一些最激动人心的情况与全球体育界暂时停止一切活动的时间恰好吻合。

做出糟糕决定

新一代应用程序的经纪商使用的一些最有效的方法通常与更良性的目标联系在一起，而不是让年轻人频繁交易。例如，诺贝尔奖获得者、经济学家理查德·泰勒（Richard Thaler）关于如何暗中推动人们做出健康选择的研究被雇主和消费者权益倡导者双方采用，来对工作场所退休规则作微妙的重新设计¹⁶。共同基金巨头先锋领航（Vanguard）发现，当公司从让新员工提交文件来签署他们的401（k）退休计划，到让他们选择适度不缴纳捐款，参与率从56%上升到89%。除非用户主动做出其他决定，否则多年来储蓄金额的自动增加会带来进一步的持续收益¹⁷。

但是话说回来，没有人说暗中的助推只能用来帮助人们做出正确的决定。注册罗宾汉时，客户的默认设置是一个罗宾汉即时账户（Robinhood Instant Account），该账户允许客户在存款结清之前用最高达1 000美元的公司资金进行交易。客户从听说一只热门股票到拥有一个经纪账户并持有那只股票只需要几分钟时间。在某种程度上罗宾汉肯定不是有意这样做的，但在模因股票逼空期间成千上万的全新客户对这种借贷功能的广泛使用却几乎炸毁了公司以及股市的基础设施，从而为特涅夫赢得了国会听取他意见的机会。

作为在逼空事件期间注册的罗宾汉新客户，你可以选择拥有一个现金账户，但无法借入公司的资金并立即进行交易。除了主动退出"即时"账户的心理障碍外，罗宾汉更是将这种选择描述为"降级"，剥夺了自己的即时满足感。这在成本上也没有差别。或者作为另一种选择，你也可以每月支付5美元购买一个罗宾汉黄金账户（Robinhood Gold Account），该账户允许你以股票价值作抵押免费借入最高1 000美元，然后支付2.5%的利率以获得进一步的垫头借支。

特涅夫表示，他对罗宾汉黄金账户的成功感到惊讶，但也许他本不应该如此，因为它针对的是习惯于每月支付小额费用订购服务的一代人，诸如有类似名称的Xbox Live金会员或者像Spotify⑤和网飞⑥这样的网络串流服务¹⁸。

除了订购收入和保证金贷款所赚取的利息外，罗宾汉给予最热心和冲动的客户附加的购买力是一项精明的商业决策。罗宾汉通常将其订单通过"订单流支付"的系统出售给证券公司，而不是将其发送到证券交易所。从理论上讲，这是一个双赢的局面，因为证券公司通常比交易所便宜一点，尽管它也有利润，而罗宾汉保留了一些省下来的费用。该公司不仅受益于它可以发送给证券公司的一笔笔交易的数量，还受益于这些交易的质量——或者更确切地说，是质量的缺乏。

例如，在 2021 年第一季度，证券公司城堡证券平均支付给罗宾汉 38 美分来购买 100 股大盘股，而恰在此时它支付有着更清醒客户的嘉信理财（Charles Schwab）仅仅 9 美分。一位行业观察家表示，部分原因是与嘉信理财更有经验或不那么急迫的投资者相比，向罗宾汉的客户指定他们在买入或卖出时愿意支付或接受的价格限制的可能性更小。在 2021 年第一季度，嘉信理财约 1/2 的订单是无法立即执行的"限价"订单，但罗宾汉只有 11% 的订单是这样的。在一份可以立即执行的订单上证券公司可以赚到更多的钱。

另一个原因仅仅是订单的规模小。正如证券公司更喜欢与散户投资者打交道而不是与精明的、财大气粗的专业人士打交道一样，他们可以从像罗宾汉客户的典型订单那样非常小的订单中赚取更多的钱，但罗宾汉也知道如何充分利用客户的倾向。据熟悉合同的人士称，其获得报酬的套路部分依赖于买入价与卖出价之间的价差。因此，当优洛交易者对模因股票而不是蓝筹股这样的东西感兴趣时，它可以获得更多的报酬。

最后，市场结构专家拉里·塔布（Larry Tabb）解释说，将证券公司支付的金额中的多少以价格改进的形式返还给客户，最终取决于每家经纪商。塔布猜测，嘉信理财为自己保留的钱比罗宾汉少[19]。需要明确的是，这种安排是合法的，对于任何愿意阅读经纪人合规表格的人，其付款都会计算到小数点后两位。这里所描述的时期是在 2018 年和 2019 年的一段时间之后，当时，美国证券交易委员会（SEC）表示，一些罗宾汉客户在不知情的情况下获得的价格"较其他经纪人的价格低"。该公司通过支付 6 500 万美元的罚款解决了该案，但不承认或否认有任何不当行为[20]。

你有经验吗

在 2020 年的狂野市场中，被称为"期权"的金融衍生品合约在锁在家中的年轻罗宾汉用户中特别受欢迎，它们在模因股票逼空中发挥了重要作用。一些行业内部的专业人士对没有经验的客户交易期权的审批过程如此简单以及有多少人接受期权感到惊讶。

期权对交易新手的部分吸引力在于：与一只可能在你账户中长期存放的股票不同，期权的确更像是一笔赌注。一小笔钱可能会在某个特定日期"嘭"一声消失或者变成一大笔钱。这两种结果无论出现哪种，接下来你都必须投入更多的资金才能继续玩。大多数期权买家都赔钱，这一点儿也与典型的股票投资者不同，却与体育博彩玩家一样。

2021 年夏天，罗宾汉同意接受金融业监管局（FINRA）开出有史以来最大的罚款。原告方控诉的部分内容表示，罗宾汉使用机器人来批准人们进行期权交易。FINRA 举了一个 20 岁买家的例子，此人说他的风险承受能力低、经验少，结果被系统拒绝了。三分钟后，他将自己的风险承受能力改为中等并声称自己有三年的交易经验——这在 20 岁时是很难拥有的——于是便被系统批准交易期权[21]。然而，罗宾汉有充分的理由鼓励使用这些金融工具。

"他们在期权交易中获得的报酬还要高得多。"罗珀说。

要高多少呢？该经纪公司表示，只有 13% 的客户使用期权交易。即使如此，它在 2021 年第一季度通过向证券公司发送期权所获付款赚的钱比从股票中还多[22]。与某位散户交易者进行期权交易的另一方对于经销商来说可能是非常有利可图的，尤其是当那个交易者没有经验的时候。对于上述示例中控制相同数量股票的期权合约，城堡向罗宾汉支付了 62 美分，而嘉信的客户则只支付了 35 美分。特别受欢迎的是提供类似彩票的回报但通常到期时买方已失去所有已支付溢价的合约。根据帕基·麦考密克（Packy McCormick）的说法，这些疯狂的趋势解释了为什么城堡证券会给罗宾汉支付更多的期权费用。

他写道："罗宾汉交易平台上的交易者不老练并不意味着什么，因为那是事实。""市场为每个平台上的交易的糟糕程度定价，它支付罗宾汉的钱比付给其他任何交易平台的都多。"

暴民心态

让类似彩票的押注如此受欢迎，不仅是因为潜在的财务回报，而且互联网上的名声也是其魅力的一部分。在得到算法增强的网站上，只有最吸引人的消息才会变得高度可见。一个被称为"强化式学习"的核心心理学概念鼓励用户发布那些会引起人们注意并获得点击量的东西。你因做某事而得到同伴的奖励会让你更有可能再做一次。在社交媒体上，这种奖励就是关注。

使用借来的钱和金融衍生品的能力使操作更加危险。如果其化名为某甲的网友说他将自己1/10的钱投入了一只股票，而某乙则声称自己作了一笔高风险的押注——对短期价格走势作了全有或全无式的押注，那么，在一个充满"智障者"和"堕落者"的论坛上，某乙将获得更多的点赞和关注。甚至那些对自己的投资能力不是特别有信心，并且不公开分享他们的不幸经历的人，在他们寻求同伴指导的网站上看到疯狂下注的故事得到突出展示，他们的行为也会受到影响。

越是极端的预测就越会得到关注，例如，2021年1月有人断言，游戏驿站股票每股价格将达到1 000美元（是几个月前的250倍）。某人的手机上有一个应用程序，在其中人们互相攀比着提出越来越古怪的价格，而另一个应用程序弹指之间就可以打开，它让同一个人在几秒钟之后就可以买入一只股票。这样就形成一个反馈循环。这种循环在模因股票的情况下则更为强大，因为它不再受到人们预期这些股票背后的公司会赚取的利润的束缚。

心理学家和社交媒体学者杰伊·范·巴维尔（Jay Van Bavel）指出，在"华尔街下注"论坛上，模因股票逼空"似乎创造了自己的常识形式"。"股票市场受到所谓的社会现实的逼迫——股票的价值在很大程度上是由许多人根据他们所认为的股票价值想象出来的，而不是某种清楚的客观价值，"他说，"如果有人能够说服足够多的人分享他们对某只股票的看法，那么，至少在一段时间内，它可以改变股票的实际货币价值。"[23]

社交媒体公司和智能手机经纪商们的商业模式就不仅是彼此相似，而是已经成为共生的了。在这方面，红迪网在财务上相对而言处于弱势，在模因股票逼空事件期间，是在勉为其难地以小博大。作为"互联网的首页"被创立，它的每日活跃用户数量在 2020 年末约为脸书（Facebook）的 3%、推特（Twitter）的 25%。视频网站 TikTok 和 YouTube 的规模更大，即使说到投资，它们也更有影响力。但红迪网的运转机制及其用户人口在统计上的特点使其成为使游戏驿站股价一路飙升到月球的完美工具。

该网站拥有一个由年轻、多数为男性、较之于其他社交媒体的会员远为更加奉行美国中心主义的人们构成的会员群，因此，该网站是能够交易美国股票、年轻人举行虚拟聚会的一个合乎逻辑的平台。会员在红迪网使用假名而不是真实身份，这既鼓励了诚实，也助长了胡编乱吹。红迪网群组更为同质化的性质使得在另一个较保守的论坛上会被"踩"到隐身的对话，而在这个论坛上成为被"顶"到突出的赢家，反之亦然。例如，红迪网有几个致力于投资的大型群组，从子板块"红迪 / 傻瓜（r/bogleheads）"论坛（由已故指数基金先驱约翰·博格的拥护者组成）到子板块"红迪 / 个人理财（r/personalfinance）"论坛、子板块"红迪 / 财务独立（r/financialindependence）"论坛、子板块"红迪 / 理财规划（r/financialplanning）"论坛、子板块"红迪 / 投资（r/investing）"论坛和"红迪 / 华尔街下注（r/wallstreetbets）"论坛。

据公司发言人桑德拉·朱（Sandra Chu）称，在大约10万个活跃的红迪网子板块中，首席执行官史蒂夫·哈夫曼对这个现在有名的论坛很感兴趣，因此亲自成了一个观察者[24]。

"他确实对认为'华尔街下注'论坛的用户狂野无知的意见感到愤怒。"

作为一名商人，他不得不对红迪网因成为许多年轻投资者的宇宙中心变得更有价值而感到高兴。模因股票逼空事件几天后，红迪网投放了第一个以"华尔街下注"论坛为特色的超级碗比赛广告。几天后，该公司就筹集到了资金，使公司价值比一年前翻了一番，达到创纪录的60亿美元。虽然按照硅谷的标准来看这并不起眼，但红迪网已经从它起步的地方走了很长的一段路。

红迪网是由弗吉尼亚大学的一对室友哈夫曼和亚历克西斯·奥哈尼安（Alexis Ohanian）创立的，时间在马克·扎克伯格（Mark Zuckerberg）和他的室友创立公司仅仅一年之后。它对广告商不像其他社交媒体公司那么友好，对于接受付费的"网红们"，它也不是像其他社交媒体公司那样有利可图的地方，这个事实使它有着与其他社交媒体公司不同的财务轨迹。这让电影《社交网络》中的一个标志性场景⑦，即关于几位创始人如何分道扬镳的那个场景浮现在人们的脑海中——贾斯汀·汀布莱克（Justin Timberlake）扮演的肖恩·帕克（Sean Parker）告诉扎克伯格和他的前好友爱德华多·萨维林（Eduardo Saverin）："100万美元并不算酷。你知道什么才算酷吗？10亿美元。"[25]

2006年，红迪网的共同创办者们将公司卖给了杂志出版商康泰·纳仕（Condé Nast），每人赚了不到1 000万美元——散碎银两而已。两人都离开了公司，然后返回。其间既有辉煌时刻也有暗淡时分。2012 年，前总统巴拉克·奥巴马在红迪网上做了一期超级话题活动，导致流量激增让网站不堪重负。令人印象深刻而程度稍逊的是红迪网的攻击性子板块，包括"未成年性感女子的诱惑""殴打妇女""肥胖者仇恨"等内容。担任该公司首席执行官坚持不到一年的风险投资家鲍康如（Ellen Pao）叱责了该网站，声称它"将白人至上主义货币化"[26]。

出格的内容当然不是红迪网独有的。监管它是棘手的，而且会侵蚀利润，但这种抵制也源于科技行业开放的理念，这种理念有时看起来几乎是在故作天真。

华盛顿大学历史学教授、《硅谷密码：科技创新如何重塑美国》的作者玛格丽特·奥马拉（Margaret O'Mara）说[⑧]："这些平台是由那些在很年轻的时候就取得了成功、其所有行为准则都得到了证实的人设计的，于是就带有一点漫不经心和开玩笑的意味。"[27]

独一无二的是，红迪网试图通过真人版主、有时也通过自动版主来控制内容。"华尔街下注"论坛的早期版主之一是制药业高管马丁·什克雷利（Martin Shkreli），他因将一种艾滋病药物的价格提高了 50 倍以上而臭名昭著，并因与此不相关的一桩证券欺诈被判入狱。虽然这不是对他定罪的一部分，但什克雷利是比影响模因股票的那些逼空事件更小但更疯狂的一次逼空的设计师，当时他领导的一个集团在 2015 年收购了制药公司 KaloBios 的大部分且毫无价值的股份，在短时间内将其股价推高了 10 000%。

"华尔街下注"论坛有点令人不安，它的座右铭是"就像 4chan 找到了一个彭博终端[⑨]"一样。贴图讨论版网站 4chan 以吸引匿名的年轻人而闻名，其中许多网友只是青少年，他们经常分享厌恶女性、种族主义甚至暴力的内容。在"华尔街下注"论坛上这类东西相对较少，但它肯定不是供礼貌对话的地方。创始人罗戈津斯基与论坛成员发生了冲突，并于2020年4月停止主持红迪网的这个子板块，因为他反对网站上的语气和一些他认为已经越界的偏执内容。

被模因股票逼空事件灼伤的卖空者安德鲁·勒夫特（Andrew Left）在他和他的家人面临骚扰后亲自向罗戈津斯基发出呼吁。他说他的个人账户被黑了，有些人给他的孩子们发了不良信息。他和他的家人受到的骚扰让他非常不安，以至于在经历了漫长的职业生涯之后，他退出了发布卖空候选人研究报告的业务。当受人尊敬的媒体行业分析师里奇·格林菲尔德（Rich Greenfield）写道，另一家模因股票，即美国电影院线股票（AMC）⑩毫无价值时，他的地址被发布到推特网上，他说他的孩子收到了死亡威胁短信。他不得不报了警。

本来正派的人会在网上说出甚至做出可怕的事情来——尤其是当他们隐藏在化名后面的时候，这是社交媒体的一个特征。耶鲁大学的心理学家莫莉·克罗克特（Molly Crockett）的研究发现，我们无法看到骚扰受害者的脸，这会阻碍我们本来可能会切身感受到的克制和共情。尽管骚扰者都没有遇到勒夫特或格林菲尔德，但这两个人还是被当作恶毒攻击的目标。

因此，在最极端和最令人讨厌的情况下，"华尔街下注"论坛不仅在模因股票的世界里策划了一场史诗般的逼空，而且还亲自恐吓了站在争论另一边的人们。未来，由于社交媒体的新力量和威胁，投资者、分析师甚至财经记者可能会考虑避免表达他们对大众的喜爱。这最终会让最不知情的投资者花钱，因为它可以让狂热变得更强烈并持续更长时间，为可能表现非常糟糕的投资吸引更多的资金。

正在打上一场战争的将军们

史蒂夫·哈夫曼和弗拉基米尔·特涅夫的办公室在湾区相距不远，他们被拖到一个国会委员会面前，因为在2021年1月的事件中到处都有他们公司留下的痕迹。过去，许多30多岁的科技企业家新富曾在国会山受到关于从隐私到外国对选举的干预等问题的盘问，但只有这一次盘问的主题涉及国家金融市场的混乱。与华尔街年纪较长的同行相比，硅谷首席执行官们的懊悔之心往往要少很多，而且更坚信自己是一股向善的力量。他们也有较少理由担心。当银行和保险公司被怀疑行事不慎时，监管机构对它们所采取的行动是相当直接的，因为它们的行业内有很多国内、国际监管机构，还有数千页的现有规则需要遵循，这些复杂到能够做一锅"字母形花片汤"。新的法律通常是在事实发生之后才写的，因为这些行为并不违法，只是感觉不对劲儿。

但科技公司是难以理解的，而且它们会很快争辩说自己正在让世界变得更美好。它们的辩护是，技术只是一种工具，有时人们会滥用它。即使你可以证明以客户为产品的"免费"交易和社交媒体应用程序鼓励了鲁莽的行为，对此你究竟要怎么做呢？对需求量巨大的服务实施限制在法律上是有问题的，而且极不受欢迎。试图阻止进步不仅会使政客成为卢德分子⑩，而且它可能会钳制言论自由，或者在罗宾汉的情况下，限制经济机会，而这两者实际上都将是非美式的。

"这是一个非常有效的论点，可以让人们闭嘴。"硅谷历史学家玛格丽特·奥马拉说。

华尔街和华盛顿一样对红迪网的革命感到震惊，但它们并没有吵吵嚷嚷地要求新的规则。即使是主要受害者加布·普洛特金，在听证会上似乎对这个想法并不热心。肯·格里芬是在事件的爆发中个人受益最大者之一，他表达了强烈的自由意志主义倾向，他的反对意见很明确。他们两个人都没有预料到，自由、无摩擦的交易和算法增强的社交媒体会关闭部分市场以免引发连锁损失，但好坏参半。

不过，华尔街的客户又该怎样呢？这个不好说，因为在这样一个华而不实的时代，虽然分享个人财务胜利的截图已经成为司空见惯的事，但许多人——尤其是最新的投资者——的表现在牛市中并没有取得应有的成绩。在一个大学教育、房屋首付和退休等生活目标筹资基本上靠自己的国家，个人储蓄者会因为隐藏的费用、不佳的时机和不当的投资而错失本来可以挣得一大笔钱的机会。一些技术正在帮助补救这个问题，每年为他们节省数百亿美元，而其他更诱人的技术却正在使情况变得更糟糕。

国会花了一个历史性的疯狂交易周才注意到这个问题，即使如此，政客们似乎从一开始更感兴趣的就是为什么罗宾汉和其他经纪商限制了散户交易，而不是当初是什么让散户如此鲁莽地对待自己的钱。如果红迪网的革命者全都赔钱，情况可能会有所不同。当普通人在市场上遭受一次巨大失败后，总会有爆炸性的调查、新规则的制定或监管机构的创设。1929年的大崩盘催生了美国证券交易委员会和关于内幕交易的法律;安然(Enron)和世通(WorldCom)等公司招致的互联网泡沫破灭和犯下的欺诈行为带来了关于企业报告责任的《萨班斯－奥克斯利法案》(Sarbanes - Oxley Act)以对华尔街所行调查的严格新规则⑪;而房地产泡沫破灭则促进了限制银行承担风险的能力的《沃尔克规则》(Volcker Rule)⑫以及消费者金融保护局(CFPB)的成立。

然而,就保护投资者而言,将军们总是在打上一场战争,这不仅仅是缺乏远见的问题。因噎废食的做法在政治上总是不得人心的。这一点可能永远不会比在模因股票狂热的导火索即将点燃的那个期间更真实。随着可怕的新病毒的出现,有一段时间年轻的优洛交易者们似乎是全美国唯一有兴趣购买股票的人。

第四章 2019—2020年冬季

"华尔街下注"的影响力提高

即使按照"华尔街下注"论坛生硬粗暴的标准,人们也有点苛刻。

上次我们遇到DeepF**kingValue时,他很容易沾沾自喜,他也可能赚到了可观的利润。5个半月后,也就是2020年2月,他对状况不佳的视频游戏零售商游戏驿站股票的全押投注看起来并没有那么好。在那段时间里,它的价格从每股4.31美元跌至3.60美元。这听起来并不可怕,但由于他的全部头寸都是看涨期权,随着时间的推移,期权价值会下降,他目睹了自己投资组合的价值从超过113 000美元急剧下降到不到45 000美元。如果价格没有大幅上涨,那么他将失去剩余的部分。

"用你在GME股票的看涨期权上挥霍掉的金额,你现在本来可能已经买到了自己的特许经营权。"一位同坛用户写道[1]。

通过用每股 8 美元时产生回报的期权来交换一些目标更高的期权，其中包括只有在游戏驿站股价在次年 4 月上涨至每股 12 美元以上时才会带来收益的一批期权——涨幅高达 230%，吉尔实际上提高了自己的标准。他的论点是一个冒险的论点。吉尔承认该公司的传统商店正在苦苦挣扎，这就是如此多的专业人士押注其股价会下跌的原因，但他认为视频游戏本身是一项蓬勃发展的业务，该公司可以"将自己重塑为首屈一指的游戏中心。"[2] 不过，这还不是正在发生的事情，到那时为止，2019 年 9 月是吉尔账户的顶峰。在游戏驿站于 12 月发布季度绩效更新后，他的期权投资组合的价值已经跌至 83 000 美元。分析师迈克·希基（Mike Hickey）将该股票的目标价格从每股 5 美元下调至每股 3 美元，并将该公司的公告描述为"切尔诺贝利体验"[3]。季度财务报告发布后，只有一位分析师对该股票仍给予"买入"评级，但这个数字很快就降至零[4]。

"老实说，你玩轮盘赌的赢面更大。"另一位"华尔街下注"论坛的用户在回复吉尔的一幅账户报表截图时写道。

看到各种思维定式的冲突是令人着迷的。"华尔街下注"论坛上的很多人绝对相信某些股票会走高。吉尔对他的投资类型、深度价值，则完全不确定，只需要有点自信。如果你的分析是好的，那么你正确的次数就会多于错误的次数。对于吉尔来说，面对失望而坚持下去并不是虚张声势，而是一种罕见且有利可图的思维方式。

"作为一名长线投资者，我得益于很不在意每日价格变动，"他在回复一条挖苦评论时写道，"即使在今天，在典型的季度性股市暴跌之后，更长期的趋势仍然看起来不错，所以没有什么可恐慌的。让我们看看未来几周价格会如何变化。"

然而，情况并没有任何好转。到 1 月中旬该公司发布关于其假期销售得不温不火时，吉尔的余额已降至 56 541 美元。

一条回复是："你这个该死的智障！当股票涨到 121 000 美元的时候，每个人都告诉你卖出。我希望你能从这件事中解脱。"

到了 2 月，股市已经被新冠疫情影响，开始令正常生活瓦解了，而用户对吉尔的回复又是怎样的呢？

"你在一局愚蠢的赌博中输掉的那 42 377 美元真的会改变我的生活。在一个周六早上想起来都有点郁闷。"

吉尔认为股价可能会涨到 20 美元或 25 美元，但他并不是在寻求肯定。扮作"咆哮小猫"这个角色，他说他正在让别人分享他的见解，以便其他人可以将他的假设，即这家曾经受人仰慕的公司可能采取能够盈利的第二次行动，戳出洞来。他尚未料想到论坛可以让他的收益暴涨并将股价推高到他目标的 20 倍。但他很快就开始有一种预感：他能够做的事情比他最初想象的要多得多。若不是他卖出得快，年龄更长但不一定更聪明的价值型投资者本来也会赚到钱。吉尔拥有一只脚站在价值世界里，另一只脚站在模因世界里的罕见优势。

"华尔街下注"论坛的用户人数和影响力都在增长，而且，作为即将发生的事情，当月某些股票的价格似乎无缘无故地暴涨。接下来，它们在论坛上受到大肆吹捧的事实就会暴露出来。一些专业投资者开始关注该论坛，不是为了听取建议或见解，而是为了新手们正在打探的事情上先行一步。论坛并没有被认真对待，也远非主流。

媒体第一次提及红迪网子板块似乎是在 2016 年 3 月由"市场观察"网站（MarketWatch）的萨莉·弗兰齐（Sally French）和肖

恩·朗鲁瓦（Shawn Langlois）撰写的一篇报道中，该报道标题是"遇见千禧一代——这些人希望通过愚弄华尔街最危险的石油公司之一，要么致富要么去死"。当时，"华尔街下注"论坛只有38 000名成员，而红迪网更清醒的子板块"投资"论坛则有183 000名成员。这篇文章详细叙述了又名"世界乱象"（World Chaos）的佛罗里达高中生杰弗里·罗赞斯基（Jeffrey Rozanski）的故事，他在几天内将900美元的"投资"变成了超过55 000美元。他押注股市会大幅下跌，并且他猜中了[5]。

在这篇文章中被征引了其他人正在投机交易代码为UWTI的"交易所交易票据"（一种类似股票的证券），该票据的每日涨幅是原油价格每日涨幅的3倍。由于当时能源价格处于极度恐慌而大出口商试图支撑其价格，该票据在2019年冬季和2020年春季每天都有达到两位数的百分比涨幅或跌幅。文章还介绍了当时仍担任论坛版主的罗戈津斯基和年轻的加拿大交易者F. S. 科莫（F. S. Comeau），他说在过去两年中损失了巨额遗产，并因压力而导致身体不适。他还说要离开一段时间。

下一篇提到该网站的文章是在2017年初对科莫的重访记。他决定重新投入游戏，试图通过在公司的季度业绩公布之前大赌一把苹果股票的"看跌期权"来挽回他之前的所有损失——这种金融衍生品的价值在股票价格下跌时会上涨。他听上去对公司业绩糟糕的预判很有自信，而且他还在网站上写了一篇5 000字的论文来解释他的推理。有些人认为科莫的观点具有说服力。

"苹果公司根本不可能提高盈余公告后的价格，"他写道，"这没有发生在谷歌身上，也没有发生在西部数据、高通甚至英特尔或微软身上，尽管收益非常好（苹果公司不会有）。"

如果苹果公司股价在季度财务报告发布后大幅下跌，科莫所描述的押注将获得数百万美元的回报，但如果苹果股价不大幅下跌，他将失去一切。结果，苹果公司季度财务报告里的数字不错，iPhone制造商的股价上涨了6%以上。科莫现场直播了他对这场灾难性押注的反应，他戴着一个狼头面具，尖叫着，精神似乎崩溃了。

这次下注在"华尔街投注"论坛上是一个引起巨大关注的热点，这一插曲催生了模仿者。作为一篇后记，科莫自费出版了一本书《沃尔菲倒下了》，声称他欺骗了所有人，让他们以为他损失了25万美元，但实际上并没有。

简而言之，很难知道在这个网站上该相信什么或相信谁。自从沃尔菲陨落后，"华尔街下注"论坛更加重视"交易证明"了，要求用截图来支持重大声明，比如那些让吉尔成为名人的声明。过去几年涌现出来的其他网站，如Commonstock，它可以直接链接到用户的经纪账户，不留任何滋生疑问的余地。一个名为Doji的应用程序允许交易者关注朋友，甚至投资社区的选股；经纪公司eToro则允许"复制"成功用户账户的交易。

红迪网由"顶""踩"和"业力"（用户个人可信度的衡量标准）组成的自我调节系统起着复制这些高科技协作工具的粗略方式的作用。当然，它也有各种表情包/模因。到2020年初，该论坛的娱乐性使其比先前提及的任何服务系统更具影响力。新冠疫情即将使滚动浏览红迪网和股票交易在年轻人中比从前更受欢迎，从而为模因股价的暴涨奠定更广阔的基础。2019年10月，当每家主要经纪商都将交易佣金降至零时，另一个必不可少的组成部分降临了。

第五章　逐底竞争

他们称那一天为"无线电求救信号"[①]。

在多年的抱怨之后,华盛顿已经受够了华尔街长期的政策拖延。1973 年,证券监管机构告诉经纪商,它们必须取消可追溯到 18 世纪的股票交易固定佣金。国会立即将最后期限"1975 年 5 月 1 日"写入了法律。佐治亚大学的历史学家斯蒂芬·米姆(Stephen Mihm)表示,尽管有数百家公司被预测将会破产,但只有大约 20 家公司被迫合并或倒闭[1]。想象一下,一位来自 2021 年的时间旅行者,中途经过自大萧条以来该行业最糟糕的 10 年,然后抵达 1975 年 5 月 1 日,并告诉戴着大领结、留着鬓角的年轻股票经纪人,这场大灾难将让他们成为非常富有的人,交易有一天会是免费的,整个事情将帮助一位名叫"咆哮小猫"的散户交易者在他的地下室短暂地恐吓华尔街的当权派。很难说那次谈话的哪一部分是不可信的。

将股票交易的成本和利率降至零是这个故事的基本组成部分。对于华尔街的银行和经纪商来说,这显得像是一场灾难,然而并不是。尽管如此,对于许多客户来说,这还是太过分了。

1975 年,固定佣金的终结,起初对长期受苦的散户投资者来说并没有什么好处。他们的成本大部分上升了，基金则立即收割了人们的积蓄。对父母这样的普通人来说，买入和卖出蓝筹股就是一场混战，而且并不是特别有利可图。20 世纪 60 年代后期，成长型公司的股票零售交易激增，这期间交易的股票数量在 3 年的跨度内翻了一番，华尔街受到"纸质作业危机"的猛烈打击，纽约证券交易所被迫在几个月内的每个星期三都关门，只是为了在处理纸质文档上赶时间。直到 20 世纪 80 年代初，像嘉信理财这样的低收费经纪人真正站稳了脚跟、股票交易的自动化程度变得更高后，自主投资者买卖股票才开始变得更便宜、更容易。

请将时间快进 40 年：罗宾汉通过完全取消佣金转而主要靠向城堡证券和沃途金融（Virtu Financial）等证券公司出售订单来赚钱所引发的可能是一个意义重大的变化。它不是第一个这样做的经纪代理商，但它是最成功的，因为它将取消佣金并与一款应用程序结合起来，该应用程序吸引了大部分年轻用户，他们现在有能力参与交易。该公司的早期投资者霍华德·林德森告诉特涅夫和布哈特，这项技术非常好，他们应该对每笔交易都收取美元。他说，他们没有理睬出自"某个老人"的建议，这对他是一件幸事。该公司的估值从当初的 800 万美元升至 2021 年春季的 400 亿美元。

以美元和美分表示，适度的佣金和零佣金之间的差异似乎并不显著。到 2013 年，交易在线进行，个人只需大约 7 美元就可以购买几乎任意数量的股票——这与 1975 年 5 月 1 日之前的情况相去甚远。当时，少于 100 股的股票几乎不值得购买，并且股票价格以 1/8 美元而不是以便士作为计价单位。一个投资者可能需要从一只股票上获得至少 3% 的收益，才能实现收支平衡。

然而，从心理学的角度看，需要付一点钱和一点钱都不用付之间的差异是巨大的，人们尤其是年轻人蜂拥而至，竞相成为罗宾汉的客户。令人难以置信的是，2016年至2021年初在美国新开立的零售经纪账户中有1/2都在该公司。2019年是罗宾汉真正进入超速运转的一年。它的客户从600万增加到1 000万，而一度是个傲慢暴发户的嘉信理财，很不情愿地被迫在那年10月与它相匹配，也为客户提供"免费"交易。所有其他低收费经纪人很快做了同样的事情。罗宾汉兴高采烈地发布了一则广告，其中有这样一行文字：改变除非不发生，它一旦发生就在朝夕之间[2]。

罗宾汉的到来不仅降低了佣金，而且减少了进入投资游戏的障碍。当该行业的其他公司都仿效它也停止收费的时候，用户可以用零钱开一个罗宾汉账户，通过智能手机应用程序方便地进行交易，甚至只购买几分之一股的股票。一个罗宾汉账户的中位数余额仅为241美元——当时勉强够买入半股零售最受欢迎的特斯拉股票或2/3股网飞股票。

"这是一个较低的准入门槛，""华尔街下注"论坛的创始人罗戈津斯基说，"你都有20块钱了？你好酷啊！而在从前，用20美元开一个经纪账户大概是一件不可能的事。"

一些相当严重地依赖佣金来获得收入的经纪商担心与罗宾汉比拼价格会影响到它们的利润。

斯坦福大学讲师罗伯特·西格尔（Robert Siegel）当时对《华尔街日报》预测说："并不是每一家公司都能幸免于难。"[3]

但它们不仅都活了下来，而且还活得繁荣兴旺。德美利理财（TD Ameritrade）表示，截至2月，其客户的日均交易量与去年同期相比翻了一番。其他经纪公司也报告了类似的增长。

它们的高管不应该对此感到惊讶——至少如果他们跟上了科学，他们是不会感到惊讶的[②]。古典经济学理论和常识告诉我们，当你降低一种商品的价格时，人们对它的需求会上升；当你提高它的价格时，人们对它的需求就会下降。其涨跌幅度恰好取决于人们对该产品需求的"弹性"程度。一种对价格涨跌反应较小的产品，如药品或雪铲，据说是缺乏弹性的。你必须将此类商品的价格提高很多才能影响人们对它们的消费，而降低价格并不会说服人们购买很多该商品。

但是行为经济学的较新领域已经修改了其中一些理论，因为人们并不是经济学家曾经假设的理性的经济存在。零价格效应表明，如果价格从1美元变为0，而不是从2美元变为1美元，即使变化是相同的，对某些产品的需求也会大幅增长。这种反应体现在如何购买给我们带来乐趣的"享乐产品"的行为中，比如，每月以固定费用购买流式传输视频而不是租用单独的DVD，或者我们在可以连接到Wi-Fi信号的情况下，就可以使用不受限制的全球通信保持联系，而不是拨打一次也很昂贵的长途电话。

买卖股票看起来属于"实用产品"的相反类别，但对于那些刚接触游戏并兴奋地想玩游戏的人来说显然并非如此。而且，不像在Netflix上狂看最新剧集那样，一天的空闲时间有限，当一个人在工作日有一点空闲时间可以做多少交易时，天空就是极限。尤其是年轻人将会有更多的交易。

送罗宾汉登月

当美国人在 2020 年 2 月下旬终于了解到新冠疫情的严重性时，股市暴跌。通常情况下，巨额账面损失对散户投资者参与市场是有害的。而这一事件的独特之处在于它产生了相反的效果，尤其是对最新、最年轻和最活跃的交易者。其中一个原因是：这是从创纪录的历史新高开始的为时最短、程度最剧烈的熊市下跌。在《华尔街日报》，新闻编辑室经历了从计划如何报道道琼斯工业平均指数在 2 月 19 日似乎即将突破 30 000 点到 26 天后当指数回落至 20 000 点以下时匆忙发布头条新闻的过程。当然，到那时，这些讨论是在虚拟新闻编辑室里通过谷歌视频群聊进行的，因为记者们也像其他人一样被关在了家里。

然而，股市行情在几天的拉锯式振荡之后达到了较高点，并很快就以有史以来最快的速度攀升进入了新的牛市。迅速的崩盘和反弹与其说是给新的一茬投资者带来了创伤，不如说是鼓舞了他们。而且在除特斯拉汽车、苹果和亚马逊这类大众宠儿之外的股票上，年轻的交易者们突然变成了有几分像基思·吉尔或迈克尔·伯里这样的深度价值投资者。

例如，一只持有航空公司股份、拥有好记的股票代码 JETS 的交易所交易基金按照非常糟糕的时机选择在全球旅游因新冠大流行而骤然停摆之前几周成立，但它对大胆、年轻、四处寻找机会杀价购买股票的投资者有着巨大吸引力。在 3 月的低谷和 6 月初的高点之间，交易者们可能已经把他们的资金差不多翻了一番。此外，传奇投资者沃伦·巴菲特（Warren Buffett）在其公司 5 月的年会上宣布，他已经将他的大量航空公司股票在其价格的最低点附近全部卖出了，这进一步强化了"股市代有牛人出，各领风骚三五天"的感觉。

飙升的价格，暴跌的价格——无论何种情况，只要意味着波动，二者就有利于刺激大量股票的买卖。"华尔街下注"论坛的创始人罗戈津斯基指出，使用罗宾汉等应用程序的交易者不像传统的省钱人那样从他们的积蓄缩水然后以恢复的角度来看待市场——他们还没有很多金融资产或其他资产可言。为了匆匆收购一些股票，他们很对道琼斯指数的走向抱有不可知论的态度。押注坏消息在过去既昂贵又复杂，但到了 2020 年，他们的账户允许他们购买某些票据，这些票据交易起来像股票，但其行为表现就像在下跌的股市中会飙升的金融衍生品。一份追随市场波动性的流行票据自身在几周内上涨了 3 000% 以上，一些签约期权的投资者获得了更可观的收益。如果他们选对了方向，那么金钱和五彩纸屑他们都会得到。

"认为一只股票本身的价格下跌和公司市值下跌二者是相同的，这种想法我猜中还是没猜中？如果股价正在下跌，他们可能不会太在意吧！"罗戈津斯基说。

数字证实了他所说的话。一个名为"追踪罗宾汉"（Robintrack）的网站，可以访问罗宾汉关于哪些股票在该平台特别受欢迎的匿名数据，直到 2020 年夏天其访问被切断。该网站发布"零售交易晴雨表"，它反映罗宾汉用户持有所有可交易资产每天的绝对变化。2019 年 12 月中旬到 2020 年 2 月中旬道琼斯指数见顶时，晴雨表读数翻了一番，达到 135 000 点。然后，从那天到 3 月熊市触底之间，晴雨表读数翻了 5 倍，达到近 700 000 点[4]。

尽管罗宾汉在努力应对新客户及其活动造成的极度拥挤时，出现了一系列技术上的混乱局面，活动的激增仍然发生了。交易在 3 月的 8 天里中断了 3 次，其中包括一些最疯狂的交易时段⁵。客户们非常愤怒，并在社交媒体上批评了公司——这是它在游戏驿站热潮期间限制购买模因股票后将遭受抨击的一个小预兆。不过，该公司并没有停留在原地不动，而是做了更多的事情。2020 年 3 月和 2021 年 1 月的开户数量均创纪录。

经纪商抓住用户不放的一个原因是改弦更张会把有些障碍牵扯进来，对于小经纪商情况尤其如此。截至 2021 年初，罗宾汉为转账账户收取了异常高的 75 美元的费用，大约是一些竞争对手收取的 3 倍，达到客户账户余额中位数的 1/3 左右，这是惩罚性的，更不用说任何零碎股权都不能被转移而是被出售的事实。

"这完全是蟑螂出没的汽车旅馆才干得出来的事情③——一旦他们让你进入一项服务，就会让你很难离开。"小投资者利益辩护者芭芭拉·罗珀说。

3 月的技术乱局和后来的一些混乱并没有减缓该经纪商的成长。到 2020 年 6 月，在"罗宾汉追踪"的数据系列结束前不久，它的晴雨表读数超过了 100 万，甚至这与 7 个月后模因股票爆炸时的零售活动相比也相形见绌。零美元佣金在那次非同寻常的飙升中发挥了重要作用，经纪商实际上看到它们的利润上升而不是下降。

"免费的东西会改变商业激励和消费者心理。"为低成本机器人顾问公司 Betterment 工作的行为金融专家丹·伊根（Dan Egan）严肃地说⁶。

当然，对于那些倾向于买入和持有股票的客户——有很多他们这样的人,取消佣金为他们节省了一点钱,并且使他们可以用少量的积蓄就上升到投资者阶层中来。

"它们中大多数客户根本不是典型的日内交易者,"沃顿商学院营销学教授凯特·兰伯顿(Cait Lamberton)说,"这种感觉是由异常值驱动产生的。"

但这些异常值正在进行一定程度的投机活动,这使得"华尔街下注"论坛用户的绰号"堕落者"④变得很贴切。例如,根据马萨诸塞州提交的投诉材料,一名没有经验的交易者在6个月内进行了12 700笔交易[7]。客户资料与赌场的情况并无太大区别。绝大多数阅读本书的人都至少有一次在老虎机或二十一点赌桌上碰过运气。然而,对于一小部分赌徒来说,这将成为一种昂贵的做法,甚至是一种痴迷,使他们成为赌场利润的不成比例的贡献者。

"如果你观察那些过度交易并损失金钱和时间的人,你就会看到相同的模式。"问题赌博专家基思·怀特(Keith Whyte)说。

罗戈津斯基承认在过度交易与问题赌博有很多的相似之处,但令他更烦恼的是,受到严格监管的赌博和对任何18岁以上的美国人都开放的股票交易之间的法律区别是虚伪的。投机交易是受到有效征税的,它使知名公司受益,使其股东致富。他在2020年出版的一本关于"华尔街下注"论坛的书的副书名就是《婴儿潮一代如何为千禧一代打造世界上最大的赌场》。

华尔街对数百万年轻美国人来说已经成为一个更大的拉斯维加斯。当疫情暴发时,金融服务行业的不同公司扮演着自己的角色。罗宾汉和亿创理财等经纪商以及像城堡和沃途这样的批发商喜欢波动性,就像出租车、酒店和餐馆喜欢会留下丰厚小费的醉酒游客一样。"恐怖之家"⑤的角色涉及超大的风险和回报，是由本行业"良好波动性"的来扮演。

看看两家最大的投资银行在严重经济衰退和新冠疫情全球大流行中公布的结果就可以了解到真相：仅在2020年前6个月，高盛和摩根士丹利在其市场部门赚取的总收入接近230亿美元，这比2019年上半年高出54%。对冲基金经理威廉·阿克曼（William Ackman）的潘兴广场控股公司（Pershing Square Holdings）对股价暴跌押注数10亿美元，这笔钱增益70%，公司收获了有史以来最高收益的一年[8]。梅尔文资本管理的加布·普洛特金成了游戏驿站革命的主要受害者，在2020年几乎就是在"印钱"，亲自拿回了8.46亿美元的赔偿金。对冲基金的总体回报率是十年来的最佳水平[9]。

"钱多多们"

股票零售交易活动增加的另一个原因是，虽然数百万人失去了工作，但他们突然间也没有什么可以花钱的地方了。再加上联邦政府甚至还向就业人员发放了1 200美元经济刺激支票和每周额外600美元的失业救济金，一些年轻人意外地再次与父母一起免租生活，突然有了大量闲钱。美国的储蓄率从2019年底的7.2%上升至2020年3月的12%以上，然后在4月创下33.7%的历史新高，远远超过战后任何一次经济衰退期间的水平。

当美国银行的研究人员指出，当经济刺激支票的到来与罗宾汉网站新开账户的激增完全吻合时，批评者很快指责他们对千禧一代和 Z 世代抱有成见。不过，强有力的证据表明，其间确实存在着某种联系。主要服务于那些年龄段的人群的金融公司 SoFi 在 6 月的一项调查发现，在接受经济刺激支票的那些人之中，大约有 1/2 将这些资金存入了经纪账户。超过 1/5 的受访者表示，他们是在新冠疫情大流行期间首次开始交易的。他们举出的投身股海的第二个最常见的理由是什么呢？是"我有多余的钱"[10]。

有人提到了将无聊作为对股票零售激增的一种解释，但激增的原因不限于此。对于那些喜欢赌博的人来说，将这些钱投入股市使其发挥作用的诱惑尤为强烈。在线体育博彩在几个州被合法化了，并为 20 多岁、主要为男性的群体所接受，涌向罗宾汉网站和"华尔街下注"论坛的正是这同一群人。全国问题赌博委员会进行的一项研究发现，体育博彩是唯一一种活跃度与年龄呈负相关的靠碰运气取胜的游戏。

由于新冠的大流行，一年中被押注最多的赛事"3 月的疯狂"，即国家大学体育协会（NCAA）男子篮球锦标赛，于 3 月 12 日被取消，时间正值股市波动的高峰期。除了在娱乐与体育电视网（ESPN）上重播胜负已决定的比赛之外，几乎唯一的赛事就是韩国棒球。在 SoFi 的调查中，超过 1/3 的受访者表示，他们开立交易账户"是为了取代因为新冠限制而取消的活动"。从体育博彩过渡到股市交易的人绝大多数是年轻男性，"华尔街下注"论坛的人群也是如此。2016 年对论坛会员的一次调查显示，92% 的会员年龄小于 35 岁，近 98% 为男人或男孩[11]。

新冠疫情大流行也刺激了其他跨界活动。在春季，人们很难在社交媒体避免听到有关戴夫·波特诺伊（Dave Portnoy）的好消息或坏消息。数字媒体公司"高脚凳运动"(Barstool Sports)的创始人说,在新冠疫情大流行之前,他这辈子只买过"一只,也许两只"股票,他开始向他的 250 万(截至 2021 年中)推特网关注者直播"环球日间交易员戴维",其间大胆下注和开粗俗的玩笑[12]。佩恩国际游戏公司(Penn National Gaming,一家体育博彩公司)两个月前刚刚控股了"高脚凳运动"。波特诺伊在 6 月发布的一条推文讽刺了那位全世界最成功的投资者:

> 我相信沃伦·巴菲特是个很棒的人。
> 但一说到股票,他就完蛋了。
> 现在我是老大了。[13]

最后但最不重要的是,作为导致股票零售交易繁荣的一个因素,联邦储备局在 3 月 15 日将隔夜利率降至零,同时增加了每月的债券购买量并扩大了债券购买的范围。这就蓄意导致储户和借款人其他利率的崩溃,使得将钱存入无风险的储蓄账户或政府债券没有了吸引力。自 11 年前的全球金融危机以来,联邦储备局和其他主要中央银行一直在或多或少地压制利率,但现在它们跌到了新的低点。如果你在 2020 年 3 月的最低点以 1 000 美元的价格购买了一份基准十年期美国国债,那么 10 年之后你可能已经拿回了你的钱并赚到少得可怜的 32 美元。

零利率的另一面是,它不仅使股票甚至更具投机性的加密货币成为"镇上唯一的游戏"⑥,而且还允许勇敢的投资者通过保证金债务(用你的账户资产作为抵押,从而提高你的购买力)以更低的成本获得回报。一些为经验丰富且拥有大账户的交易者提供服务的经纪商提供利率低至 0.75% 的保证金借贷，但罗宾汉甚至也让这些条件变得诱人——"零价格效应"，让罗宾汉黄金账户的用户能够获得最高达 1 000 美元的免收费的保证金债务。

"保证金可以帮助投资者利用投资机会，在股价上涨时最大限度地提高他们的潜在收益。"该公司在 2020 年 12 月将超过 1 000 美元的借款利率降低一半时，告诉了任何有兴趣申请的人。许多人将在一个月后利用此种便利购买游戏驿站和其他模因股票，这给经纪商招致了让人担忧的后果。

贷款全面增加，这对于那些致力于保护投资者的人来说始终是一个警告信号，但它给罗宾汉的客户带来了更多的问题，因为他们要么缺乏经验，要么标准较低，或者可能两者兼而有之。哥伦比亚广播公司（Columbia Broadcasting System，CBS）的"财富观察"频道（MoneyWatch）对监管文件的细查表明，罗宾汉的用户在保证金贷款上违约，他们将被迫出售抵押品或投入更多的现金，这种可能性几乎是其他零售经纪公司用户的 14 倍[14]。

未偿还的保证金债务自然随着短暂的熊市暴跌，但随后又以猛烈的速度反弹。到 2020 年 2 月市场高峰的周年纪念日，保证金债务在美国经济中的占比远远超过了 2000 年科技股泡沫顶峰时期的情况。罗宾汉在这方面的增长更为显著：从 2020 年初到 2021 年 3 月，其客户的保证金借款增长了 700% 以上。

万圣节糖果效应

"时来天地皆同力"⑦，随之而来的是股票零售交易活动的进一步激增势不可挡。"白来的钱，零佣金，这就是万圣节糖果效应。每个人都想拿更多。"社会情绪专家、威廉玛丽学院教授彼得·阿特沃特（Peter Atwater）说[15]。

2020年6月，罗宾汉表示，当月处理了430万笔日均收益交易。6月的狂热和3月一样，其忙碌值则是3月的3倍。罗宾汉用户的交易频率远高于其他最近转向零佣金的低收费经纪商。嘉信理财服务于更年长和更富有的人群，仅报告了180万笔日均收益交易。

从全部散户交易者的总和来看，美国银行（Bank of America）表示，其2020年6月的活动比上年同期高出3/4以上[16]。在狂野的牛市中，专业人士也相当活跃，但散户交易的上升属于一个不同的数量级。各种估计显示，2019年，散户投资者的股票买卖约占市场总交易量的10%。瑞士信贷（Credit Suisse）表示，到2020年初，这一比例已上升至15%～18%，到2021年初游戏驿站股票逼空发生时，这一比例已达到惊人的30%。

为实现最低成本的竞争与新手们所认可的一些公司的质量不谋而合，场外交易股或垃圾股被称为"黑幕公司的温床"，因为它们的报价通常只有几美分甚至更低，因此在2020年12月交易的这类股票的数量达到惊人的万亿股——大约是受监管的纳斯达克交易量的50倍。

行为金融学专家伊根解释说："免费待遇有点像一旦渡过就无路

可退的卢比孔河⑧，人们一旦享受过之后就再也不会那么周到地考虑如何消费它了。"

有时，这是一种新投资者们不熟悉低价股市场错认身份的状况：一家名为 Signal Advance 的小型医疗公司的最初估值为 700 万美元，在埃隆·马斯克发推文说他们应该使用加密消息应用程序 Signal 之后，该公司的价值一度超过 10 亿美元。而有时这种混淆似乎是故意的：一家名为同济医疗（Tongji Medical）的公司更名为会所传媒集团（Clubhouse Media Group），当马斯克提到那款不相干且未上市的音频应用程序（Clubhouse App）时，该公司的股价飙升了 1 000% 以上。令人难以置信的是，它的价值甚至远远超过了这款真实存在的应用程序的市场估值。

傻瓜们匆匆闯入股市的例子多到无法一一列举，但一个突出的插曲是租车公司赫兹（Hertz），证券监管机构对其进行了干预，以防止新手损失巨额资金。由于受到旅游业崩溃的碾压式打击，赫兹于 2020 年 5 月申请破产，华尔街的每个人似乎都认为，一旦破产程序完成，其股东将一无所获。然而，由于航空公司股票和邮轮公司股票依靠大量零售购买已经一路飙升起死回生，而且赫兹的股票仍然可以买卖，大胆的投资者纷纷一头闯入，帮助其毫无价值的股票上涨了 900%。《华尔街日报》采访了一位来自旧金山的 23 岁推销员，他将"毕生积蓄"都投入赫兹，然后在将这笔钱翻倍之后的第二天就卖出了他的股票。

"如果我要做这件事，就应该做得很大，我会赌一把，看看会发生什么。"他说[17]。

接下来，赫兹的管理层可能是根据其律师的合理建议尝试了一件事，这件事即使是有偿付能力、尚在继续经营中的游戏驿站在 7 个月后当其价值短暂膨胀时也犹豫不决到底做还是不做，赫兹居然有胆量提议发行高达 10 亿美元的新股。根据网络平台 Robintrack 的数据，随着传来更多罗宾汉用户购买股票的新闻，这只股非但没有暴跌，反而进一步飙升了 70%，在高峰期大约 170 000 个账户拥有它。该公司在募股说明书中明确表示，筹集到的所有资金可能都会流向其贷方。美国证券交易委员会是一个通常在危害股东的事已经发生很久之后才采取预防措施的组织，它这次倒是介入了，尽管也只是在部分股票已出售给公众之后[18]。

金融专业人士认为这很搞笑，但在 2020 年，轻松赚大钱的都是新手。金融科技博主诺亚·韦德纳（Noah Weidner）汇总了罗宾汉用户在 2020 年购买的 100 只最受欢迎的股票，构建了一个名为"RH 百强基金"的指数，该指数上涨了近 102%，而道琼斯工业平均指数的涨幅还不到 6%[19]。

彩票心态

虽然幸运总是比聪明好，但罗宾汉交易者青睐的许多投资却是那些在投机性的泡沫时期表现良好、却在派对结束时表现最差的投资。风险投资更具波动性和刺激性，可以在持续的牛市中发展出夸张和自我实现的势头。除此之外，他们还青睐无论是通过保证金债务还是通过购买长期期权合约的能力借入的资金的放大效应。

与此同时，经济刺激计划给年轻投资者带来的不仅是启动资金。

行为经济学告诉我们，人们因亏钱而感到的痛苦甚于因赚钱而感到的高兴。然而，当人们在用"赌场的钱"——在眼前这种情况下是以政府资金的形式——进行赌博时，他们往往更愿意掷骰子。由于学生贷款和购房前景不佳而导致净资产为负的25岁年轻人，与拥有更多股市财富的中年或退休的中上层人士相比，眼中的世界看起来也不一样。他们对新冠大流行造成的经济冲击的感受方式不同以及不同群体继续就业的可能性差异加剧了这种分歧。

"当人们感到稀缺时，他们愿意稍微赌一把。"兰伯顿说。

在彩票销售中也可以看到同样的效应。年收入低于30 000美元的美国人，往往没有任何积蓄，他们在彩票上的花费在其收入中的占比很高。然而，那些把彩票称为对数学盲征税的人不仅麻木不仁，而且他们缺乏眼力。较贫穷的人平均受教育程度可能较低，但他们每周大量花钱的原因是节俭不太可能在短期内改善他们的境况，而一个超级百万大奖无论多么不可能，一旦得中就会使事情大为不同，至少他们可以做梦。

"这在财务上是非理性的，但在心理上是理性的。"19部关于个人理财书籍的作者、白金汉战略财富公司（Buckingham Strategic Wealth）的现任研究主任拉里·斯威德罗（Larry Swedroe）说[20]。

另一种类型的"白来的钱"，即零利率，过度增强了最具投机性、类似于彩票的股票的吸引力，这些股票激发了年轻投资者的想象力。一家今天没有太多利润的公司，却可以讲述一个很好的故事，说明为什么它会在未来某个时候主宰电动汽车或在线食品配送等令人兴奋的增长领域；如果利率像在2020年时一样低得异乎寻常的话，这样一家公司就会更具吸引力。从2020年初到2021年的模因股票泡沫周，这期间高盛追踪的一揽子亏损公司的股价飙升了近300%。金融危机之后能够如此轻易赚钱的部分原因是有人想让投资者冒险，从而重新启动经济，因为紧紧握住现金不放手相形之下是如此没有吸引力。

错失恐惧症

最容易编造出引人入胜的故事是那些刚进入股市的公司。尽管2020年并没有完全上升到互联网泡沫的狂热水平，但在这一年新进入市场的公司中，在那段时间之外还能盈利的所占百分比最低。与此相似，股价许多首次公开募股（IPO）在第一天就飙升。看到这些信息不仅给该公司带来人气，还会让投资者对未来的机会感到兴奋，从而助长错失恐惧症（Fear of Missing Out，FOMO）[9]。

早在互联网时代，散户投资者几乎从未有机会接触到热门交易，而当股票一旦开始以高很多的价格交易时，才被迫购入。这样做的结果并不好。佛罗里达大学教授杰伊·里特（Jay Ritter）表示，继1999年和2000年这段仍然保持着首次公开募股首日最大涨幅纪录的时期之后，首次公开募股的三年买入并持有的股票回报率为 −53%。

能够以发行价购买股票并在首次公开募股中迅速出售，这就像被递了一张几乎万无一失的制胜牌，但这种特权是留住受青睐的客户的，这些客户包括银行寻求未来业务的公司高管们。即使在20年后，金融界这个非常有利可图的角落也根本没有实现民主化。相反，散户投资者继续在华尔街的食物链中扮演一个关键但从属的角色——他们一次又一次地刷新自己的屏幕，因为在股票开始交易的当天就有大量的买入订单要处理，而他们试图赶上部分行动。

但在 2020 年，尤其是在 2021 年初，有创纪录数量的类似于首次公开募股公司股票的产品被散户投资者恣意抢购：特殊目的收购公司（Special Purpose Acquisition Companies，SPACs），也被称为"空白支票公司"。它在散户投资者中非常受欢迎，以至于在 2021 年 1 月面临罗宾汉的交易限制的股票中有两只属于这一类。为了向公众推销自己，它们提出：公司的赞助商们将获得它们从公众那里筹集的大量资金来购买一些好东西，或者在几年内归还这笔钱。赞助商们有一个秘而不宣的强烈动机，就是要找到至少看起来还不错的东西。事实证明，这是将一些公司推向市场的理想方式，那些公司经常达不到无利可图的首次公开募股奇迹的标准。为了从大批公司中脱颖而出，许多公司依靠名人和运动员的代言，包括杰伊-Z（Jay-Z）、沙奎尔·奥尼尔（Shaquille O' Neal）、塞雷娜·威廉姆斯（Serena Williams）、齐亚拉（Ciara）、佩顿·曼宁（Peyton Manning）和亚历克斯·罗德里格斯（Alex Rodriguez）。仅在 2021 年的前 4 个月，主要出售给散户投资者的 SPAC 股票就筹集了超过 1 000 亿美元的资金。

一个糟糕的例子就是尼古拉（Nikola，与尼古拉·特斯拉名字中的尼古拉一样。这个名字中的姓氏部分曾为这个时代最大的奇迹股票增光），这家公司展示了一辆氢动力卡车，从而被估值到大约 350 亿美元，数倍于一些真实的、盈利的卡车公司正在取得的估值，并确实短暂地成为零售股票的宠儿。随后，一位卖空者发布了一段视频，显示该演示模型只是被推下山而不是靠自己的动力移动的。该公司的传奇很快就退去了。

2021年2月，两个消费者保护机构致信曾经主持了游戏驿站股票逼空事件听证会的国会女议员玛克辛·沃特斯，指出特殊目的收购公司的繁荣"是由利益冲突以及在损害散户投资者利益的情况下对企业内部人员所做的补偿推动的"。并且，它们还试图"规避旨在促进公平和高效市场的长期规则"[21]。较于对冲基金使用精明老练的投资者的钱押注某些股价会下跌，散户投资者将数百亿美元的积蓄交给别有用心的金融家这个问题没那么能引起沃特世的愤怒。

特殊目的收购公司股票对于一部全面的历史来说太新了，但首次公开募股股票不是这样。以市场价格买入一家首次公开募股公司的股份，相当于买了一张很糟糕的彩票。由里特博士维护的一个数据库是关于近8 000家首次公开募股公司业绩，该数据库显示，在以首日收盘价购入的股票中，只有1%在5年内至少能赚到10倍的钱，而4/10的股票会亏损至少一半的钱。

请感受伯尼⑩

如果投机性股票的回报结果就如同在互联网泡沫时期那样糟糕，并且正如行为金融专家丹·伊根和其他人所说，零美元佣金鼓励参与其交易，那么"免费"的结果将证明它对投资者来说是非常昂贵的。他提出，增加一些成本就能够限制损失。

"我不希望阻止低收入人群带来麻烦，但我又不希望他们买太多彩票。"

在2月18日的国会听证会上，罗宾汉的弗拉基米尔·特涅夫和城堡证券的肯·格里芬都被问及如果征收 0.1% 的金融交易税是否会危及自由交易。两人回答时都迟疑不决，但表示他们不支持这样一种措施。

伯尼·桑德斯（Bernie Sanders）等提出此类征税建议的政客们似乎更有兴趣将其用作重新分配财富而不是劝阻过度投机或遏制股票泡沫的一种手段。批评人士已经指出，这会拖累养老基金之类的基金[22]。不过，这项征税的花费可以封顶，个人购买价值约为 7 000 美元的股票才需要支付 7 美元佣金，这个金额在罗宾汉出现之前是典型的[23]。与 1975 年 5 月 1 日之前个人投资者支付的费用相比，这似乎并没有什么异乎寻常。不过，它会使短时间内连续交易变得昂贵到无法进行的地步。

这也使职业的高频交易者处于不利地位，他们常常与活跃的散户投资者相反，一点一点地往外掏腰包。这些职业的高频交易者就是投资基金，尽管"投资"可能是一个不当用词，他们的存在是为了利用市场中小小的低效率，利用计算机算法和通往实际交易股票的数据中心的超快链接，以此取得相对于长期买家的几纳秒甚至几分之一美分的优势。

"它不会损害任何事情，却会阻止很多这种掷骰子赌博式的交易，"斯威德罗说，"然后把那笔钱交给证券交易委员会，用来加强执法。"

大多数税收是累进的——富人支付更多。如果所有投资者都是清醒审慎的，那么对金融交易的征税也会如此。股票的绝大多数由财富和收入最高的 10% 人口所持有。但罗宾汉在自己的证券备案文件中承认，风险因素之一就是它"可能比其他市场参与者受到金融交易税更大程度的影响"，这指的是其客户的活动比其他经纪商的客户放缓得更多。这是因为其用户的交易量相对于他们账户中的金额而言要高得多，这很像玩强力球彩票的低收入人群干的事——根据一项研究，罗宾汉用户的交易量是嘉信理财客户的 40 倍，这令人难以置信。在那个水平上，"免费"交易绝非真的免费。随着其活动的爆炸式增长，平均每位用户带给罗宾汉的收入也爆炸式增长，从 2017 年的每年 37 美元增加到 2021 年第一季度当游戏驿站股票逼空事件发生时的 137 美元。这笔收入大部分来自卖出订单、收取费用或收取保证金利息。

如果政客们担心设立交易税会疏远了选民，那么未经选举产生的官僚们可能会顶住压力并转而瞄准保证金贷款。自 20 世纪 70 年代以来，联邦储备局已经规定此类贷款的上限为 50%。这就意味着拥有 1 000 美元合格股票的投资者可以通过将他们的投资组合用作抵押品再借入最高达 1 000 美元。如果这些股票大幅下跌，那么他们将需要寻找更多的现金或被迫出售部分股票来追加保证金。

无论采取何种措施来减缓零售交易的速度，无论是征税还是采取某种其他措施，对于特涅夫、格里芬和金融业的许多人来说，这都可能是一种诅咒。"华尔街下注"的用户们可能会认为这是安抚对冲基金的举措，但是，尽管有普洛特金的经验，那些基金可能还是会遗憾地看到市场上的交易额也减少了。华尔街在模因股票派对上玩得很开心，直到失去对它的控制，因为免费资金和免费交易对他们来说是非常有利可图的。如果有逆罗宾汉效应（Reverse Robin Hood Effect）的话，那么这个就是。

第六章　2020 年 4 月

两个月里可能会发生很多的事情。

我们最后一次见到吉尔是在 2 月底,那时看起来就像灾难即将来临。由于人们预计新冠疫情大流行将对日常生活造成破坏,股票开始被抛售,他在游戏驿站股票上的看涨期权合约组合中曾经相当可观的利润变成了亏损。事实证明,这种破坏比几乎任何人的预期都要严重和持久,这就使得去购物中心购买最新的《光环》游戏①或《麦登橄榄球游戏》光盘②变成了不可想象的事情。

到 4 月初,游戏驿站的股价已跌至 2.57 美元的历史低点。各只对冲基金甚至更加确信这家连锁店很快就会倒闭,它们相应地提高了对这一结果的金融赌注,并不是说吉尔所有期权合约的价值都必须如此糟糕,以至于它的股票远低于其行使价格,到期时一文不值。然而,令人难以置信的是,吉尔的投资组合会在 4 月底达到 215 589 美元的迄至当时为止的最高价值,并且他开始在论坛上获得更多的尊重。

"这个人值得用一篇维基百科文章来说说他的能力有多大。"网友 Cd258519 写道[1]。

反弹的不仅是游戏驿站的股价。受新冠疫情大流行影响最严重的连锁餐厅、邮轮公司和航空公司等公司的股价也开始猛烈反弹，对此，除了不懂事的人——市场上经验最少的投资者以外，所有人都感到惊讶。对于多年来一直在利用傻钱③支付汉普顿④的房屋费用的对冲基金经理来说，这一回合非理性的繁荣似乎是另一个绝佳机会。但对于"华尔街下注"论坛上的一些人来说，这些基金的狂妄自大已经具备成为一个能让它们损失巨额财富的所有条件。

为什么新手们对深陷危机之中的市场如此乐观，而年长的投资者却如此谨慎？为什么找派克大街⑤上的人群麻烦的想法如此美妙有趣？考虑一下新手们的观点吧！

你对股市灾难的反应在很大程度上取决于你在生活中所经历的事情以及你必须损失多少。中年人、中上阶层的积蓄者经受了两次恶性熊市，并且在临近退休时有大量积蓄面临风险。相比之下，在2008年全球银行摇摇欲坠、令人捏把汗的那几周里，20多岁的投资者的净资产还很少，有时甚至为负，甚至他们都还没有从高中毕业。此外，他们在短暂的投资生涯中学到的唯一一课就是逢低买入，因为联邦储备委员会总是介入以挽回局面。这种心态很久以前就在留言板上催生了自己的首字母缩略词：BTFD（Buy the Fucking Dip，买低位）。"华尔街下注"论坛有一个在线商店，你可以在其中买到BTFD T 恤衫。在它 24.99 美元不含税和运费的价格标签旁边写着："任何真正的交易者都知道，能够逢低买入最好！"

可以肯定的是，这是一次大跌，但年轻投资者学到的经验以创纪录的速度得到了加强。自从唐纳德·特朗普（Donald Trump）当选以来，道琼斯工业平均指数在不到一个月的时间里就抹去了其所有的收益。不过，熊市的短暂性也是历史性的。按照股票市场百科全书、标准普尔道琼斯指数有限公司的霍华德·西尔弗布拉特（Howard Silverblatt）的说法，这是迄今为止最快的牛市回归，耗时4.9个月。全球金融危机后复苏用了131.4个月，而互联网泡沫破灭后复苏用了60个月。根据西尔弗布拉特的说法，即使是从1987年股市崩盘中的反弹也用了31.4个月，而那次崩盘给股价带来的损失大部分是在一天之内造成的。

直到2020年初，认为股票的总体水平很重要的主要是年龄较大、肤色较白、较富裕的人们。罗宾汉的崛起以及其所有竞争对手在2019年底转向免佣金交易，导致数百万年轻人在新冠疫情大流行之前开立了新的经纪账户。居家隔离加剧了这一趋势，因为寻找事情做的年轻人出乎意料地有了一些额外的现金，并且有了时间。这些新交易者平均拥有的资金可能比他们的父母少，但他们通过更高的参与程度来弥补这一点。例如，2018年11月至2020年底，JMP证券公司收集的数据显示，原先的低收费经纪商嘉信理财总体上拥有较年长的客户，其网站的平均每日访问量增加了20%以上，而在此期间罗宾汉网站的访问量则激增了550%以上。

不仅是赚钱，而且是以牺牲更年长和更富有的人为代价来赚钱的吸引力从何而来呢？"华尔街下注"论坛创始人罗戈津斯基指出，2008年金融危机期间，该论坛中典型的25岁或30岁的成员可能还没有进入股市，但已经年长到足以形成对高级金融感到厌倦的看法了。

"我相信对这些人来说这个故事是在回放中开始的，"他说，"他们思维定式在投资股市之前就开始形成了，他们目睹了股市的负面影响，经历了大学毕业、没有工作、父母失去了房子、不得不搬进地下室……你知道，有很多很棒的伤感故事。他们当时并没有投资股票：他们是学生，或者他们还很年轻。他们不在股票市场里，但他们受到股市的伤害。想象一下那是一种怎样的情形？"

在这个国家历史上最长的经济扩张中所创造的数万亿纸面财富的分布是不均匀的。根据对联邦储备委员会数据的一项研究，即使算上通过养老基金间接持有的股票，约84%的股票由美国最富有的10%家庭持有[2]。而且这不仅是绝对意义上的更多钱，而是意味着更有意义的钱。皮尤研究中心（Pew Research Center）⑥的数据显示，与35岁以下或收入低于53 000美元的人相比，55岁以上或收入超过100 000美元的家庭财富中由股票构成的份额大约是其2.5倍[3]。

2020年，25～29岁的美国人包括任何家庭资产在内的净资产中位数仅为7 500美元。当政府向经济注入资金时，这是最有可能根据收入限制获得经济刺激支票的群体，但与年长的中上阶层美国人相比，他们因新冠疫情大流行迫使这个国家进入封锁状态而从事远程工作的可能性也小得多。即使他们很幸运地能够这样做，他们也可能不是在一个家的舒适环境中工作。斯坦福长寿中心（Stanford Center on Longevity）的一项研究表明，只有1/3的千禧一代在30岁时拥有自己的房屋，而近一半的婴儿潮一代在同一年龄时就已经拥有了自己的房屋。20～25岁美国人的失业率从2月的6.4%跃升至4月的25.7%，几乎是45～54岁人群失业率的两倍。

"屋漏偏逢连夜雨，船迟又遇打头风。"联邦政府对危机的许多应对措施，例如零利率和可豁免商业贷款，对已经有钱的人有巨大的优势。美国税收公平组织（Americans for Tax Fairness）计算得出，在2020年3月18日至2021年2月19日，从熊市的低谷到模因股票逼空的结束，664 名美国亿万富翁的集体财富从 3 万亿美元增长到 4.3 万亿美元。仅这一增长算下来就够给每个美国男人、女人和儿童带来 3 900 美元，这能让人们认清新冠疫情大流行开始时邮寄的 1 200 美元经济刺激支票的分量。

尽管刺激性现金没有将许多人在大流行开始的几个月里面临的困难降到最低，但数以千万计的年轻人发现，这笔钱加上被迫的积蓄，以及对一些人来说算得上历史性慷慨的失业救济金，虽然不错但并不能够改变人生的资金注入。不过，做股票投机它倒是能派上用场，而且在 2021 年 4 月初，关于如何将这些投资组合武器化，有一些有趣的点子正在悄然传播开来。

其中一个点子在游戏驿站的股票中引起了严重的骚动。4 月 13 日，"华尔街下注"论坛上一位网名为"高级_刺猬"（Senior_Hedgehog）的用户写了一篇标题为《游戏驿站股票（GME）——你人生中最大的逼空》的帖子[4]。文章指出，这只股票的一些基本吸引力，讨论了游戏机控制台循环、新冠疫情大流行期间对视频游戏的需求激增，以及数字化游戏的内存容量增加意味着光盘仍然有需求的事实。该帖子的主要一点内容是：在游戏驿站股票的 6 550 万流通股中，有 5 500 万股（或 84%）被卖空了——也就是说，它们是从其所有者那里借来的，然后卖掉以从股价下跌中获利，最后以更便宜的价格回购。在对模因股票大逼空期间，Senior_Hedgehog 建议任何拥有这只股票的人联系他们的经纪商，以确保它们没有被借出。

像梅尔文资本管理公司这样的对冲基金做空股票的主要方式是"定位一个借入点"。对冲基金的经纪商找到拥有股票的人，然后从他们的经纪商那里借入股票，通常股票所有者不会注意到任何事情。

借入股票的基金然后将其出售给其他人,买方也不知道他只是购买了借入的股票。除了卖空者和所涉及的经纪商在这个过程中赚一些钱之外,这通常对其他人没有任何影响。

出借股票也是包括罗宾汉在内的散户经纪商的收入来源。截至 2020 年底,共有 19 亿美元股票被借出。在这一年,罗宾汉超过 10% 的收入来自证券借贷。它在那些需求量很大的股票上赚得更多,例如面临一次逼空时的模因股票。具有讽刺意味的是,它的许多客户都拥有游戏驿站股票,这个事实使罗宾汉得以通过将这些股票借给客户试图使之破产来赚取大量资金[5]。"可以指使你的经纪人不要借出你的股票从而制造人为的稀缺,使股票更难被卖空。"这就是 Senior_Hedgehog 的建议。

游戏驿站的股价在 4 月 13 日飙升了 22%,然后在第二天上涨了近 26%,收盘于 5.95 美元。这是一次短暂的逼空,但还不是很大的逼空。短暂的飙升当然并没有惊吓到加布·普洛特金或许多其他做空这家零售商的基金。事实上,反弹很快就会导致他们增加赌注。

4 月底,一向精明的吉尔提出:"另外,现在有一个机会进行某种逼空,尽管这从来都不是我最初论题的一部分。而我仍然认为这不太可能,只有当空头超过流通股时,需要把这种可能性考虑进来。"

一些大型对冲基金的自大,以及一群看似不会输的投资者日益膨胀的信心,将为一场残酷的碰撞火上浇油。正如 Senior_Hedgehog 所写:

> 推进器正在加载燃料。

第七章　矮子当道①

关于卖空股票最令人难忘的一句话要归功于 19 世纪的投机者丹尼尔·德鲁（Daniel Drew）："卖掉不属于自己的东西的人必须把它买回来，否则就去监狱。"对于大多数人来说，仅仅处于动荡的股市就已经足够吓人的了。然而，除非你使用借来的钱，否则可能发生的最糟糕的事情就是损失每一分钱，而这将需要一些真正糟糕的决策。即使如此，也没有人会出面来取消你的房屋抵押品赎回权或收回汽车。从长远来看，只要保持勇气并保持投资状态几乎总是能很好地解决问题。

现在来想象一下，作为一个投资者，处于一切都颠倒了的情况：你不断地逆着一股长期的历史潮流而动。有史以来最好的卖空可能使你获得 100% 的回报，但理论上你的损失是无限的。你必须为借入股票支付费用，而不是从股票上一点一点慢慢攒积起来一笔可观、稳定的股息，但把股票借给你的人可能会出乎意料地抬高借贷利率。虽然监狱不再为陷入逼空困境的卖空者而设，但世界各国政府会在少数几个从事卖空真正有利可图的时期例行禁止你的生计。马来西亚总理在 20 世纪 90 年代提议将笞刑作为对这种做法的惩罚。卖空者被称为"鬣狗、豺狼和秃鹫",在谷歌上搜索"卖空者"会自动提供"人渣"来完成你的查询。

多么好玩儿的生意啊!

红迪网的革命者比一般投资者更鄙视卖空者,这说明了一些事情。一个原因可能是他们这一代的一些英雄,比如埃隆·马斯克对这个行当心怀叵测。或者这是由于做空主要是对冲基金经理们独享的权利,他们比其他华尔街人士更富有、更耀眼、更出名,因此更值得鄙视。由于证券法规的影响,对冲基金必须谨慎行事,所以有时一些古怪的理论就会被炮制出来,说这个遮遮掩掩的行当如何操纵价格或者收买记者。不管是出于什么原因,在"华尔街下注"论坛上伤害卖空者已经变成了一个运动项目,其成员正要学会如何瞄准做出必杀一击。

任何基金经理都可能在一项投资上认输。也许它的表现很糟糕,以至于越来越难以证明坚持下去是有道理的。但如果有足够多的人购买了许多卖空者瞄准的股票,从而推高了它的价格,那么卖空者可能会被迫通过回购来退出头寸②,在这个过程中加剧了股票的上涨和他们自己的损失。这就是一次逼空。自 20 世纪 30 年代证券法规被改变以来,极其罕见且很难对其执行法律的"股票囤积"是一种极端类型的逼空,它发生在由于某些人或团体已经独占了供应从而导致根本没有足够的股票可供购买之时,这样他们实际上就可以指定价格,卖空者必须支付它或者"进监狱"。

如果你认为促使 Senior_Hedgehog 和其他"华尔街下注"论坛用户,萌生对借入游戏驿站几乎所有可用股票的对冲基金进行逼空的想法对于卖空者来说是某种繁荣时期,这是可以原谅的。事实则恰恰相反。这一年是做空公司的糟糕年份。按照卖空专家 S3 Partners 公司的董事总经理伊霍尔·杜萨尼夫斯基（Ihor Dusaniwsky）的说法，在 2020 年，卖空者仅在美国市场就损失了惊人的 2 450 亿美元[1]。

高盛（Goldman Sachs）的数据显示，在 2021 年 1 月模因股票止跌回稳之前的仅仅 3 个月内，一篮子 50 只被做空最严重、市值至少 10 亿美元的美国股票几乎翻了一番[2]。这让卖空者开始撤退求生。2021 年 1 月 15 日，就在大逼空开始变得认真起来之前，作为一个市值份额的卖空比例③接近了历史最低水平，仅略高于 21 年前科技股泡沫顶峰时的水平，而这个市值份额是用标准普尔 500 股指这一基准的④。悲观主义正在变得过时。

令人难以置信的是，在接下来发生的毁灭性事件之后，针对对冲基金尖酸刻薄的态度并没有减弱的迹象。众议院金融服务委员会主席玛克辛·沃特斯就游戏驿站股票逼空事件举行听证会时一开始就发表了以下声明：

> 对冲基金的掠夺性行为由来已久，这种行为是完全站不住脚的。必须阻止私人基金掠夺辛勤工作的美国人的养老基金。必须制止私人基金进行掠夺性卖空，损害其他投资者利益。必须制止私人基金实行伤害工人的秃鹫策略[3]⑤。

这不仅使关于卖空者（华尔街生态系统的重要组成部分）的比喻重新流行起来，而且还误解了在这一事件中谁在赔钱、谁的钱处于风险之中。如今，对冲基金最大的投资者是受托管理退休人员积蓄或大学捐赠基金的人。而这场逼空中的最后赢家，是个人投机者，至少暂时是这些人。

"在被殴打并被当作'死人'扔在路边不管之后，卖空者突然之间就变成了恶棍。"被激怒的基尼科斯协会（Kynikos Associates）创始人兼卖空社区负责人吉姆·查诺斯（Jim Chanos）说[4]。

但"华尔街下注"论坛的用户真的策划了"你整个人生中最大的逼空"吗？不，除非他们很年轻。

一部逼空简史

由于逼空事件，大众汽车短暂成为世界上最有价值的公司：2008年春天，长期持有31%股份的德国汽车制造商保时捷，表示希望获得对这家公司更大的影响力，但明确表示，由于下萨克森州持有整整20%的股份，具有相当大的势力，因此它无意增持到最高75%的大众汽车股份。德国企业界内部有类似俱乐部成员之间的友好氛围，还有一些不成文的规定。随着保时捷买入大众汽车股份和股价的上涨，有些对冲基金认为大众汽车的股价在此过程中被人为抬高了，它们积攒了将近13%的大众汽车股票的空头头寸，以便在股价恢复正常时收割好处——这里没有什么接近游戏驿站股票逼空事件水平的东西，不过，这对于接下来发生的事情来说已经绰绰有余了。同年10月，保时捷宣布通过股票和金融衍生品已经控制了74%的大众汽车股份，令所有人大吃一惊。这意味着空头头寸大约是保时捷公司或下萨克森州未控制的剩余股份数量的两倍。在理论上,这些成分在那里就是为了能够形成垄断,如果那是保时捷的意图的话。

当对冲基金发现自己处于无法忍受的境地并且深陷全球金融危机之中却几乎没有得到同情时,歌曲《驾驶之乐》立即开始表达幸灾乐祸的心情⑥。大众汽车的股价在所谓的"一切逼空之母"中飙升,对冲基金则损失了大约300亿美元,相当于6个游戏驿站的价值。

但这一切对红迪网大军来说已经是古代史了,对吧?根据英国权威报纸《金融时报》的用户流量数据来看,情况并不是这样的。创立该报Alphaville博客的调查编辑保罗·墨菲(Paul Murphy)指出,该网站上的一篇关于大众汽车逼空事件的帖子的读者人数激增,其中81%的流量来自红迪网,其余大部分来自其他社交媒体网站。点击次数与2021年1月游戏驿站股价的上涨完美重叠。"堕落者"正在做笔记。

不过,大众汽车股票逼空事件是一个不同寻常的案例——与其说是出于一个故意的行为,不如说是出于一次失算。要找到类似游戏驿站股票逼空中失败的股票囤积那样的事件,必须回到幕后股价操纵或多或少合法的时代。1923年的"小猪危机"(Piggly Crisis)就是一个典型的例子。孟菲斯商人克拉伦斯·桑德斯(Clarence Saunders)创立了第一家真正的连锁超市"小猪扭扭"(Piggly Wiggly),当时他正享受着成功,但他发现纽约的卖空者们瞄准了他公司的股票,因为他们错误地认为该公司正面临财务困难。事实却并非如此——虽然东北部地区一些以该公司名称命名的加盟店已进入破产清理阶段,但它们并不属于该公司。桑德斯本来可以耸耸肩

第七章 矮子当道

表示不屑于理睬此事，就像许多其他高管将会做的那样，但在遭到做空时他却没有那么做。相反，他发动了"战争"，几乎赢了，却失去了一切。

桑德斯聘请了著名的投机者杰西·利弗莫尔（Jesse Livermore）来设计一次股票囤积，此人年轻时被称为"男孩潜水者"，是华尔街半自传经典《股票大作手回忆录》中拉里·利文斯顿背后的真实人物⑦。利弗莫尔以每股40美元左右的价格为桑德斯买入了大约20万股可用于交易的股票，此役很快将"小猪扭扭"的股价推高至70美元左右，给卖空者造成了一些账面损失。

但是利弗莫尔没有看懂股票囤积起作用的方式，随后退出了战斗。桑德斯为了购买股票而大量举债。如果他没有最终卖出并落入空头手中，他将如何脱身呢？他想出了一个绝妙的计划，决定以低于市场价的每股55美元的价格出售他的5万股股份，但要通过超市通告向普通人宣传"一生一次的机会"来分期卖出（这种事情在1920年代是允许的）。这就意味着他可以在卖空者还不能借入这些股票的情况下卖出它们。

接着就是为卖空者设下的陷阱：桑德斯收回他的股票——Senior_Hedgehog敦促采取同样的举措，以防止它们被卖空者借入。交货时间预定在第二天，由于卖空者陷入恐慌，股票的价格飙升至超过100美元。如果不是交易所介入并暂停交易的话，该计划本来会使桑德斯变得更加富裕并毁掉他的敌人。那时就已经有98年后华尔街"操纵市场"来对抗局外人的阴暗手法了！

时间上的延迟使卖空者能够以每股100美元左右的价格在全国范围内搜寻并找到足够的股票，虽然只能是哑巴吃黄连，但却避免了违约。理论上桑德斯是赚了一些钱。不过，现在他虽然拥有了几乎整个公司，但无法出售股票以偿还为买入这些股票的贷款。他发起了一场地方运动来通过认购出售更多的股票，这场运动却失败了，他开始甩卖房产。这还不够，他还被迫卖掉了自己心爱的公司。在金融家们的游戏中打败他们是很艰难的。

这整个操作都是不必要的，除非一家公司准备通过出售新股来筹集资金，否则暂时较低的价格并没有什么实际效果。既然借入股票要花钱并且必然包含着理论上无限的风险，因此卖空者难得有机会享受逗留太久的奢侈。这就是他们经常对自己的案子如此直言不讳以致激怒管理层的原因。但说某只股票的价格太高，无异于说你持有一些股票时股价应该更高，而这一直是老生常谈。

赤裸裸的雄心

抱怨卖空者试图毁掉他们公司的高管们，要么不理解这一点，要么确实理解这一点，但他们是在向可能不理解这一点的广大市民和政界人士发出呼吁。原因多种多样，从虚荣心到自我保护再到贪婪——如果弱点暴露出来，股价就会做出相应的反应，他们的奖金就会变得没那么高。哈佛大学经济学教授欧文·拉蒙特（Owen Lamont）2004年的一项研究表明，那些管理者对卖空者采取攻击性行动的公司往往表现很差，并且其中经常有破产的[5]。在雷曼兄弟投资银行遭遇历史上最大的企业破产案前不久，一名员工将这篇论文的副本交给了行政总裁迪克·富尔德（Dick Fuld）。他愤怒地驳回了它。

关于卖空的另一个重大的，而且也是在国会关于游戏驿站逼空事件的听证会上发生了的误解，就是卖空者无中生有地非法出售股票的观念。加布·普洛特金或许已经卖掉了"不属于他的东西"，但他向委员会保证："任何时候我们做空一只股票，都会定位一个借入点。"所谓的裸卖空曾经很常见，但如今几乎总是由无辜的誊抄笔误造成的。游戏驿站超过100%的可用股票被卖空的事实看起来很可疑，但这是因为从卖空者那里买入股票的人再次将它们借出，这是一个称为"再抵押"的合法过程。

卖空批评者不予考虑的另一件事情就是：只有当股票的持有者愿意出借股票这一过程才会变得可能。虽然他们的案子即使在不占理的情况下，卖空者也不会给养老基金或保险公司长期持有股票的价值造成永久性损失，但他们可能会为养老基金或保险公司提供一个可观的额外收入来源。甚至罗宾汉也通过借出客户的股票来赚钱，为这种自由交易提供资金。对于这种做法的一个罕见的反对意见来自日本这个"资本消亡之地"，当时其政府养老基金于2019年12月决定停止将其持有的外国股票借给卖空者。

"我从未遇到过有长远眼光的卖空者。"该基金负责人对英国《金融时报》表示。此举使他的养老金每年损失约1亿美元[6]。

尽管卖空者的形象是悲观主义者，但大多数卖空实际上是长期投资策略的一部分。此外，严格来说逼空并不罕见，而是很少引人注目。通常情况下发生的是：有很多人押注一家预计会表现不佳或报告坏消息的公司，但消息稍微好转，比如一份不错的收益报告，一些卖空者便决定放弃并匆忙回购股票。有时，缺乏经验的投资者会看到一只股票因逼空而迅速上涨，并将其误认为是一家陷入困境的公司的一些基本面好消息，就购买一些它的股份。这是一个典型的菜鸟错误。

你这个性感迷人的东西⑧

然而，在 2020 年股票零售交易的爆炸式增长发生之后，这些菜鸟就充分利用这绝佳机会忙着买入。以损失的美元总额衡量，在单一股票上的逼空甚至使大众汽车在逼空事件中的损失金额相形见绌。按照"S3 伙伴"的杜萨尼夫斯基的说法，仅在这一年，卖空者在电动汽车先驱特斯拉身上的损失就超过 400 亿美元，使其成为"2020 年毫无疑问最无利可图的交易，而且……是我们见过的有史以来最大的年度损失"[7]。

根据在纽约大学斯特恩商学院教授金融学的估值大师阿斯瓦特·达摩达兰的说法："在特斯拉股票上至少有过三次，甚至可能多达五次逼空。"2020 年只是最近发生的一次[8]。

"对于特斯拉，崇拜该公司的散户投资者一直处于逼迫挤压卖空者的前线，但他们得到了机构投资者的帮助，这些机构投资者要么是该公司的忠实信徒，要么是过于贪婪而不愿跟风。"他写道[9]。

特斯拉首席执行官埃隆·马斯克把嘲讽卖空者弄成了一个运动项目。他最臭名昭著的一击是 2018 年 8 月。当时，随着对这家电动汽车制造商股价下跌的押注不断增加，他发推文说："正在考虑以 420 美元的价格将特斯拉全部股份卖给一个投资者，资金有保障。"

一位高管竟然会在市场交易时间在社交媒体上而不是通过新闻稿或正式的公司备案文件发布这样的声明，许多人并没有对此否认，因为对于上市公司的负责人来说，这样的恶作剧是不合法的。由于有人大量买入，该股当天飙升了14%。当然，并没有基金排队购买该公司。一个直接的线索是假定的420美元股价——这个数字与大麻有关联⑨。马斯克和公司支付了罚款并采取了其他措施，例如，让一位合规督查员监控马斯克的推文，这事很快就被遗忘了。当你是一位名人时，他们就会允许你这样做。

马斯克并没有感到懊悔，而是抓住这一时机并在特斯拉的网站上以69.420美元的价格出售一条红色缎面的短裤——额外的小数是十分刻意而为的⑩。"我们的红色缎面和金色饰边设计让您像风一样奔跑或像李伯拉斯（Liberace）一样娱乐⑪。享受收盘铃声带来的非凡舒适感吧！"69反映了一个男人的青少年式的幽默感，他的车型拼写为S3XY（马斯克说福特汽车起诉要阻止型号E上的商标，所以他不得不用Model 3与之妥协）⑫。

马斯克毫不掩饰他对游戏驿站股票逼空期间卖空者发现自己深陷其中的困难感到高兴。他的一条推文对全部卖空做法提出了质疑："你不能卖你不拥有的房子，你不能卖你不拥有的汽车，但你却可以出售你不拥有的股票？这太荒谬了——做空是一种仅仅在发育不全的时候才合法的骗局。"几天后，他修改了引自氢弹的创造者罗伯特·奥本海默的一句话（后者自己则是引用了《薄伽梵歌》⑬）："我变成了模因，空头/短裤的毁灭者⑭。"

押注一只股票的价格会下跌并不是一个骗局，也不是某种不道德的行为，除非它伴随着欺诈。讨论卖空者时使用的形象化描述通常是靠腐肉生存的动物，具有贬义的，但为什么不听其自然呢？一个充斥着腐烂、肿胀尸体的世界肯定不会那么令人愉快。同样的道理，一个你只能押注股票上涨的世界将会是失衡的。金融理论是这么说的，现实世界的证据也是如此。

这一点我们知道，因为无论是针对个股还是针对处于下跌中的整个股市，历史上都有过许多卖空禁令。在金融危机最严重的时候，美国证券交易委员会禁止卖空数百家金融公司，用主席克里斯托弗·考克斯（Christopher Cox）的话来说，是为了"保护证券市场的完整性和质量，增强投资者的信心"。

纽约联邦储备银行（Federal Reserve Bank of New York）的一项研究发现，该禁令适得其反。股票价格在它发挥效力期间急剧下跌，并在它结束时稳定下来。受影响的股票实际上比允许卖空的股票表现更差。2011年，美国的信用评级被标准普尔下调、股市大幅下跌后，随着一道卖空禁令也出现了同样的结果。2020年，当市场起初紧跟新冠疫情大流行的到来而暴跌时，一些欧洲国家决定禁止卖空。一组基金管理机构和交易所的一项研究表明，没有卖空禁令的国家的股票业绩更好[10]。

矮个子们有理由活下去[15]

卖空者使交易对每个人都变得更便宜、更容易。它们还有助于价格发现和阻止泡沫的轻易形成。有时，当做空一只股票太难或太贵时，价格可能是错误的，会损害最不知情的投资者。

第七章 矮子当道

最著名的案例发生在 2000 年 3 月,就在科技泡沫破灭前几周,网络公司 3Com 出售其在掌上电脑(Palm Pilot)个人数字助理制造商 Palm 中所持股份的 5%。该公司计划在当年晚些时候通过免税交易将其余部分分拆给股东。考虑到他们将获得的 Palm 股票数量以及 Palm 股票开始交易后的市场价格,3Com 持有的一股应该至少价值 145 美元,但实际上是 82 美元。结论要么是 3Com 的其他业务不值得一提,要么是 Palm 被严重高估了。

《华尔街日报》第二天指出了这一点。卖空 Palm 并买入 3Com 股票本来会创造出一种被称为"套利"的即时利润,并修正这一过程中的错误。至少在理论上,那里有超过 200 亿美元可供获取。但借入少量 Palm 股票的成本太高,差距一直存在。数以千计的散户投资者反而陷入了多付的困境。

应该对卖空者心怀感激的另一个原因是他们有动力揭露不良行为。虽然华尔街的大公司丑闻最终会被美国证券交易委员会起诉,但该机构并不十分擅长发现它们。

"卖空者是实时金融侦探,监管者是金融考古学家。"查诺斯打趣道,他最出名的作为是揭露安然的大规模欺诈。

卖空者的做法是做研究,确定他们的立场,然后让世界知道它。在安然的案子中,《财富》杂志记者贝瑟尼·麦克莱恩(Bethany McLean)与查诺斯进行了交谈,开始挖掘,并准备了一个封面故事,其内省、回顾、低调的标题是"安然被过高估价了吗?"。后来入狱的安然公司老板杰弗里·斯基林(Jeffrey Skilling)称她不道德。安然的高管们从休斯敦飞往纽约,试图说服她的编辑放弃这个故事,安然董事长肯尼斯·莱(Kenneth Lay)告诉编辑,麦克莱恩得悉安然股价下跌是依靠一个出于盈利动机的消息来源，这就很像每天有几十篇商业文章引用持有股票期权的企业高管或征求碰巧拥有某只股票的基金经理的意见情况。

当时发生了一个更令人惊恐的事件，英国《金融时报》的两名记者不仅受到德国金融科技公司 Wirecard 的压力并据报道受到暗中监视，而且据说还因为与卖空者勾结而成了对股票操纵的一桩刑事控告的目标。与安然一样，Wirecard 最终倒闭了，但不是在其股价的反复波动给判断正确但出手过早的卖空者造成巨大损失之前。在撰写本书时，其前任首席执行官已入狱，而其前任首席运营官则是一名国际逃犯。

卖空者的大多数目标并不是由令人讨厌的人物经营的，大多数卖空者也不会把自己的想法弄得人尽皆知。普洛特金是游戏驿站股票逼空事件的主要受害者，他在 2014 年悄悄确立了自己的地位，因为他认为这不是一个很好的业当。他所持有的大部分股票都是看涨的。

挑选会跌价的股票不是一件容易的事。据报道，即使被认为是业内最佳卖空者的查诺斯，在他 1985 年成立的主要卖空基金 Ursus 上也多次亏损。那为什么还要这样做呢？与查诺斯一起投资的基金可以在一定程度上免受趋向多变的市场的影响。出水才见两腿泥，所以低质量公司的股票往往会在经济低迷时期大幅下跌，有时甚至归零。将做空这类公司作为投资组合的一部分可以带来更好、更平稳的整体回报。

"做空的行为允许你做多。"查诺斯解释说。

这不仅是一种营销宣传，他整体的出色表现证明了这一点：当股市行情上涨时，它会像普通基金一样受益，同时还持有查诺斯团队认为较弱的公司的空头头寸[16]。然而，正如在游戏驿站股票上的惨败所表明的那样，像普洛特金那样用投资组合的方式来承担无限风险都需要一只非常谨慎和稳定的手，以避免可能发生的毁灭性损失。

有这么多的风险，卖空者会先做功课并小心谨慎地行事。平均而言，他们最关注的股票在数量上多年来都远少于他们最不关注的股票。这个制胜法宝的毛病在于它有时会工作得非常糟糕：卖空就像从一台推土机前拾起硬币，一些卖空者的手指都要被压碎了。

第八章　2020年夏秋季节

当日交易

考虑当日交易吗?

2020年9月1日一篇适时的博客文章说:"青少年和退休人员特别容易受到这种有潜在风险的想法影响,这可能会极大地影响他们的财务健康状况。"接着它详细说明了使用"免费交易应用程序"或涉足期权的风险。

这条出自万通金融集团(Mass Mutual)旗下的 In Good Company 的建议既具讽刺性又健康合理,因为它来自基思·吉尔的财务健康团队。他的雇主不知道,这位特许经纪人即将走出阴影并引发一波投机狂潮。

然而吉尔先不得不忍耐一个在经济上,尤其是在私人生活上的艰难的夏天。他的妹妹萨拉在6月突然去世了。吉尔几乎完全从社交媒体上消失了,除了偶尔发布他的亿创理财账户余额外。随着对逼空的兴奋消退，游戏驿站股票再次开始疲软，来自"堕落者"的祝贺信息又变回了尖酸刻薄的信息。

到了吉尔的亿创账户余额已降至 121 271 美元时，一位"华尔街下注"论坛用户在 6 月底写道："挥霍掉 100 000 美元，那是多么了不起的方法啊！"另一位写道："一场真正的逆势交易，但新冠肺炎会把这笔交易彻底搞砸。""在好日子里扭转局面已经很困难了，但要是在到处都是罗纳①的情况下尝试这样做呢？另外，有人去过他们当地的游戏站吗？它们是些鬼城。"

7 月，这只股票回落至每股 4 美元以下。到 7 月底，吉尔的账户价值是 112 238 美元——仍然是他一年前开始时的两倍多，但远低于他的巅峰时期，那是 2019 年 9 月，也是他第一次引起红迪网该子板块注意的时候。随着一位金融名人的到来，他的投资组合的价值飙升了：打破传统观念的独眼医生变成了因电影《大空头》而出名的价值型投资者迈克尔·伯里②。随着怀疑者们的回归，一个甚至还更有影响力的人物——至少就 2020 年中期股市最活跃的参与者而言——正在悄悄地入股游戏驿站，这将使吉尔很快成为百万富翁。

伯里是一位有天赋的投资者，但他在"华尔街下注"论坛的人群中拥有知名度的唯一原因是克里斯蒂安·贝尔（Christian Bale）在改编自迈克尔·刘易斯（Michael Lewis）同名书籍的电影中扮演了他。与扮演蝙蝠侠的演员不同，伯里在偶遇他的 Z 世代和千禧一代的眼中，几乎与当年 8 月满 90 岁的沃伦·巴菲特一样是个让人败兴的家伙。在他名为卡珊德拉（Cassandra）——因为其预言总是正确而被诅咒，却从不为人所信的特洛伊女祭司——的推特简讯中，他对最受欢迎的投资主题持谨慎态度，正如他在模因股票逼空事件后

颠覆者

不久写到的那样:

推特话题"泡沫"（#bubbles）：投机性股票泡沫最终看到赌徒背负了太多债务。推特话题"保证金债务"（#MarginDebt）：保证金债务的人气在高峰时加速。此刻市场正在刀刃上跳舞。被动投资是智商流失。推特话题"傻票群"（#stonksgoup③）：傻票群的炒作增加了风险。

瑞安·科恩（Ryan Cohen）要更搞笑。作为宠物电子商务网站Chewy的创始人，他在三年前以33.5亿美元的价格将他无利可图的公司卖给了PetSmart，那是截至当时最大的一笔电子商务交易。尽管那时他已不在公司，但Chewy在2019年的首次公开募股是一件了不起的事情，在交易的第一天公司价值几乎就翻了一番。随着宠物收养和在线购物的激增，Chewy成为新冠病毒肺炎大流行的赢家，为它头上的光环再次增添了光彩。从3月的股市低点到8月底，它的价值上涨了2倍，到模因股票逼空事件发生时，股票价值上涨了5倍。

作为与吉尔和弗拉基米尔·特涅夫同龄的千禧一代，科恩在13岁时就开始为企业建立网站。他去世不久的父亲泰德（Ted）是一位勤奋的私营企业主，他给儿子灌输了对股市的热爱。老科恩购买并持有保守的蓝筹股，从不借钱，他向年轻的瑞恩展示了长期股票回报图表。科恩决定追随父亲的脚步成为一名商人，他跳过了大学，并在经营一些互联网风险投资企业后，在25岁时认为自己找到了一项可以通过在线销售珠宝的生意。就在他准备与合伙人一起启动风险投资创业时，科恩去一家宠物店为他的贵宾犬找一些健康的食物，这时，他突然领悟到自己对动物充满热情，而且这个行业非常庞大。

"因此，虽然我们距离推出珠宝业务只有一周的时间，我们还是做出了转变。我们卖掉了所有的戒指、项链和手镯，还有保险箱，并开始学习有关宠物行业的一切知识。"科恩写道[1]。

他的灵感来自亚马逊创始人杰夫·贝索斯（Jeff Bezos）和去世不久的托尼·谢（Tony Hsieh），后者创办了客户痴迷的在线鞋履零售商Zappos。Chewy式的配套价格在其他地方也找得到，但它在支持"宠物父母"上的花费远远超过竞争对手，它雇用了整个团队在宠物死亡时发送表达哀悼的卡片。尽管早期的销售额快速增长，但科恩在筹集资金方面甚至比罗宾汉的特涅夫和布哈特遇到的麻烦还要多，这在很大程度上是因为在线宠物用品被认为是某种被诅咒的类别。他声称向风险资本家进行了一百多次卖力的推销都失败了。最后，科恩找到了一位喜欢这个故事的波士顿投资者。

这需要信念上的一个飞跃。即使在20年后，Pets.com仍然是硅谷电子商务过剩的典型代表。趁着任何跟互联网沾边的东西的市场都火爆这个时机，它在1999年上市，几乎没有任何收入，却在广告上投入了大量的资金，包括在梅西百货感恩节游行中的花车和2020超级碗比赛中袜子木偶广告。明星分析师亨利·布洛杰特（Henry Blodget）因推荐他自己私下不认可的股票而被永久禁止进入证券行业，在Pets.com作为上市公司的大部分时间里，他对该公司的评级为"买入"[2]。那段时间并不是很长——这家电子零售商在2020年用光了钱并宣布破产，当时距离其首次公开募股仅9个月。

如果你能不理睬怀疑论者并在网上捆绑销售宠物食品和跳蚤药

物，那么也许你能弄懂电子游戏。到 2020 年 8 月 18 日，科恩已经悄悄地积攒了游戏驿站 9.9% 的股份，并在 8 月 28 日向证券交易委员会提交了所需的 13D 表格④，这就将他的头寸公之于众了。在接下来的两个交易日中，游戏驿站股价飙升了 42%，而吉尔立即发布了他的亿创理财账户截图，显示余额为 823 391 美元。毫不怀疑，红迪网子板块上的语气再次变得对他赞许有加：

当之无愧，当别人不相信时，你相信了[3]。

但吉尔仍然受到一些人事后诸葛亮式的批评。一位用户指出，如果他投资特斯拉，他本来会多赚多少钱。另一位声称自己拥有游戏驿站股票但卖得太快的人告诉吉尔，处在他的位置，他"会利用这次飙升作为出售的机会"，因为生意很糟糕，唯一的好消息就是"鲸鱼们"——财大气粗的投机者——在试着玩玩这只股票。

我赌这只股票在下周盈利后会因为销量不佳和糟糕的领导而彻底失败。

它没有彻底失败，而且，就像一年前的伯里一样，科恩对管理层如何提高股价有些想法。9 月 21 日，当他透露他正在与游戏驿站的高管们和董事会成员们进行会谈以便"为所有股东带来最好的结果"时，他将会引起更大的轰动。

第八章 2020年夏秋季节

游戏驿站股价上涨

由于人们预计有某个精通网络的活动分子会不按常理出牌逆势而上,第二天该股自2019年3月以来首次回升至10美元以上,吉尔突然就成了百万富翁。他的账户报表截图显示其价值为1 501 166美元。它永远不会再低于7位数。一些发帖者想知道DeepF**kingValue是不是迈克尔·伯里的化名,但大多数人都向他表示祝贺,并且像往常一样想知道他什么时候会将利润最终兑现:

这是一场明智的、经过深思熟虑的赌博,由于他的耐心和程序的精确性,每件事都有利于他赢到绝对巨额的一笔。让我们看看他拿走了什么样的奖金。谁知道会发生什么,这个钻石手天才什么时候才卖出啊!

吉尔在纸面上赚到了一笔不小的财富,游戏驿站的股价现在接近他一年前对其估值的上限。在这一点上,如果吉尔是一个账面价值投资者,他可能已经套现了,这个故事可能就会大不相同。但有了科恩在场,他突然间有了去瞄准更高的目标并试图做一些不寻常事情的理由。

吉尔在YouTube上以"咆哮小猫"的身份主持有关游戏驿站的直播,该节目开始吸引不再仅仅是少数人的观众。他要回答评论中的问题,直播有时会持续4个多小时。红迪网的子板块"华尔街下注"也获得了动力,在科恩9月发表声明的同一周里,其用户数量从

2020年初的100万上升到超过150万大关。

但此时游戏驿站和吉尔远非主要看点。科技股在9月3日创下历史新高，纳斯达克综合指数首次突破了12 000点大关。由于投资者对魅力股上涨的迅速程度变得畏缩起来，该指数在接下来的交易日将暴跌5%，这是自3月的新冠大流行恐慌以来最糟糕的一天。再过三周多一点，该指数将进入调整区间，下跌近13%。即使是为股票零售所青睐的特斯拉也暂时"没电"了。埃隆·马斯克在这家电动汽车制造商的"电池日"活动上的演讲，发生在科恩关于他与游戏驿站进行讨论的声明发布的同一天，是一场惨败。该股在两个交易日内流失了15%以上的价值。

游戏驿站的股价在科恩到来后的飙升只是让职业怀疑论者更加胆大妄为了。当Senior_Hedgehog在4月首次提到逼空的想法时，被卖空的游戏驿站股票占其可交易股票的80%左右，这已经是一个极高的占比了。到科恩于8月下旬抵达的前夕，这一占比已经超过了100%——由于再抵押过程（股票被借出、出售，然后再次借出），这一数字是可能的。在他9月21日发表声明称已经与管理层在接触，随后股价飙升使吉尔成为百万富翁后，卖空比例升至140%以上。这几乎是闻所未闻的。

卖空者的信心正在诱使他们陷入一场灾难，因为押注现在变得非常拥挤。如果他们一直关注"华尔街下注"论坛上的闲聊，而不是仅仅聚焦于科恩的意图和游戏驿站连锁店依旧不稳定的业务，他们是能够减少自己的赌注的。

该公司仍然看起来会像百视达公司一样逐渐被遗忘，但一次债务重组为其赢得了时间。企业能够坚持时间越长，碰巧能够挑战投资者的自负的意外事情就会越多。正如吉尔所预测的那样，游戏驿站使得人们的预期落空，并为下一轮游戏机控制台循环保持了活力，而索尼和微软在新冠病毒肺炎大流行期间则无法满足对其最新硬件的需求。

从理论上讲，卖空者比游戏驿站容易得多，因为有很多无利可图的公司估值却很高。然而，在实践过程中，许多这样的公司不再受制于现实，它们更像是豆豆娃（Beanie Babies）⑤或加密货币，而不像是人们普遍认为具有某种内在价值的公司。大肆买入许多只受散户投资者欢迎的股票，已经使得卖空这些股票成为快速赔钱的好方法。更安全的做法是，继续押注每个人都知道正在走向废品堆的游戏驿站，美国电影院线这样一家新冠疫情大流行致使其放映场所空置、正遭受资金大出血的连锁影院，或者黑莓这样一个时代错误以及其他此类公司必输，这尽管需要费些时间。说到底，有谁会因为它们而激动呢？

卖空者正在犯下危险的失算。越来越多的"华尔街下注"论坛用户开始意识到此类股票卖空比例的极端水平。9月19日，也就是科恩与公司的沟通公之于众的前两天，一个用户名为Player896的发帖者详细说明了为什么游戏驿站至少可以再持续几年，以及伯里和科恩现在拥有合计15%的股份这一事实的重要性。帖子的最后一部分，标题为"让机构投资者破产的傻瓜指南，游戏驿站"，本应该是给梅尔文和其他人敲响的一声警钟：

以前从未见过120%的卖空比例。空头的理论是游戏驿站赶不上推出新的控制台循环而做空者会凝聚他们的意向，但游戏驿站赶上了。目前的做空费约为 60%，根据可以利用的一些数字，估计大约 70% 的空头所持游戏驿站股票价格低于 7 美元，而游戏驿站股价目前接近 10 美元。"短裤"的 70% 都在水下⑥。即使你不相信他们的任何主动举措都行得通，你也必须承认该公司将能够单靠新控制台的炒作再继续运营两年。当股价达到大约 15 美元时，我们可以预期会看到几次追加保证金通知而引发一波大规模的逼空。

接下来的 1 个月里，游戏驿站在该论坛上被提及的次数相对较少，但在 11 月初开始上升。例如，根据 TopStonks.com 的数据，该股票在 11 月 13 日被提及 84 次，在 11 月 15 日被提及 180 次。第二天，科恩发表了一封公开信，敦促制定一份路线图以控制成本、关注盈利性商店以及更好地经营电子商务业务。他甚至强调了华尔街对该公司的大量押注：

游戏驿站股票也是整个市场中被做空最厉害的股票之一，这充分说明投资者对当前领导团队的做法缺乏信心[4]。

游戏驿站股票再次飙升，因此红迪网子板块"华尔街下注"论坛上的流言传播者也增加了。11 月 25 日，有 683 篇帖子提到游戏驿站，到 11 月 28 日，这类帖子增加到了 1 343 篇。到 11 月底，吉尔的净资产已超过 300 万美元。

自 7 月以来，该股几乎翻了两番，看起来轻松钱是已经赚到手了。不过，这个故事正处于急剧变化的过程中。一些"华尔街下注"论坛用户不是低买高卖，而是表现出高买的兴趣，从而让其他人买得甚至更高。梅尔文资本正在成为他们的主要目标。

被卖空的股票必须申报,但那些头寸背后的个人资金则不必申报。然而,梅尔文犯了一个错误,在那年夏天的一份例行证券备案文件中,它认为自己一直在押注游戏驿站股票下跌。这份文件显示,梅尔文持有对这家零售商的340万份看跌期权,这份期权赋予梅尔文在未来以固定价格出售游戏驿站股票的权利。梅尔文还卖空了股票。现在,在该红迪网子板块上的许多人心目中,好人是有的,他们就是科恩和吉尔,还有一个可识别的坏人,此人给自己的基金起了一个名字,简直是自找麻烦。

网友 Stonksflyingup 于 10 月 27 日发布的一个帖子标题为"GME 股票逼空和梅尔文资本的消亡"。它使用了电视连续剧《切尔诺贝利》中的一个片段,该片段描绘了科学家向苏联法庭作证,其间穿插着事故的闪回。

被做空的 7 000 万股都争先恐后寻找掩护/保证金。梅尔文资本变得太贪心了[5]。

在注定要坏掉的反应堆里,感到困惑的技术人员按压仪表板上带有西里尔字母的按钮,但没有任何作用。

GME 股价现在是一颗核弹。

反应堆爆炸的镜头。

即使用上普洛特金和其他对冲基金经理们创造的所有可裂变材

料，要引发一次金融连锁反应并不容易。尽管"堕落者"的队伍庞大而且在不断扩大中，但只管以越来越高的价格收购该公司的股份是找梅尔文麻烦的一种昂贵的方式，而且本来可能是不会奏效的。不过，有一种更简单的方法可以让一只股票发飙：用巴菲特曾经称为"大规模杀伤性金融武器"的东西来利用别人的钱。

第九章　作弊码

右-A-右-左-左-右-RB-右-左-A-Y（Right-A-Right-Left-Left-Right-RB-Right-Left-A-Y）。

如果这个序列对你有任何意义，那么你可能属于"华尔街下注"论坛的那个大多数成员为年轻男性的群体。作弊码将使你在玩2013年——游戏驿站的鼎盛时期——发布的有史以来最赚钱的视频游戏《侠盗猎车手5》时半小时内无懈可击①。有了它，你就可以在虚构的圣安德烈亚斯的简陋街道上制造各种混乱[1]。

"华尔街下注"论坛的创始人詹姆·罗戈津斯基表示，寻找漏洞也是红迪网子板块非常重要的组成部分。2020年11月，一名用户名为"月亮船"（MoonYachts）的社区成员是少数几个通过罗宾汉网站上所谓的"用白给的钱作弊"来铭记这一点的人之一。他发现，作为罗宾汉黄金账户的一位客户，如果他卖出看涨期权（一种让卖方在理论上承担无限亏损的金融衍生品），公司会错误地将等值于看涨期权价值的资金记入他的账户[2]。通过看似增加他的现金头寸而不需要他实际上存更多的钱，他的账户里有足够的抵押品来一次又一次地进行这一操作，这给了客户理论上无限的借贷能力。"月亮船"最终将他 4 000 美元开立的账户投到一笔其价值连本带利超过 100 万美元的赌注中。

"你自动成为联邦储备委员会主席,因为你已经解决了如何印钞票的问题。"该红迪社区子板块的一位用户打趣道。

它的一位版主插话说,"月亮船"可能不会被允许从罗宾汉的失误中获利:

> 话虽如此,由于你们中的一个人,这已经是我们第 4 次经历罗宾汉发布补丁 / 在他们的平台实施新规则了。如果我说我不为此感到自豪,那我就是在撒谎[3]。

一旦被全国广播公司财经频道报道,该经纪商迅速采取行动限制这种做法。利用这种骗术的客户本来可能因为价格的甚至一小点变动就被彻底封杀掉,而罗宾汉可能已经落入有义务支付巨额资金的圈套了,因为它的淘气客户们很可能在银行中没有足够的资金来弥补他们的损失。

在"华尔街下注"论坛上交换信息并在智能手机上使用罗宾汉应用程序进行交易的散户投资者们并不是唯一一群做期权交易的人。在 2020 年夏季,交易者们注意到市场上出现了一个巨大的新投资者,他积极购买脸书、苹果、特斯拉、亚马逊、英伟达和网飞等最大科技公司股票的期权合约,这些公司的股票行情是纳斯达克综合指数的主要组成部分。一笔笔押注如此之大,以至于交易者们称这位买家为"纳斯达克鲸鱼"。他价值 40 亿美元的期权头寸相当于获得了对这些股票数百亿美元价值的敞口[②]。

8月下旬，风险专家拉里·麦克唐纳（Larry McDonald）在他每周一次的财经博客《熊市陷阱报告》中评论说：" 有人在拿着赌场的钱赌博，而且他们赌得很大。"4

金融衍生品资深人士、Nations Indexes 总裁斯科特·内申斯（Scott Nations）回忆起他当时的想法，即针对个股的期权市场并没有能力处理他公司在那个夏天一直在经历的那种买盘。事实证明，这实际上才是要害，"华尔街下注"论坛上的一些人正在做笔记学习。

地震保险③

有一个那条鲸鱼正在购买的东西的快速入门教程："看涨期权"或"看跌期权"是一种金融合约。如果你买了一份合约，那么它赋予你在未来的某个特定日期以某一特定价格分别买入或售出股票或其他金融工具的权利，但不是义务。买家可能受到的最大损失是为这项权利支付的价格或"溢价"④。但是卖给你这份合约的人要为预付款承担巨大的风险——这有几分像保险公司卖给你一份保单，只是没有支付金额的限制。

保险公司并不愚蠢——他们购买自己的保险，以防地震等可能使他们破产的灾难。期权交易商也这样做，但与好事达保险公司（Allstate）不同的是，一旦他们开始感到一些震动，就会购买更多的保险。正常情况下这只是一个技术细节，但它是"纳斯达克鲸鱼"策略的核心，对于数月后将要撼动华尔街基础的红迪网革命者也是关键的一点。

由于"行权价"[5]与购买期权合约时的股价相差甚远,因此,期权可能非常便宜。如果意外发生并且股价飙升(或在看跌期权的情况下暴跌),那么买家可以获得数倍的溢价——类似于彩票的回报。例如,假设你支付1美元购买美国广播公司(American Broadcasting Company, Inc, ABC)的一份看涨期权合约,该看涨期权合约在一个月内到期,行权价为110美元,而现在合约到期,股票价格却为100美元。那么你买的合约"未到价"[6]"亏本"——股票价格需要上涨10美元以上,期权才值得行使。然后股价需要再上涨1美元,你才能赚回你所支付的钱——你的溢价。但是,如果股价再上涨10美元,那么期权的买方将获得10倍的投资收益。

合约可能到期一文不值,但出售它的经销商知道从现在到到期日内可能会发生很多事情,因此必须仔细观察价格。ABC公司的股票价格越是趋向于忽高忽低,经销商会为这份期权合约向买家收取的费用也就越多——这是我们故事后面部分的一个紧要关窍,需要记住。你可以在期权合约到期之前将它卖给其他人,但如果ABC公司的股票在到期日等于或低于110美元,那么你不会有溢价——你的钱没了。

你能买到的最便宜的期权是那些远未到价而且离到期也没有太多时间的。期权交易商可能会以几美分的价格将它们卖给你,而你几乎总是会失去你支付的所有溢价,但时不时地也会有买家获得巨大的收益。

这类期权是基思·吉尔的菜。他在2020年7月末拥有的1 000份游戏驿站看涨期权合约,当时每份期权合约的价值仅为每股18美分,其行权价为 12 美元,它们将于 2021 年 4 月 16 日到期。每份期权合约实际上代表了购买 100 股的权利,所以 18 美分乘以 100 股乘以 1 000 份合约,这些期权合约在吉尔的亿创账户中当时的价值为 18 000 美元,而当时的股价只有 4 美元,所以吉尔的期权当时就已经远未到价了,但它们并非一文不值——还有很多事情仍然可能发生。

很多事情确实发生了。2021 年 1 月 25 日至 26 日,随着模因股票狂热的突然兴起,吉尔以约 1 100 万美元的价格出售了一半的期权合约。到 2021 年 1 月 27 日,他仍然拥有的 500 份合约在当天下午价值高达 1 680 万美元的天价。尽管那时距离这些看涨期权合约到期日很近了,但前几周这只股票令人难以置信的波动性以及当时游戏驿站非常高的股价而使它们远远更有价值。

期权或各种被称为"权证"的类似工具长期以来一直是金融市场的一个特征,但由菲舍尔·布莱克(Fischer Black)、迈伦·斯科尔斯(Myron Scholes)和罗伯特·默顿(Robert Merton)共同发现的为它们准确定价的公式直到 1973 年才在一篇学术论文中被公之于众。该论文为后两人赢得了 1997 年诺贝尔经济学奖(布莱克当时已去世两年,而诺贝尔奖是不追授的)。这个公式与不断计算出正确价格的运算能力的进步,一起促进了期权交易的爆炸式增长。

请阅读细则

金融衍生品对专业人士非常有用,但被滥用时也很危险。交易软件的激增和佣金的消失意味着在过去的几十年里，已经有越来越多的个人参与到这件事情以及偶尔也会发生的崩溃中了。社交情绪专家彼得·阿特沃特评论说，很多人进入看涨期权交易是市场即将发生坏事的典型征兆。他说："这件事就像参加聚会来得最晚的兴奋的人们在寻找最快的方式喝醉。"

"看涨期权提供了一杯完美的龙舌兰酒。"[5]

华尔街的调酒师们从来不曾像在2020年和2021年初时那样忙碌。即使现在交易期权是"免费的"，它们也是一类有利可图的产品，但经纪商们也会格外小心地保护自己以防惹上官司。FINRA要求任何想要交易期权的人下载一份183页、44 000字的表格，许多人不太可能真正阅读过该文件。更引人入胜的是，市场上有很多为非专业读者编写的数10本关于该主题的书籍。在亚马逊网站上的一次抽样结果就包括《通过期权致富》《七次交易到一百万》以及一本不经意间诚实命名的书：《期权交易速成课程》。股票经纪商定期在网上或郊区酒店的会议室举办免费的"期权教育"研讨会，以使客户对这种利润丰厚的（对经纪商而言）产品感兴趣。

并非每位散户期权交易者都是一名冥顽不化的赌徒。例如，有一种流行而且保守的策略叫作"备兑看涨期权"——即出售你已经拥有的股票的看涨期权。你会以溢价的形式预先获得一点钱作为对你在股票上的潜在利润所受限制的补偿——这有点像"一鸟在手胜过双鸟在林"的意思。不那么可取的是有着诸如"铁鹰""牛市价差"和"蝴蝶"这类名目可能牵涉买入期权和卖出期权两者的复杂策略。

在大多数情况下，期权是一种傻瓜赌注，但它们的复杂性和来自监管机构的抑制措施限制个人损失的金额。尽管如此，一波基于智能手机的交易还是导致了创纪录的支出和损失金额。根据期权清算公司[7]的数据，从 2019 年 12 月（许多零售经纪商过渡到免佣金交易的月份）到 2021 年 2 月（游戏驿站股票逼空导致数百万新账户开立的重大后果），期权交易量几乎增加了两倍[6]。

虽然你不需要在手臂纹上布莱克－斯科尔斯－默顿方程[8]来购买期权合约——华尔街很少有人无须帮助就能完成数学计算——但罗宾汉平台上的 iPhone 界面让购买这些复杂的金融工具比在 Grubhub[9]网站上订购汉堡来得更容易。2021 年春季，其网站上的一段视频教程显示，一位用户点击"放大镜"来搜索一只股票，这一次是虚构的喵工业股（"咆哮小猫"会称许的）。他点击"交易"，然后点击"交易选项"。有四个图标：向上箭头、向下箭头、一条弯线和一条波浪线。向上箭头为默认方向，意思是"我认为它正在上升"。点击该箭头系统会给他一个到期日期菜单，同时也会默认一个到期日期。他点击"行权"。罗宾汉会告诉他，喵股票必须上涨多少才能收支平衡。点击并输入"合约数量"和"限价"，接着，客户即将拥有一份期权。

老手们对期权交易异常大的损失和快速批准程序表示震惊。罗宾汉支付了金融业监管局历史上最大一笔罚款，但没有承认自己错在使用容易有漏洞的机器人来批准客户。甚至在此之前，一位与罗宾汉声称已仔细甄别过客户的说法不符的趋势就是突然出现大批用户购买并立即行使未到价期权——任何对他们刚刚购买的东西有起码了解的人都不会做出这样的举动。因为它保证让你亏掉所有的钱[7]。

"如果你在最大的经纪行之一做事,那么你必须填写一份超过两行的表格才能交易期权,"金融衍生品权威、Axonic 资本的研究主管彼得·切奇尼(Peter Cecchini)嘲笑道,"(通过罗宾汉)使用期权的人群并不是在期权交易上老于世故者。"[8]

一位交易者于 2020 年 2 月在"华尔街下注"论坛上发布了他的罗宾汉账户的屏幕截图,虽然他的结果完全不典型,但却提供了一种社会认同,让更多新手匆匆忙忙投入进来。用户名为 Kronos_415 告诉"市场内幕"网站(Markets Insider),他有 6 个月的交易经验,但在一个月内将他投在特斯拉看涨期权上的 5 000 美元变成了 131 000 美元。

"我认为公道的市场价格是 800 美元。"他谈到当时这家电动汽车制造商的股票情况时说,并表示 900 美元的价格过于投机。但他随后告诉记者,他预计该股票将在几年内达到每股 2 000 美元,在这种情况下,900 美元就是一件便宜货了——股票通常不会在两年内翻一番以上[9]。

新一波活跃交易者之一陷入自身无力对付困境的最悲惨的例子就是亚历克斯·卡恩斯(Alex Kearns),一位 20 岁的罗宾汉客户,在收到一条消息称他的账户受到限制并且作为一笔期权交易的结果,他的账户余额为负 730 000 美元之后,他于 2020 年 6 月自杀了。

"从一开始他就不应该被允许交易这些复杂的期权。他没有受过训练,没有收入,没有资格来做这些复杂的交易。"亚历克斯的父亲在接受有线新闻网络(CNN)的一次采访时说[10]。

"我们对亚历克斯·卡恩斯的死感到极为震惊和痛心,"罗宾汉在一份声明中说,"我们仍然信守让罗宾汉成为一个负责任的学习和投资的地方的承诺。"

该公司表示，在这次自杀事件后加强了客户支持。不过，这当然不会使期权买家气馁。在事件发生后的几个月里，罗宾汉的用户急剧增加他们的活动，尤其是针对那些看上去最可能是头奖的合约——那些到期时间很短的未到价合约。这些大多数合约并没有让用户们面临承受无限损失的风险，但它们也常常不是聪明的押注。回想一下吧，城堡和其他批发商向罗宾汉支付的期权订单流费用高于它们向其他经纪商所支付的。前银行家帕基·麦考密克声称，它们更喜欢懂得分享赚钱机会的客户。

那条鲸鱼发疯的路数

那条神秘的"纳斯达克鲸鱼"的交易虽然由专业人士执行，但与那一年受到散户交易者青睐的交易有一些相似之处。他所购买的是最划算的看涨期权合约，而且他把握住了正确的市场方向。从6月到8月，纳斯达克综合指数强劲反弹，上涨了24%，而领涨的大型科技股表现甚至更好。

不过，这不仅是好运，因为这条"鲸鱼"赌注大到令人难以置信。到9月初，人们才发现这位买家是日本的软银公司，由爱好风险的亿万富翁孙正义领导。记者还了解到，价值1 000亿美元的愿景基金同时购买了数10亿美元的许多标的[⑩]科技股。从表面上看，这听起来像是两笔豪注，而不是一笔。

不过，孙正义的疯狂是讲方法的。与卖空一样，期权交易商通过与你进行交易就开始承担起理论上无限的风险，而他们并不从事冒险业务。这通常意味着他们会在向你出售看涨期权后购买少量股票，如果价格上涨，他们将根据复杂的公式在期权到期之前继续购买越来越多的股票，就像前面提到的预感大地震颤时会购买更多保险的保险公司所做的那样。

当然，由于地震似乎迫在眉睫，它所购买的保险会变得更加昂贵。软银购买了如此多的期权，以至于开始影响到股票价格，迫使已经售出期权的人在股票价格上涨时通过购买更多期权来保护自己。与此同时，像吉姆·查诺斯这样的卖空者们正在看着像特斯拉这样的股票价格似乎因纯粹的炒作反弹，而为了卖空这些股票他们已经借入了这些股票。股价的突然飙升迫使他们中的一些人还购买这些股票，以限制自己的损失，这就加剧了股价的上行压力。

软银当时需要一个好的业绩，因为它在3月结束的财年中刚刚亏损了90亿美元。该公司在办公场所租赁公司WeWork中的股份原定于2019年进行公开募股，价值约470亿美元，但在其创始人亚当·诺伊曼（Adam Neumann）遭嫌弃离开后，截至2020年9月，该股票已缩水约90%。由于新冠疫情的大流行，软银在已经上市的叫车应用程序优步中的价值也下跌了。

如果这条"纳斯达克鲸鱼"的操作看起来更像是一个赌徒掷下骰子赌他的运气而不是一个精明的投资者的举动，好吧，那是因为它真的就是一名赌徒。在他的整个职业生涯中，孙正义已经冒过一些巨大的风险，这些冒险使他在2000年互联网泡沫的顶峰时期成为世界首富——连续三天而已。随着他的净资产从700亿美元缩水到6亿美元，他还保持着有史以来个人损失最多钱的记录。关于这条

"鲸鱼"身份的一条被忽视的线索在夏季期间出现了,当时软银表示已经筹集到了一笔 5.55 亿美元的基金用于股票投资,而该基金部分归孙正义所有。事实证明,这只是他巨额赌注的冰山一角——"555"在日语中的发音正如同英语的"加油加油"(go-go-go)[11]。

散户投资者们和期权狂热

"加油加油"也是首次涉足期权的散户投资者们口中念诵的口号。"名义价值"是由他们持有的合约所支配的股票数量,比那条鲸鱼的赌注高出很多倍。罗宾汉在 2021 年第一季度通过向城堡等批发商销售订单流获得的收入为 3.31 亿美元,比 2020 年同期增长了约 263%,其中大部分来自期权交易[12]。看涨期权相对于看跌期权(这种期权的买家从股价下跌中受益)的流行足以改变市场的整体形态或市场的"波动率偏斜"①,从而在金融衍生品专家中引起一番骚动。

散户投资者如此大量地购买看涨期权,以致他们开始反客为主了。回想一下吧,主要是因为押注大众青睐的股票下跌而它们却似乎要上涨到非理性水平。2020 年是做空者历史上最糟糕的一年,他们损失了 2 450 亿美元。尽管大多数期权散户买家一开始并没有意识到这一点,但大量购买特斯拉等恰好有高卖空比例的股票的期权正在造成一个反馈循环,在这个循环中,经销商被迫购买股票以保护自己免于亏损,从而施压于卖空者,迫使他们在亏损螺旋上升时也回购他们借入的股票,以及如此这般循环往复以至于无穷。

有时许多人同时瞄准同一只股票，那是因为红迪网或 Tik Tok 等社交媒体网站放大了某些声音，使它们看起来似乎是先知先觉而不是只有短暂的影响力。这就像 Kronos_415 报告的财源，通常会让期权迅速赚钱，从而提高了这种金融工具的受欢迎程度。稍稍迟到的模仿者往往只是赔钱，但他们却帮助那些早到的人赚得更多。最抢手的合约就是成本最低的合约，这通常意味着那些在几天内到期的未到价合约，因此它们几乎无望具有任何价值。正如软银所领会的那样，准确来说，能在股票价格上获得最大收益的是合约的类型。

当"华尔街下注"论坛的一名成员在 9 月想到"触发一次大规模的逼空"时，正如《使机构投资者破产的傻瓜指南》一文中所详述的那样，另一个人插进来提出了一种比购买股票更复杂的策略。这与软银的做法相同，但这种策略将瞄准一家当时已经像一只装填就绪的火药桶一样的公司——游戏驿站。

期权可以充作加剧逼空的力量倍增器之用，就像它们对特斯拉所起的作用那样，但在游戏驿站的案例中却是以一种远为更加集中和有效的方式。这是一家规模小得多的公司，相对于可用于交易的股票的数量而言，做空的赌注要大得多。购买股票以迫使其价格上涨的代价是昂贵的。购买最便宜的期权合约却并不昂贵，至少一开始并不昂贵。诀窍是让期权交易商成为一次不知情的逼空同谋，因为他们的风险管理部经理们告诉他们必须这样做。

"支持赌徒们。错过在特斯拉股票上的连番获利感觉不好吧？不要害怕——这里有更伟大、更愚蠢的东西，"网友 Jeffamazon 写道，"为了赢得最大的上涨空间，具有行权价最高的看涨期权是最好的。当周到期期权的德尔塔值（Delta）[12] 最高，城堡将被迫通过购买股票来进行最多的对冲。换句话说,我们将在逼空这些股票的做空者时获得最大的收益。"[13]

伽马逼空

Jeffamazon 描述的是"伽马逼空",这就是那条鲸鱼一直在做的事情。伽马(Gamma)和 Delta 值,即期权交易者所说的两个"希腊人",是布莱克-斯科尔斯-默顿公式中的两个字母,决定了期权的价格。帖子中提到的 Delta 表示期权对股票中一美元变动的敏感性。期权的 Delta 值决定了向你出售期权的交易商将购买多少股股票作为其随后上涨的每一美元的保险。

随着股价越来越接近看涨期权的行权价,期权的 Delta 值也越来越高,因此交易商将不得不加快购买步伐。如果股票出现意外反弹,那么一份其标的股票的当前价格低于期权合约中的约定价格、已经几乎没有时间剩下的合约,即成本只有几美分但收益类似彩票的合约的 Delta 值会迅速上升。Gamma 值描述了 Delta 值增加的速度。两者之间的关系大致与加速度和速度之间的关系相同。

当大量买入看涨期权迫使期权交易商以一种蜂拥的方式购买越来越多的股票时,就会发生伽马逼空。在游戏驿站和其他模因股票的案例中——它们也有很高的卖空比例,这是许多人同时购买一家相对较小公司的股票的未到价,并且距离到期只剩几天时间的看涨期权的结果,伽马逼空创造了一个自我实现的预言。卖空者和期权交易商无论如何都必须买入股票,因为他们所承受的风险实际上是无限的。

刚好来得及赶上模因股票狂热，罗宾汉于2020年12月向客户发送了一封短信。这是给一位用户的消息内容：

嗨［姓名已编辑］，

作为我们改善您交易体验的不断努力的一部分——您现在可以在到期日的东部时间下午3点之前开立新的期权头寸账户。这是我们最受欢迎的功能之一，您的反馈对我们非常重要。

请记住，在接近到期日的时候或就在到期日开立新的期权头寸账户会带来巨大的损失风险，原因包括标的证券的潜在波动性和距离到期的时间有限。

诚挚的，

罗宾汉团队

网友Player896、Stonksflyingup和Jeffamazon提出了一个绝妙的策略来让其他人付出很多钱。不幸的是，他们从来没有完全说明白一旦逼空结束，"华尔街下注"论坛的人群将如何挣到哪怕是一点点他们自己的钱，至少不是他们所有人。为了对可能发生的情况多少有所了解，他们本可以阅读软银于2020年11月上旬发布的季度业绩报告。虽然该公司曾一度靠大胆的押注而获得了巨额的账面利润，但随着科技股在9月的暴跌，它实际上损失了13亿美元。伽马逼空是很好玩，但会导致令人讨厌的遗留问题。在"纳斯达克鲸鱼"事件爆发后的一周，软银的市值也损失了120亿美元，原因是其股东对将他们认为的一只风险投资基金转变为一名专下大注的赌徒而感到不安,而且还是一名输钱的赌徒。

  目前,这个细节与华尔街赌注的成员们无关。这将会是一件很有趣的事情。

第十章 2020—2021 跨年假期

让数字说话

2020 年估计有 26 730 只对冲基金，其中约 1/3 被认为是活跃基金[1]。即使是最深入地研究希腊神话——曾经是基金名称的丰富来源——也不会再找到一个尚未被采用的好的经典名称。在过去 25 年中，公司开始转而用创始人的姓名首字母、凶猛的动物、有重大意义的街道、坚不可摧的堡垒或某种颜色与地理特征的组合作为基金名字，甚至还有一台在线对冲基金名称生成器，它会根据公式"吐"出一个名字来。

庄严和低调的名称是关键——蓝岭（Blue Ridge）、老虎（Tiger）、潘兴广场（Pershing Square）、城堡（Citadel）、吊桥（Drawbridge）、伊顿公园（Eton Park），当然还有加布·普洛特金的老雇主、由同名的史蒂文·A. 科恩创立的 SAC，然后是梅尔文资本管理公司。当普洛特金在 2020 年挂出他自己的小招牌时，他在行业刊物上招来了一些讽刺挖苦。

然而，6年后，投资者群体中没有人嘲笑这个书呆子气的名字，因为普洛特金持续获得了可观的回报，并成为世界上薪酬最高的人之一，管理着130亿美元。对冲基金"富豪榜"上的许多人——他们都是男性——为那些关注报道他们的奢华派对、高调慈善事业和昂贵的离婚等社会新闻的人所熟知。这些富人有的写过书，或者曾经是某本书的主题。有几个人会在全国广播公司财经频道上露面，就市场方向发表意见，或者会向他们正在试图打散重组的公司写公开信。

相形之下，普洛特金几乎是隐形的，但他的数字会说话。2019年，资金涌入炙手可热的梅尔文资本，并且他受邀在当年于纽约召开的艾拉索恩投资大会（Ira Sohn Investment Conference）上发表演讲[①]，这一会议的与会者要向慈善机构支付数千美元以听取基金经理们的最佳投资理念。普洛特金在他的行业之外是如此默默无闻，以至于每一篇关于梅尔文在散户交易者手中几乎崩溃的文章旁边都有一张他的照片，这张照片还是他在那次活动中发表讲话时拍摄的一张快照。

然而，当他在2020年秋季引起华尔街投注人群的注意时，一次谷歌搜索让那些倾向于憎恨股市极端财富的人发现了普洛特金的一些宇宙之主生活方式的例子。除了他在前一年购买了夏洛特黄蜂队的部分股份以外，他的这次购买成为退役超级巨星迈克尔·乔丹（Michael Jordan）的合伙人。11月，他还以4 400万美元的价格购买了迈阿密附近的两处房产，他的新邻居是辛迪·克劳福德（Cindy Crawford）以对冲基金经理丹·勒布（Dan Loeb）。普洛特金申请拆除其中一栋房屋，为他的孩子建造网球场和游戏场。11月,梅尔文资本的名字突然出现在一份证券备案文件中,这份文件将使他付出数倍于那处房屋购买价格的代价。根据11月16日提交备案的一份13F报告文件②,该公司已经将其在游戏驿站股票上的看跌期权头寸从一个季度前的340万份合约提高到540万份。其例行披露是在标题为"GME逼空与梅尔文资本的消亡"的启示录式视频发布三周后进行的。

普洛特金的分析师们不是为了把时间花在满是表情包和粗俗幽默的零售留言板上而获得报酬,或者至少在他们开始花费数10亿美元之前是这样的。他们也没有去寻找提到的公司名称或老板名称。但公司的员工很快在11月初就意识到,游戏驿站在网上被提及的次数多了很多。然而,他们看到的却是诸如"我喜欢这只股票"之类的东西,而不是任何认真的分析或者有更多的人在其商店购物的迹象。因此,这些专业人士仍然专注于游戏驿站的生意本身,他们确实是存在严重问题的。销售和利润是他们为获得工商管理类硕士学位(MBA)和特许金融分析师头衔(CFA)而受训去研究的那类东西,游戏驿站的销售和利润看起来并不好,但这家零售商的股票价格却比多年来都高。从传统的华尔街思维方式来看,他们比以前更有理由来做空它。

有短短一段时间市场似乎开始迅速摆脱暂时的疯狂。在游戏驿站公布了不温不火的第三季度经营业绩后,公司的股价在12月9日下跌了19%。与2020年同期相比,销售额下降了近1/3,公司在过去一年关闭了11%的门店,亏损1 880万美元。基思·吉尔仍然是一位百万富翁,但到当天交易时段结束时,他的亿创理财账户的价值跌到2 251 938美元。

第十章 2020—2021 跨年假期

接下来吉尔就收到了瑞恩·科恩早早准备好的圣诞礼物。这位电子商务企业家于 12 月 21 日宣布，他已经将其在游戏驿站的股份从 9.9% 提高到 12.9%，并发表了一份采用法律措辞的声明，表明他对公司管理层的耐心正在逐渐被消磨。

"虽然报告人希望与发行人达成一个友好的解决方案，但报告人将毫不犹豫地采取他们认为为保护所有股东的最佳利益所必需的任何行动。"正式的证券备案文件中这样写道。

在过去 10 天左右的时间里，吉尔从心存念头认为极度的卖空比例可能会导致游戏驿站的股价飙升到对此深信不疑，他指出后面还会有一次大的飙升。他关于游戏驿站的理智论据吸引了几十个人，但被他搁置一旁，他则开始活跃地发布大多基于电影的表情包。12 月 10 日的一幅剧照是伊尼戈·蒙托亚（Inigo Montoya）在《公主新娘》③中与维齐尼（Vizzini）交谈的场景："逼空，你一直在使用那个短语。我不认为它指你认为的东西。"换句话说，真正的行动还在后面。

12 月 21 日，在科恩采取行动后，还出现了来自《疤面煞星》④的一个场景的剧照表情包，一个被标记为"瑞恩·科恩"、被可卡因迷醉的托尼·蒙塔纳（Tony Montana）用一支 AR-15 突击步枪和榴弹发射器在最后的战斗中攻击他的对手们。"向我的小朋友问好。"他说。

到第二天结束时，吉尔的账户价值飙升到 340 万美元。他的经历在论坛上被传播。游戏驿站在"华尔街下注"论坛上被提到的次数猛增，在 12 月 21 日至 23 日以 8 000 次封顶。即使没有读到过"堕落者"正在计划干什么，普洛特金在此关头的明智做法也是见好就收，至少以获利来了结。是的，游戏驿站遇到了麻烦，甚至没有一位分析师提出买入其股票的建议，但确实有过一些实体零售商没有理睬怀疑者们却自己翻了身。由于一位久经考验的电子商务高管为扩大影响力进行鼓动以及卖空的股票多于可供回购的股票，普洛特金正在冒巨大的风险。

少即多

与此同时，当吉尔让数字说话时，他突然奉行"少即多"⑤的理念。他正在迅速成为一位传奇人物，只因为他在使自己的钱翻了70倍之后还坚持持有他的股票并保持淡定。12月22日，另一位用户问他："说真的，你的退出策略是什么？"吉尔回答说："什么是退出策略？"到了1月中旬，梅尔文和其他卖空这只股票的公司要退出却几乎为时已晚。1月11日，游戏驿站宣布了其假日销售量平淡无奇，与上年同期相比下降了3.1%。但此时这只是杂音而已。当天更重要的消息是该公司已与瑞安·科恩的控股公司RC风险投资有限责任公司（RC Ventures LLC）达成协议。董事会将从10名成员扩大到13名成员，接着在2021年晚些时候4名现任成员任期结束时减少到9名。然后，1/3的董事会成员将由科恩和他的两位前Chewy公司同事吉姆·格鲁布（Jim Grube）和艾伦·阿塔尔（Alan Attal）——分别为这家宠物用品零售商的前首席财务官和前首席营销官——组成。

"他们丰富的电子商务和技术专长将帮助我们加快转型计划并充分把握游戏驿站未来的重大增长机会。"董事会主席凯西·弗拉贝克

（Kathy Vrabeck）说，此人是同意辞职的成员之一²。

"我们很高兴将以客户为中心的思维方式和技术经验带到游戏驿站及其战略资产中，"科恩说，"我们相信公司可以通过拓展取悦客户的途径并成为游戏玩家的最终目的地来提高股东价值。艾伦、吉姆和我致力于与我们的董事同事们和管理团队合作，继续改造游戏驿站。此外，我们打算为董事会带来更多的所有权视角。"

到1月13日，导火线被点燃了。基思·吉尔当天的净资产飙升至579万美元，第二天飙升至737万美元。就在这时，普洛特金意识到社交媒体上正在提到他、他的公司和其他财产。这也是他的基金开始深陷赤字的时刻：游戏驿站的股价从1月12日的19.95美元飙升至1月14日的31.40美元，创下4年半以来的最高价。

很难将接下来发生的所有事情归咎于"堕落者"。对游戏驿站股票有敞口的对冲基金卖空的多只股票，如万能卫浴寝具公司⑥股票和黑莓股票，都开始表现异常，而它们作为"多头"持有的那些股票也出现了异常。当专业人士闻到血腥味并期望其他一些基金成为强制买家或卖家时，他们会毫不犹豫地加码并以牺牲出血的基金为代价快速获利。与"华尔街下注"论坛的成员不同，在真实的华尔街上赚大钱的人只关心自己的净资产。正如虚构的戈登·盖柯⑦所说："如果你需要朋友，就养条狗吧。"

普洛特金至少有很好的判断力并且谨慎行事。当借入股票的基金千方百计试图摆脱糟糕的交易时，它们的买入行为可能向市场发出信号并火上浇油。然后，一位通过尽可能响亮地发声成就了自己职业生涯的卖空者就登场了。他对"华尔街下注"论坛人群的挑战就像试图用炸药扑灭大火。

第十一章　摸老虎屁股

这位运动型、英俊的纽约基金经理对他的押注充满信心，而华尔街最大的"腕儿们"也同意他的看法。许多人为同一个交易投入了大量的资金。但是一个傲慢无礼的局外人相信自己可以通过证明他们是错的来赚钱，并利用互联网向任何愿意倾听的人传播他的论断。他很有耐心并最终被证明是对的，这就迫使那位对冲基金经理蒙受了巨大的损失。

这不是加布·普洛特金对阵基思·吉尔的故事，而是4年前比尔·阿克曼（Bill Ackman）与安德鲁·勒夫特在公开场合就威朗制药①首次进行的较量。作为一名职业卖空者，勒夫特认为这家加拿大公司通过相关的邮购药店进行了不当、夸大的销售的看法是正确的，这家公司曾经是对冲基金的宠儿。2017年3月，阿克曼最终认输，此时威朗已经贬值了90%以上。

阿克曼是勒夫特较量过的最富有、但远非最讨厌的对手。在有报道称一家中国建筑公司存在欺诈后，中国香港法庭对勒夫特处以罚款，并禁止他五年内交易当地的股票。另一家公司专门建立了一个网站来嘲笑他和他的公司。受到勒夫特严苛关注的高管们控告他诽谤和破坏他人名誉，但未获成功。勒夫特以一条提示来结束一份关于 MedBox 公司的报告，这条给该公司首席执行官的提示写道："你的第一反应将是想起诉我。我希望你做这事！"

那位穿着时髦的首席执行官没有提起诉讼，但他在全国广播公司财经频道的节目中反驳了这些说法。"写这份报告的人真的没有尽职尽责……它丝毫都不中肯，也没有事实依据。"在那天的一个单独的节目片段中，胡子拉碴、衬衫皱巴巴、纽扣还没有扣齐的勒夫特出来支持他的研究成果。他不修边幅的邋遢外表，再加上他身为做空者的事实，让某些人对他的研究产生了疑虑。他们不应该有这样的疑虑。三年后，MedBox 被美国证券交易委员会指控捏造了近 90% 的收入[1]。

勒夫特在比弗利山庄豪宅的家庭办公室里工作，里面装饰着出自麦道夫证券（Madoff Securities）、雷曼兄弟（Lehman Brothers）和安然等臭名昭著的失败者的收藏品，他的正直经常受到媒体的攻击。他说，在威朗战役期间他的母亲担心他的人身安全。但他的目标们大部分要过得糟糕得多。勒夫特声称，自 2001 年他成立第一家研究公司以来，他认定的 50 家公司一直都是监管部门干预的目标，一些高管面临过刑事欺诈指控。

勒夫特在佛罗里达州科勒尔斯普林斯的普通环境中长大，是一个严肃的年轻人，他在高中时是一名辩手，曾一度想成为一名犹太法学博士。在 50 岁的勒夫特身上很容易看到好争辩的部分以及对正义的向往，但鉴于人们在与他的一场即使是随意的交谈中也会听到一大堆亵渎的脏话，他带领犹太教会众的样子是很难想象的。金融并不是他人生最初涉及的一部分：勒夫特说他从小到大甚至都不认识任何拥有股票的人。在波士顿上过大学后,他需要一份工作,并通过回答报纸广告找到了一份工作,该广告称他每年可以挣到10万美元。这份工作并没有变成职业,他甚至没有赚到多少钱,但这个决定让他既明白了自己的真正使命,也给了他未来对手们批评他的素材。原来,这份工作是在一个业绩压力巨大的电话交易所向散户投资者出售不恰当的商品投资。勒夫特仅仅10个月后就辞职了,但是当公司在4年后受到国家期货协会的惩罚时,他和其他所有现任和前任员工都受到了正式制裁。

从那以后,勒夫特"做出虚假和误导性陈述"以欺骗客户的指控就总被他的对手们提出来说事。这段经历激发了他去找出那类在20世纪90年代被大量销售给天真的散户投资者[这么干的也包括"华尔街之狼"乔丹·贝尔福特(Jordan Belfort)的公司Stratton Oakmont],然后被电话交易所像倾倒垃圾一样抛售的股票,并对这些股票的下跌作有利可图的押注。

互联网泡沫破灭后,低价股促销活动进入了休眠状态,勒夫特成立了自己的研究公司Stocklemon,它后来变成了香橼研究公司(Citron Research),他开始寻找他认为"不干好事"的公司。当勒夫特找到一家时,他会与它作对,然后通过在线报道和他与调查记者的联系让全世界知道它。随着他的名气越来越大,仅仅只是他四处打探就足以让一家公司的股价开始下跌。从长远来看,他对这些公司的看法并不总是正确的,但他经常这样做。《华尔街日报》对他撰写相关报告的111家公司进行分析,表明它们的股价在接下来的一年中平均下跌了42%。[2]

第十一章 摸老虎屁股

邪恶博士还是乡村白痴

如果卖空者名声不好，那么积极卖空者的名声就坏到了家。这种批评在很大程度上是不应该有的。那些对一大批基金经理和企业高管进入美国全国广播公司财经频道等金融新闻频道"谈论自己的书"，兜售自己投资组合中拥有的股票没有异议的投资者，很快就会批评那些押注相反方向的人。但大多数股票并不会为股东赚到钱，而且有很多高管走捷径，这是合法的捷径，偶尔也有非法的。此外，对于卖空者来说，大胆发声的需求更为迫切，因为守株待兔的代价高昂，而监管机构行动迟缓。当卖空者犯错时，损失可能会很痛苦，而且嘲讽声听来也很刺耳。

"我总是开玩笑说，卖空者要么是邪恶博士，要么是呆头呆脑的乡巴佬。"揭露安然的吉姆·查诺斯打趣道。

像查诺斯和勒夫特这样的人在华尔街是一种"正在消亡的物种"。根据尤里卡对冲基金（Eurekahedge）的数据，采用专门卖空方法的对冲基金所管理的资产从2018年的超过220亿美元下降到2020年的不到一半。从客观角度看，截至2020年底，对冲基金的总资产约为3.8万亿美元。

当然，把那些只打算做空股票的基金归总起来会大大低估卖空的总体水平。2021年初，仅梅尔文资本管理的资产就超过130亿美元，并且像许多对冲基金一样，它在实践中总体上是做多。既然股票市场通常会随着时间的推移而上涨，偶尔会出现大幅下跌，那么押注优质股票上涨和做空劣质股票可以同时平滑和提高基金的回报[②]。

做空让做多变得更容易——乐于看到股价上涨的散户应该对此感到相当满意。它还有助于在监管机构明白过来之前尽早揭露欺诈行为并加速泡沫破灭。

当有问题的股票恰好是他们投资组合中的一只时，投资者们自然会感觉不好。"华尔街下注"论坛的成员们已经知道勒夫特和香橼。11月下旬，他在一份研究报告中称常年亏损的数据分析公司帕兰提尔科技公司（Palantir Technologies）"不再是一只股票，而是一家完整的赌场"[3]。散户们的这个宠儿在短短几天内损失了超过1/5的价值，并且这一事件激怒了红迪网子板块上的许多人。大约在同一时间，勒夫特发表了一份对"中国特斯拉"的电动汽车制造商蔚来（蔚来汽车科技有限公司，NIO）持怀疑态度的报告，而那时蔚来汽车的价值与规模更大、更成熟、利润高得多的汽车制造商们已经不相上下了。

"现在购买蔚来股票的人都不是在购买一家公司或其前景，而是在购买三个在屏幕上移动的字母。"他写道[4]。

于是，它的股价下跌了约8%。

该群组的一些成员在请愿连署网站change.org发起了一项大肆进行诽谤的请愿，要求金融业监管局和美国证券交易委员会对勒夫特进行调查，截至2021年3月，该请愿书的签署人已超过3.7万：

在过去几年中，一家由有问题的卖空者安德鲁·勒夫特创立并已被监管机构和政府起诉和定罪的专门的"研究公司"——香橼研究，一直在发布故意但合法的虚假信息并使其作为事实蒙混过关，从而达到操纵股价以谋取私利的目的[5]。

与威朗或他在职业生涯早期瞄准的低价股不同，勒夫特并不是指控帕兰提尔或蔚来存在欺诈行为，而只是说他们的价值被极度高估了。但在迅速取得对散户青睐的公司的两场胜利后，勒夫特错误地将目标锁定在游戏驿站。

这局扑克牌游戏中的傻瓜

1月19日，当游戏驿站的股价高达每股45美元时，勒夫特用他公司的账户发推文说：

> 明天上午东部标准时间11：30，香橼将直播游戏驿站买家在这局扑克牌游戏中失败的5个原因。股价将快速回升至20美元。我们比您更了解卖空比例并将做出解释[6]。

除了梅尔文之外，还有一群一直保持沉默的匿名对冲基金，这是一码事。一个已经惹毛了该子板块上的一些人、傲慢无礼而又敬业的卖空者如此肆无忌惮地挑战他们，这是另外一码事。这些人的反应令人惊心动魄。

"'华尔街下注'对阵香橼，我们一直在等待的战斗。让我们把那颗柠檬变成柠檬水吧！"一篇帖子在回复勒夫特的声明时写道。另一位人士表示，"华尔街下注"论坛保持非理性的时间可能比"香橼及其他"保持偿付能力的时间长：

屎橼③认为他们可以吓得婴儿潮一代作恐慌性抛售,却没有意识到大部分游戏驿站股票是由鄙视他们的人占有的。他们是名副其实地在用这样的推文火上浇油来烧他们的钱[7]。

是的。我真的不在乎梅尔文。是屎橼让我了解了蔚来及其投资回报期[8]。

梅尔文只是个很八卦的小东西。香橼才是我们想要狠狠"收拾"的家伙[9]。

"一局扑克牌游戏"是一个恰当的类比——只是情况并不像勒夫特设想的那样。考虑到游戏驿站股票的价值已经是捉襟见肘,"华尔街下注"论坛这群人在他看来并不像是攥着一手好牌,但"市场保持非理性的时间长于你保持有偿付能力的时间"这句老话的改编听起来是正确的:"华尔街下注"论坛上的游戏驿站拥趸们正在像一位喝醉酒的无所畏惧的游客带着一堆筹码在拉斯维加斯玩牌,而勒夫特、普洛特金和任何别的持有空头头寸的人都被吓得弃牌认输了。

喊散乌合之众

这些只是出格的言语。然而,让勒夫特不安的是他也受到其他方式的威吓。华尔街不是一个温馨的地方,但他和他的家人却突然面临一波网络和真实的骚扰,这不同于多年来他所经历的任何骚扰,尽管其中一些人是真正的罪犯。他说他和他的孩子们都收到了威胁性的短信,他的社交媒体账户被黑,遭到电话轰炸,有人用他的名

第十一章 摸老虎屁股

字和虚假的个人资料注册了 Tinder 账户，陌生人在他家里出现。他说从前在职业生涯中也曾经面临过压力，但绝对不是这种压力，而且他也从来不曾诉诸这样的战术。

"这也许是因为我不使用红迪网并且我对他人怀有尊重之心吧！"他说。

勒夫特一直认为自己是华尔街的局外人，对于自己在网络人群眼中被描绘成"这个男人"而感到震惊。由于他的账户遭到黑客入侵，他被迫推迟了在游戏驿站网站上发布视频的计划。他打电话给"华尔街下注"论坛的创始人詹姆·罗戈津斯基，请求他帮忙喊散这伙暴徒，并说他还就匿名威胁一事联系了联邦调查局（FBI）。几天之后，他在 YouTube 上发布了一段视频，试图向"华尔街下注"论坛的人群伸出橄榄枝，并指出他在他们中的许多人还是孩子的时候就一直参与游戏：

在有红迪网之前，在有表情包之前，在有照片墙（Instagram）之前，以及……是的，在有脸书之前，就已经有香橼研究了[10]。

在游戏驿站的股价飙升之后，讽刺批评似乎愈演愈烈，勒夫特明确表示他"以100%的亏损"退出了交易。对于社交情绪专家彼得·阿特沃特来说，这群人故意反复说别人不爱听的事来戳人痛处的愿望并不令人惊讶。

"在那些较重要的高峰时刻，我们会变得有报复心，这就是我们获得的那种无敌感，"他说，"仅仅赚钱是不够的。我们需要把对手的头插在一根棍子上，当你认为自己战无不胜时，就会有蝇王[④]的品质。"

也有大量的嘲讽是针对普洛特金的,尤其是针对他将自己的基金命名为"梅尔文"这一事实。有一篇帖子想象一个办公室实习生给他一份关于"华尔街下注"论坛的报告:

先生,他们似乎在价格下跌时买进,而在价格上涨时他们也买进。他们在取笑我们,不在乎他们是否赔钱。他们共同鼓励对方"永不出售"和做"钻石手",这个词是用来指那些坚守头寸的人的[11]。

梅尔文在游戏驿站和其他空头头寸的损失将是1月模因股票逼空期间所有基金中以美元计算的最大损失。勒夫特的基金规模要小得多,但更加集中。当被问及他在游戏驿站股票上押了多大注时,他扭扭捏捏不肯说。

"你知道的,当你押对注的时候再多也嫌少,而当你押错注的时候再少也嫌多。"

"我们实际上倒变成当权派了"

勒夫特以前损失惨重,而且他不成功的做空行动中至少有一次给人的感觉是涉及个人恩怨的。2018年,勒夫特对特斯拉的股票实施了卖空操作,甚至还起诉了该公司及其创始人埃隆·马斯克,指控他违反了证券法。他在控告中引用了马斯克的推文,在该推文中马斯克谎称已获得资金让这家汽车制造商上市。

不久之后，勒夫特的第一任妻子就搬去和一个通过早期投资特斯拉赚了超过20亿美元的男人同居了，甚至在这对新人举行了奢华的棕榈泉婚礼之后，勒夫特每月仍要支付30 000多美元的赡养费给他的前妻。前妻已经再婚，他便试图停止支付这笔钱，但她在法庭上却成功地辩称那只是一个承诺仪式。

"特斯拉的投资者们找到了不止一种方法来收拾卖空者们。"[12]勒夫特对《纽约邮报》打趣道。

在游戏驿站的个案中，勒夫特快速切饵止损，当机立断中止了做空行动。踊跃参与模因股票逼空的交易者们的巨大数量让他感到惊讶。

"把一个五岁的孩子带到我的办公室，我能打败他。把1 000个五岁的孩子带到我的办公室，我就有麻烦了。"他说。

几天之后，勒夫特在另一段YouTube视频中宣布，他将永久停止发布简短报告的业务，这似乎更多的是由于施压策略带来的结果而不是因为经济损失。

"二十年前，我创办香橼的意图是保护个人免受华尔街、欺诈和股票促销的侵害……（但结果）我们实际上变成当权派了。"[13]

让人噤声的批评家们

不管人们对勒夫特个人的感觉如何，对于任何对市场透明度感兴趣的人来说，这种事态的发展都可能是令人不安的。像红迪网的联合创始人亚历克西斯·奥哈尼安这样的一些观察者将这群推动模因股票飙升并让基金经理们慌作一团的交易者们，比作占领华尔街运动的人群。对于任何被指派扮演反派角色的人来说，这似乎更符合"华尔街下注"论坛的人群自己的描述："就像 4chan 找到了一个彭博终端。"贴图讨论板网站 4chan 以在线骚扰事件，即"玩家门"事件而闻名，其中许多人物，从女性视频游戏开发者开始，收到了源源不断威胁性的、厌恶女性的信息⑤。

亲眼看到一个蔑视过多种威胁、对各种打击已经迟钝的资深交易员，在其职业已经处于一次退潮期的时候被赶出行业，这令人感到不安。卖空者发现自己长期处于市场的错误一边，这种情况以前也发生过，而感觉不安全这个额外因素则是新发生的，它具有扭曲市场的潜力。

卖空是一项艰难的、通常令人不愉快的业务，但对我们其他人来说却是有用的，因为当世界上的"安然们"和"威朗们"变得庞大和受人尊敬到足以间接地使其影响力进入退休投资组合时，即使我们只是被动的指数基金投资者，也会损失一些钱。公司甚至都不必是骗子就能花被动投资者的钱：游戏驿站和它的模因股票同伴美国电影院线连续好几天成为广泛持有的罗素 2 000 价值指数基金的成份指数股中最有价值的公司⑥。为他们的投资组合购买这支稳健型基金的投资者们在不知不觉中就多付了钱。

对于下一个安德鲁·勒夫特或吉姆·查诺斯来说，可能会让自己接受网络暴民的尖刻批评。拟议的规则变更旨在寻求更高透明度，可能会使卖空更加困难。例如，由散户投资者乍得·明尼斯（Chad Minnis）领导的一个支持"华尔街下注"的超级政治行动委员会"我们喜欢这只股票"（WeLikeTheStock）将支持要求对冲基金披露其具体空头的提议,这将使交易者未来更容易瞄准逼空。持有一家公司大量股份的基金被要求表明它们的计划,但这是因为它们可以施加投票影响——而这有时候是一位卖空者做不到的。

"这就像看着警察突袭银行一样,"对冲基金经理克里斯平·欧迪(Crispin Odey)在接受彭博社采访时说,"在红迪网的暴徒们开始攻击之前,市场上的空头头寸已经比我们15年来看到的还要少。"[14]

与此同时,勒夫特不明智地把自己搞成了众矢之的,并挑战了"华尔街下注"论坛,因为那是他过去成功的秘诀。对于关注勒夫特职业生涯并与他私下交谈过的人来说,他在宣布离开公司的视频中和解语气甚至显得有些不自然。他显然仍然受到这次事情的惊吓。在几天后的电话交谈中,当他被问及对基思·吉尔以及受其鼓舞的追随者的看法时,勒夫特听起来更像是以前的自己。

"是猫咪或者是任何人,我才不在乎呢!"

第十二章　2021 年 1 月 22 日

模因股票逼空

模因股票逼空是什么时候发生的呢？大多数人会说，在 1 月 25 日这一周，游戏驿站从一个人们可能曾经在商场里路过或带自己的孩子们去购买过最新版本的 Madden 游戏的地方，变成了一场反对金融精英的令人震惊的革命的象征。新闻搜索服务 Factiva 显示游戏驿站在这一周被提及的次数达到了令人难以置信的 12 700 次，随后一周在英语出版物中被提及的次数达到了 10 800 次。同样，"谷歌搜索趋势"[①]显示，游戏驿站、"华尔街下注"论坛和另一只模因股票，即电影院连锁店美国电影院线，不知从哪里突然就冒了出来，成为那一周美国搜索次数最多的词。

正如我们所见，这些片段在此之前早就已经到位，到 1 月的第二周，这个形势就已经势不可挡了。然而，对前几周情况的仔细审视表明，即使逼空正在形成，媒体也几乎没有作任何报道。直到

第十二章 2021年1月22日

1月11日董事会任命瑞恩·科恩和他在 Chewy 的两个老同事之前，该公司只有一次被提到，但提到的内容不是关于如何找到广受欢迎的 PlayStation 5[②]控制台或一些视频游戏。这次提到是在《巴伦周刊》杂志上标题为"尽管销售额在下降，但游戏驿站股价却飙升了：现实最终可能会赶上"的一条新闻里。它引用了基准公司分析师迈克·希基（Mike Hickey）的话："我们没有看到任何令人兴奋的事情，"他说，"他们正在遗漏数字，而不是击败数字。"[1]

希基当时在游戏驿站股票上的目标价为每股 5 美元，而瑞士信贷一位分析师的目标价仅为每股 3.50 美元。

已经关注游戏驿站多年的安东尼·楚昆巴（Anthony Chukumba）在花了数百小时研究其财务状况、参观门店和收听电话会议之后，他完全放弃了对该股票的报道。投资银行鲁普资本（Loop Capital）的这位分析师确信，即使瑞恩·科恩正在重组公司以使其振作，但该公司仍然在走向破产。然而，楚昆巴的决定是基于其业务的健康状况，而革命者们则关注着这家零售商股票的短期供需情况。这会是这段时间唯一要紧的事情。

在科恩被任命为董事会成员后的两个交易日里，该股股价翻了一番。陷阱已经启动了。1月13日，全国广播公司财经频道主持人兼前对冲基金经理吉姆·克莱默（Jim Cramer）在他创立的投资网站 TheStreet.com 上接受采访时，媒体首次提及可能压倒卖空者们的一场逼空。克莱默阅读了一位粉丝发给他的纸条，上面写已经计划好的逼空并在提到梅尔文资本时直呼其名。他的结论是："对于空头们来说，游戏结束了，至少理论上如此，"克莱默接着说，"'非分析师们'是游戏驿站等股票上涨的幕后推手，华尔街分析师们必须迎头

赶上。"²

第二天,一直关注红迪网的《华尔街日报》市场记者凯特琳·麦凯布(Caitlin McCabe)撰写了第一篇将收益与红迪网子板块挂钩的文章。

"数周以来,'华尔街下注'的成员一直在吹捧游戏驿站,鼓励其他人抢购这家视频游戏零售商的股票并开始做多,"她写道,"论坛上的一些帖子指出,卖空者对游戏驿站的看跌押注一直处于较高水平。"³ 这篇文章甚至没有进入那周阅读量最大的金钱和投资板块故事的前10名,更不用说进入报纸类出版物那些阅读次数最多的文章之列了。相比之下,在关于模因股票逼空的新闻报道高峰期,几乎所有热门文章都与游戏驿站、基思·吉尔或加布·普洛特金有关。《华尔街日报》对吉尔的独家专访是阅读次数最多的文章。

但游戏驿站正在变成"华尔街下注"论坛上或对冲基金世界某些角落里的那些人眼中唯一重要的东西。1月13日,其股票的交易额是已公开发行并售出的股份的两倍,第二天,游戏驿站在该红迪网子板块上被提及16 517次。那一天,这只股票的价值是2020年春天的10倍以上。一次史诗般的逼空的所有组成部分都已就绪,除了一件事:五天后,即1月19日,安德鲁·勒夫特将发出他不明智的嘲讽。

进行那次公开挑战的时候,勒夫特不仅是在火上点燃自己的钱,他也是在把煤油往像普洛特金这样的人所拥有更多的钱堆上倾倒。到那时为止,诸如梅尔文资本等在游戏驿站和其他模因股票上已经建立了巨额空头头寸的基金没有大肆宣传这一事实,因为它们不是期待着发现下一家安然公司的那种类型的基金。他们这样做是为了

第十二章 2021年1月22日

押注一个品种里的最佳和最差,并将游戏驿站视为后者。根据金融教科书,有一些通过冒相同数量的市场风险获得更多回报的方法也可以让你获得蛋糕并吃掉它。普洛特金的专长是商业零售股和消费类股票,它们之间有一些共同点,它们的涨跌取决于一些相同的经济趋势。经济衰退或Xbox的下一个版本的延迟发布对"百思买"（Best Buy）这样一家最近生意做得成功、人们可以在这里购买视频游戏的电子产品零售商来说意味着麻烦,但对于游戏驿站来说麻烦更大。拥有一家并做空另一家将为梅尔文抚平糟糕的时光并美化好时光。

至少理论是那样的。有时对冲基金会搞错,在困境中挣扎的公司会扭转局面或吸引逢低买入者。但这些基金肯定不会预料到那些股票在发布糟糕业绩后的一个月内价格就上涨3 500%。那样的收益是一家刚刚治愈癌症的公司或许会期望获得的。

普洛特金和其他做空这只股票的对冲基金经理在1月19日肯定已经意识到了问题的严重性。他们就像在阿尔卑斯山精致的小木屋里度假的人一样,仍旧在独享的环境中享用着丰盛的大餐。他们可以听到远处雪崩的隆隆声,但却没有足够的空间让每个人都可以刚好能进入停在外面的路虎揽胜里逃生。

卖空分析公司S3伙伴的董事总经理伊霍尔·杜萨尼夫斯基说:"这些人坐在那里想着'我必须出去,但要以一种不会引起一群人竞相逃跑的偷偷摸摸的方式'。"

勒夫特对"堕落者"的挑战相当于开炮轰击以加速灾难发生,并且还要把更多的几吨岩石和冰块弄得从山上垮塌下来。"宇宙的主宰们"已经在大受打击的路上。现在有些人就要被埋葬了。

已经进入"咆哮小猫"角色里的吉尔坐在他租来的地下室里，用他最喜欢的比利时啤酒之一浅粉象（Delirium Tremens）向他的新恩公们敬酒，该品牌啤酒因重度酗酒者在试图清醒过来时会颤抖和迷乱而得名：

为瑞恩·科恩干杯。这很恶心，也很搞笑[4]。

适逢"华尔街下注"论坛的成员们正打算在当天下午利用对吉尔的亿创理财账户余额最新截图的数千条回复使勒夫特和普洛特金承受痛苦，吉尔却没有预测任何关于这场正在让他变得富有的逼空会持续多长时间或走多远：

这超出了我的能力范围，这点我希望大多数人现在就知道[5]。

谦卑的态度和他只发布账户截图而不发表评论的新做法可能提高了吉尔的影响力，但这可能还有另一个更实际的原因：他仍然被他的雇主万通金融集团注册为经纪人，并且还因为推荐有风险或不适当的投资从技术上讲必须依法接受金融业监管局的罚款和制裁。作为金融健康专家，他实际上并没有客户，但现在数以百万计的小投资者正在开始押注，其中许多人使用借来的钱或金融衍生品来推高一只能让他发财的股票。1月11至14日，吉尔的净资产从316万美元跃升至737万美元。然后它在接下来的一周结束时再次跃升。1月19日，网名DeepF**kingValue在"主板"网站③上首次被媒体提及——这是为数不多的正经网站之一，所以在显示这个红迪网用户

第十二章 2021年1月22日

名时也不至于用一两个星号来避免书面发表脏话。而距离这个笔名被人联系到吉尔身上还需要一个多星期的时间。

因此,从本质上讲,"华尔街下注"论坛上的人们以及几位YouTube和TikTok投资者早在一年前就猜测,如果他们以低价买入游戏驿站的股票,卖空者最终将被迫大量回补自己的空头,这将推动价格上涨。其中最引人注目的是,一位名叫DeepF**kingValue的用户,他发布了在2019年购买价值超过5万美元的游戏驿站股票的屏幕截图,当时该股票的价值不到1美元[6]。

这篇文章有很多细节方面的错误,混淆了时间线并将期权与股票混为一谈,但它引发了人们对神秘投资者的迷恋浪潮。

1月22日,也就是模因股票逼空从市场瘾君子的隐晦担忧变成头版新闻前的星期五,"华尔街下注"论坛的成员们可能闻到了血腥味,他们正在让强大的新武器——伽马逼空,充分发挥作用。当天到期且行权价为60美元的看涨期权是交易时段内交易最活跃的合约。随着游戏驿站股价在当天走低至42.32美元和走高达76.76美元并以65.01美元收盘,疯狂的投机性押注得到了回报。

波动性是期权价格的一部分,因而价格的起落使任何像吉尔持有的未到期期权合约更有价值,但也使建立或维持空头头寸的成本更高。根据杜萨尼夫斯基的说法,到1月19日,也就是勒夫特发出挑战的那一天,游戏驿站股票的借入利率高达每年24%,而绝大多数美国股票的借入利率为0.3%。这反映出命运多舛的空头交易已经变得危险拥挤了。

这不再只是小资金投机者们的玩物:那个周五,《华尔街日报》上被阅读得最多的故事之一就是关于梅尔文资本的大幅亏损。一位匿名消息人士称，当时该公司的估值全年下跌了15%。高盛监测的一组50只卖空比例最高的股票全年上涨了惊人的25%，是股市整体上涨幅度的10倍。

这种影响正向被统称为"模因股票"的过气公司的群体中蔓延，几乎破产的AMC的价值将上涨10倍。曾经炙手可热的贴身服饰公司裸牌（Naked Brand）的股价上涨了750%，立体声耳机制造商高斯（Koss）的股价上涨了2100%，而这一切似乎是凭空发生的。

黑莓的股价

来自过去的另一个爆炸事件是黑莓，出自加拿大的智能手机先驱，它对于拥有iPhone的意义正是百视达曾经对于网飞的意义，而且，正如许多人认为的那样，这也是游戏驿站对于越来越数字化的视频游戏发行商们正在取得的意义——走向无关紧要。

自14日以来，黑莓的股价翻了一番，而且根据完全独立于该公司的消息来源，黑莓此前的收益更多。陷入困境的零售商万能卫浴寝具批发商城是亚马逊的受害者，它也被对冲基金严重做空，将在其巅峰时刻目睹自己的股价翻三倍。异乎寻常的是，百视达的影响甚至蔓延到该公司出售这曾经无处不在、但现已破产的音像连锁店资产的百视达清算公司（BB Liquidating Inc）的低价股票中。它在6月22日翻了一番，并乘着购入和卖出的一波巨大浪潮到下周二上涨3000%以上……达到2/10美分。

显然，自从游戏驿站的股价紧随瑞恩·科恩的董事会公告翻了一番以来，对冲基金的世界出现了大量的焦虑。卖空比例的官方报告通常滞后，但可以据此估计出任何一天的活动量。S3 伙伴的数据显示，游戏驿站股票的卖空比例从公告前该股票可用股份的 135% 下降到勒夫特提出他的挑战时的 120%，再到 1 月 22 日交易日结束时的仅 87%。人们已经有了想要迫切退出的需要，但这个比例还是太高了——雪崩即将袭来。

这是对于普洛特金和其他卖空者而言的坏消息，但对于吉尔而言是一个巨大的利好消息。他的资产净值跃升至八位数。他现在是那 1% 人口的一名成员，即将成为其他 99% 人口的一位英雄。他作为 DeepF**kingValue 和"咆哮小猫"享受着最后的匿名日子，吉尔巩固了作为"华尔街下注"论坛上一位英雄的地位。

"我从来没有为别人赚钱感到如此高兴过。"一位发帖者写道。

另一位发帖者哀叹自己没有利用这个机会。游戏驿站股票当天的收盘价在 65 美元以上，而在一年前其收盘价还低于每股 4 美元。

还有一位发帖者写道："未来会有很多这样的机会，只要加以注意，还要有耐心，甚至要更弱智。"

"一点儿没错！就像下周的大机会：GME。"又一位发帖者使用游戏驿站的股票代码回复道。他对自己到底有多么正确毫无概念。

第十三章 "猿族"崛起①

谁说涓滴经济学已经死了？模因股票逼空事件两个月之后，迪安·弗西大猩猩基金会收到消息称，"华尔街下注"论坛的一名成员象征性地收养了一只大猩猩幼崽（Urungano）。在接下来的6天里，该论坛会员群组又收养了3 500只，基金会从中筹集了377 000美元。

"可以肯定地说，红迪网上的投资者社区传统上并不是我们所认为的支持者。但经过这个周末他们确实让我们感到了惊讶和不知所措。"该组织在推特网上写道。

显然，社交网络的从众行为可以成为一种向善的力量。一些流向中非的热带雨林的捐款可能代表了梅尔文资本和其他对冲基金的投资者在1月遭受损失的另一面。"猿猴在一起就强大"，这一声突然响起的"拿起武器"的号召出自2011年的电影《猿族崛起》（*Rise of the Apes*），是拿红迪网子板块的成员大致在模因股票逼空事件那段时间开始对同坛成员使用的昵称开的一个双关玩笑，指强大但不是很聪明的动物，如果联合起来就可以做出伟大的事情。但这个玩笑并不合每个人的胃口。

第十三章 "猿族"崛起

"如果你是新来的,那么直到最近几周,'猿猴们在一起就强大'才成为现实,"出自用户 That_Guy_KC 的一篇题为"别再说猿猴长猿猴短的废话了"的帖子写道,"所有的新人都在说它。在那之前,我们称人们为'智障',不是为了表示人多力量大,而是为了取笑那些认为自己了解市场而又被市场灼伤的人。"[1]

另一位用户 BinotheBullish 表示同意,并表示当该群组的成员达到 300 万时,这种胡说八道就开始了。

从他们的个人资料来看,这两位老前辈分别是在 2019 年 8 月和 2020 年 11 月加入红迪网的。

在基思·吉尔 2019 年 9 月发布他的亿创理财账户声明的第一张截图的时候,"华尔街下注"论坛拥有 650 000 名会员,当他在 2020 年 10 月发布有关"梅尔文资本的消亡"的视频时论坛拥有 160 万会员,而当安德鲁·勒夫特嘲讽该子板块的成员时论坛约有 190 万会员。然后它真的起飞了:到接下来一周的周末,在《华尔街日报》发表对吉尔的第一次采访的记录时,论坛已经有了超过 600 万会员。到 2 月底,该论坛的人数已经超过 900 万。

"华尔街下注"论坛可能是你听说过的唯一一个红迪网子板块,但当 DeepF**kingValue 初次露面时,它在很大程度上属于红迪网的小社团,是按用户数量排在第 373 位的最受欢迎的论坛。不过,就其规模而言它相当活跃。在日均评论数方面,它那年排在第 73 位。2020 年,随着股票零售交易的火爆跃升至第 10 位,并在 2021 年 1 月 24 日至 2 月 4 日每天都排在第一位,成为模因股票狂热的核心地带[2]。

然而,人气是一把双刃剑,而这一点不仅适用于那些怀念过去的美好时光的人们，那时，论坛上的每个人只是一个智障或"堕落者"。新成员的涌入恰逢人们几乎一门心思地关注模因股票并努力利用数百万人挥霍现金的力量。游戏驿站股票充满希望的反弹一旦开始显露出败象，用户们就紧紧抓住新的投机对象，例如白银，其投机行为短暂地压倒了贵金属市场。这些用户被有些人怀疑是机器人，他们的账户被包装成看起来真实的样子并被用来制造某种结果。

事实证明"华尔街下注"论坛上的专注和分心都太过分了。版主之间会在正谈论电影特卖时公开爆发冲突，红迪网被迫介入并对一些试图接管论坛并将其他人拒之门外的人作出永久封号的处理。几个月后，出现了从"华尔街下注"论坛分裂出来的一些小论坛，例如"红迪/游戏驿站股票"（r/GME）、"红迪/美国电影院线股票"（r/AMC）和"红迪/超级傻票"（r/superstonk），每一个论坛都有 30 万到 40 万的成员并更直接专注于继续模因股票逼空的事业[3]。

但这些会在晚些时候再发生。有一段时间红迪网子板块的队伍每天增加多达 100 万人，有些人是出于好奇而加入，但还有许多人是因为他们想通过开立一个经纪账户并购买一些股票或看涨期权来稍微参与"革命"并从而成为历史的一部分。这些人群可以使一位政治候选人成功、一首歌曲或一部电影大受欢迎、一段视频或一篇推文病毒式快速传播。即使每个人都只有一点点钱，但一大群人聚在一起也可以使股票上涨，尤其是在这么多交易者从社交媒体获取线索并经常在从不离身的设备上检查他们的账户的时候。

第十三章 "猿族"崛起

歌利亚对战歌利亚②

然而,在模因股票逼空事件之前,他们的投资者同行从未精确标定过在正确时间以推高最敏感股票的方法。他们也从来不曾这样做,从而通过找强大对手的麻烦以示勇气的方式来做某种自我供述。

这就是为什么游戏驿站的传奇让那些通过在华尔街工作或撰写关于华尔街的文章渡过其职业生涯的人们感到惊讶。在一个不断提醒你"这一次永远不会有什么两样"的行当中,这里有一些完全不同的东西:经纪账户作为阶级间战争的工具。"华尔街下注"论坛的创始人詹姆·罗戈津斯基在2020年春季与论坛的其他版主分道扬镳,他坚称这绝不是该板块精神的一部分。然而,群组的队伍增长得如此之快,以至于它的特征必然会发生进化,更不用说深陷正被宣称为"革命"的事物所激起的兴奋和更广泛的社会情绪。

至少根据他们所说和所写的内容,在听说游戏驿站后开立经纪账户并购买少量股票的数百万新会员中,获利似乎是次要关注的问题,而当逼空事件登上新闻头条时,引发了疯狂的情绪。被论坛成员盗用的一个表情包是已故希斯·莱杰(Heath Ledger)在《蝙蝠侠:黑暗骑士》③中扮演小丑的片段——他在同伙犯罪分子面前点燃一大堆现钞。这个表情包的文字说明是"这与钱无关,而是为了传达一条信息"。这条信息就是:竞争环境已经整治公平了。情况既是这样又不是这样。对于华尔街来说,模因股票逼空可以从中获取丰厚的利润。虽然一些业余投机者会赚到大笔财富——在市场动荡时总有些人会这样,然而作为一个群体,小散户交易者们的过度活跃正在让他们付出代价。但对于那些从一群组织松散、积极性高的人身上发现自己处于交易另一端的专业人士来说，模因股票逼空事件是一声唤醒的呼叫，将迫使他们改变自己做生意的方式。

100万人每人拥有1 000美元的购买力，无论是以现金形式还是通过保证金借贷或看涨期权，他们的分量与拥有10亿美元的对冲基金一样大。通过以协调的方式行动，"猿族"就不只是很强大了——它们可以名副其实地按照不同的规则进行游戏。自从现代证券法在20世纪30年代获得通过以来，串通和大量买进一只股票以操纵其价格（例如，策划一次逼空）一直就是非法的。如果三位对冲基金经理已经私下就瞄准第四支拥有大量空头头寸的基金达成协议这件事变得众所周知，那么美国证券交易委员会会很快去拜访他们。但100万交易者在公开场合这样做就并不一定是非法的了，而且无论如何都是SEC不可能追着不放的事情。被称为"世界上第一个去中心化对冲基金"的"华尔街下注"论坛享有独特的行动自由。

总体来说，个人现在在市场上的力量比一两年前要大得多。咨询公司旺达研究（Vanda Research）在其周报旺达追踪（Vanda Track）中对9 000只美国股票和交易所交易基金的分析显示，在嘉信理财、德美利证券（TD Ameritrade）和其他经纪商于2019年10月与罗宾汉比拼收取零佣金之前的6个月内，股票的平均零售净购买量约为每天1.35亿美元。在2020年，这一数字跃升至9.42亿美元。在模因股票逼空的高峰期，散户投资者每天的净购买量接近16亿美元，大约是所有共同基金和对冲基金的总和。这是歌利亚对战歌利亚。

第十三章 "猿族"崛起

陷阱并非密不透风

然而,"猿族"的观点在两个重要方面是幼稚的,而这种幼稚是危险的:他们确实学会了像社会团结的大个儿、愚蠢、愤怒的动物一样交易来威胁对冲基金,但他们认为华尔街有一个阴谋集团正在积极地试图阻挠他们,而对冲基金才不关心谁赚钱还是亏钱,对冲基金非常关心如何限制自己的损失和叱责异常现象。

"猿族"不懂新的基金正在填补那些被迫退出的基金留下的真空。第一批基金咎由自取地吃了苦头又逃了出来,因为陷阱远没有论坛上的人们想象得那么严密。卖空比例仍然有些高的原因是一批新的职业机会主义者无法抗拒通过押注模因股票来进行投机,原因与加布·普洛特金完全不同——他们正期待着空气从气泡中出来。

正如我们将会看到的,新的卖空者群体也低估了这场运动的力量,并因遭受到事态的一些意想不到的打击而变得晕头转向。但他们来得早不等于他们来错了——"猿族"也可能会变得贪婪。许多散户投资者在股票上涨期间卖出了模因股票,而不是 HODL-ing,这是一个源自加密货币世界、因为一个打字错误而产生的动词,意思是"坚持到底"。一些确实坚持到游戏驿站股价巅峰已过的人表现出来的是对财富已散所感到的懊悔,而不是坚持忠实于一项事业带来的满足。一个自成一体的红迪网子板块"红迪 / 因持股游戏驿站过久而损失巨大者"(r/GMEbagholders)在模因股票逼空事件马上就要结束的时候开张了,红迪网的用户们在那里对他们在模因股票上的损失相互表示同情。

寄希望于这么多"猿猴""坚持到底不退让",从而使卖空者被迫付出任何代价、蒙受无限损失是不切实际的。随着模因股票的价格攀升,软化了许多散户原则上拒绝出售的态度。这不是浪漫叙事的一部分,但如果你可以比冰箱里的牛奶过期还快就赚到相当于几年工资的钱,这是很自然的事情。

一位见过很多散户在逼空达到顶点时退出的资深华尔街人士说:"如果我在支付房租方面正有很大困难,突然账户里可以有40万美元,很难不卖出去。"

就在媒体报道对该群组的团结感到惊讶之际,外流仍在发生。城堡证券在逼空期间处理了截至当时为止最大数量的零售交易,后来表示,那一周内散户投资者买入游戏驿站股票比卖出更多的唯一一天是1月25日(星期一),那天他们买入的净值为20.6亿美元,星期二他们卖出了19.1亿美元,星期三卖出了7.76亿美元。散户投资者在星期四和星期五也是小额净卖家,尽管那是在罗宾汉和其他经纪商实施交易限制之后[4]。

每个卖家都有一个买家,那么谁买了呢?一类买家包括对冲基金,它们通过回购自己并不曾拥有却已经售出的股票来弥补它们的卖空。另一类买家是期权交易商,他们在伽马逼空展开时会机械地买入股票,随着合约到期他们会很快抛售这些股票。

而且,尽管有些钻石手变成了纸手,但还是有很多"猿猴"确实买入并高兴地持有游戏驿站的股票,为的是成为某件大事的一部分。这可能是他们中的许多"猿猴"一直以来拥有的第一只股票。正如人们在宗教团体中经常看到的那样,最晚皈依者特别有热情。每逢吉尔发布他的亿创理财账户的又一张屏幕截图时,该红迪网子板块上的合唱队就会唱道：

如果他还持有，我就仍然不卖！

社会认同

红迪网不同于那些以著名人物和追随者为中心的社交网络，相对较新的用户在那里可以发布一些引起论坛注意并获得足够多的点赞从而被置顶的内容。尽管如此，这里还是有些东西可以让你先声夺人，它们关系到你身份——在这里你的身份是带有一个虚拟形象的一个化名，而不像人们可能在推特或脸书上看到的那样是你的真实姓名和照片。这些东西之一就是"业力"④。

用户DeepF**kingValue在红迪网站上的时间还不够长，就通过多年的发帖活动获得的传统业力，还不足以成为该社交网络贵族阶层的一员，但他收到了论坛其他成员的大量礼物。这些礼物是给红迪网用来支付服务器时间的捐赠品，可以送给受人敬佩的成员。截至2021年4月，DeepF**kingValue拥有令人印象深刻的300万业力和一系列徽章，这是红迪网上最昂贵的礼物，拿它送礼需要花费125美元。

之所以能获得影响力，纯粹是因为他经历了许多起起落落，并且一直坚持赚了数量大得惊人的钱，同时也是因为他的在线行为（例如，巧妙地使用表情包）使千禧一代同龄人觉得他是个可交之人。吉尔赚得越多，他写得就越少，但他的影响力反而变得越大。

颠覆者

"他在一段时间后停止写评论，只使用动图。"奎因·穆里根（Quinn Mulligan）说，他是一部计划拍摄的关于红迪网交易者的纪录片《猿猴们在一起就强大》背后的电影制作二人组之一。"他很好玩儿。可他就是这么死心眼儿，而且看起来是个真诚的人，这真是难得啊！"[5]

随着游戏驿站股价的攀升，论坛用户也发布了他们的收益。这些花哨的数字，就像深夜播放的关于快速致富计划的电视广告一样，在这些广告中，普通人和易受骗的失眠症患者都在展示自己的证词。这些人是有关联的，他们声称在订购了 DVD 并遵循了简单的指示后最终付清了所有的账单并辞掉了工作。关于这个过程的概念被称为"社会认同"。

专注于该领域、在 Mavrck 公司研究网红营销术的专家雷切尔·奇拉尔（Rachael Cihlar）写道，我们尽管缺乏对政府、新闻媒体等机构的信任，而且，就投资而言，也缺乏对金融专家的信任，但我们对侪辈的信任却保持在高位。

随着我们对华尔街和对冲基金等机构的信任（从前曾让我们陷入困境）继续下降，人民的力量在社交媒体上蓬勃兴起，或者说在这个案例中是在红迪网子板块上。一个人或许没有能力改变市场，但当成千上万甚至数百万人聚集在一起购买游戏驿站股票时，他们就影响了大众，这种信任和影响力推动了市场。消费者看到散户投资者从他们的投资中获得了可观的回报，因此他们加入了人群[6]。

公共关系公司爱德曼（Edelman）的一项年度调查显示，这个国家的"信任指数"在 2020 年接近该调查历史上的最低水平。例如，只有 36% 的受访者声称记者非常或极度可信，而 53% 的受访者认为"像你这样的人"非常可信。2017 年初，一幅广为流传的《纽约客》漫画捕捉并嘲讽了时代精神：在飞机上，一名乘客在他的座位上站起来，要求并举手表决："这些沾沾自喜的飞行员已经与普通乘客失去了联系。有谁认为应该由我来开飞机吗？"

特别是对于经历过全球金融危机的一代人来说，华尔街的建议存在可信度问题。正是这些人告诉他们或他们的父母"次贷被遏制住了"，比特币的投机性太强了，他们应该很高兴每年能够在共同基金中赚取 8%。

来自传统金融领域之外的侪辈中人和网红，诸如硅谷高管埃隆·马斯克和查马特·帕里哈皮蒂亚，被认为比经纪广告中穿着漂亮西装的人们可靠得多。千禧一代和 Z 世代倾向于避开沉闷乏味的专家，他们常常更有可能信任在网上使用假名的陌生人——即使是 DeepF**kingValue。说到底，他只是靠坚持下去就已经取得了真正史诗般的回报。这是社会认同的一个教科书式的、仍在行动中的案例。不过，在"华尔街下注"论坛的创始人詹姆·罗戈津斯基看来，这个案例具有腐蚀性。

"'咆哮的小猫'基思·吉尔赚了那么多钱，这让我感到不安，因为他的成功比埃隆·马斯克的一篇推文要危险得多，"詹姆·罗戈津斯说，"人们会看到成功，看到其中的美元符号并追随他，他们搭他顺风车的可能性大得多，也更可能跟着他在最高价位上买入，而不是靠听查马特的播客来买入。"

詹姆·罗戈津斯基看到了他创建的论坛所特有的文化光明的一

面：损失大量金钱并分享损失——这在社区里被称为"观看损失电影"——也被接受。

"他们能够通过对他人苦乐的方式将这种经历相传，"他说，"让'华尔街下注'论坛真正成为一个了不起的地方的一件事就是诚实。这就是他们分享损失的原因——这不是说他们要欢庆损失，而是他们分享损失只是为了做到接受现实。"

论坛的成员距离一些具有极致图形画质的"损失电影"还有 48 小时的时间，但首先到来的是有史以来最活跃的交易日。

第十四章　2021 年 1 月 26 日

卓尔不群之处

如果你持有的一只股票在一年内上涨了 18%，那么你就已经做得很好了，获得了市场长期年回报的两倍左右。如果它在一个月或一周内上涨了那么多，你应该欣喜若狂。但在 1 月 25 日（星期一），这家零售商股票的价值在一个交易日之后高出那么多，游戏驿站的股东们突然变得满心疑虑。原因是股票在早盘交易中飙升，翻了一番多，但到午餐时间它却放弃了所有的这些收益。接下来它又扳回了看似很一般的一局。

那天晚上，"华尔街下注"论坛充满了对得而复失的财富的吹嘘和悔恨。一位经历了 50 000 美元来来去去的用户称，他需要这笔钱去做膝盖和背部手术，但他无法容忍自己卖出而让华尔街摆脱困境。他想等赚到 100 万美元再出手，这样他就可以在"2008 年偷走了我们的房子之后"给他母亲买一所房子。

另一位声称他当天早上的利润达到了 80 000 美元。其他人则抛出了更高的数字,例如 600 000 美元或 800 000 美元。对于那些购买了期权合约的人来说,这些数字听上去当然是合理的,而合约是委员会建议的,将对对冲基金施加最大的压力。这些信息中充斥着劝告,要大家直到游戏驿站的股价达到 1 000 美元或更高才可以卖出,否则安德鲁·勒夫特和加布·普洛特金就会从陷阱中溜走:

现在!现在就是我们可以击中他们痛处的时候。今天下班后我们需要更多的买入,在明天的开盘前、交易中以及明天出现每一次下跌时我们都需要买入。我们现在拥有权力,我们不会失去它。参与进来并致富,或耐心看着我们致富[1]。

1 月 25 日早上,当加布·普洛特金从他在佛罗里达州的家庭办公室(他在曼哈顿市中心的办公室仍因新冠疫情大流行而关闭)奋起直追要退出他的灾难性的空头押注时,他与他从前的老板史蒂文·科恩和城堡证券的肯·格里芬通了个电话,几个小时之内,他就已经亲自和他们议定了从这两位亿万富翁的对冲基金注入大量资金的条款。他们公司获得的不是普通投资,而是获得了所谓的"无表决权收入"的分成,如果普洛特金恢复了他的魔力,这将给他们带来更多的好处。科恩已经是梅尔文的大投资者,他这一周过得也很糟糕。格里芬拥有这家公司的大部分股份,该公司每天处理数 10 亿笔交易为模因股票逼空提供动力,他这周的情况要好得多。

就像两个商人在一顿商务午餐后伸手去拿支票一样,格里芬感觉自己很富有,就出了大部分钱,大约 20 亿美元,而科恩则凑了

第十四章 2021年1月26日

7.5亿美元。

尽管普洛特金后来坚称这不是救助，但这笔钱将帮助稳定梅尔文资本的一场毁灭性的抛售。该基金将损失其一半以上的价值，超过60亿美元，其中大部分损失在星期二之前发生。

在1月25日以近乎完美的时机选择从桌面上拿走一些钱的是基思·吉尔，他仍然是激励"堕落者"推动模因股票走高的灵感匿名提供者。根据他在当天结束时发布的亿创理财账户声明的屏幕截图，他在价格接近峰值的时候卖出了1000份4月到期的看涨期权中的200份，把220万美元的现金存入了银行。他只为一份合约支付了40美分，或者说为它们支付了8000美元。第二天，他又以900万美元的价格卖出了300多份合约。论坛的其他成员可能坚称他们会坚持到游戏驿站股价飙到"月球"，但吉尔谨慎地保证说，在最糟糕的情况下他也会作为一个非常富有的人脱身离开。论坛板块上把逼空搞成了一个使命，而不再是一个赚钱机会，那些人里没有谁来指责他——他们也不应该那样做。即使在周二的交易时段之后，吉尔仍有1800万美元面临风险。

到1月25日下午，游戏驿站的故事开始出现在主流新闻出版物上。对"华尔街下注"论坛散户的提及再次从1月22日（星期五）的16 000次飙升至1月25日的28 000次，并在1月26日（星期二）超过5万次。这个子板块在社交媒体网站上流量排名第一，而这一地位直到下一周才让出。

1月26日，一波甚至更大的买入浪潮将游戏驿站的股价推高至150美元，而这一次的势头并未减弱。该股收盘于147.98美元，是模因股票逼空事件前历来最高收盘价的两倍多。2020年春天，它的售价曾一度低于 3 美元。几周前放弃了报道游戏驿站的分析师安东尼·楚昆巴表示,他遭到客户的电话轰炸,这些客户都想打听这家他认为毫无价值的公司的情况。

"我读哈佛商学院不是为了做这种屁事。"[2] 游戏驿站那天还有另外两点卓尔不群之处:它是这颗行星上交易量最大的股票;它已经创造出它的第一位亿万富翁。不,此人不是吉尔,尽管他的表现还不错:在交易结束时他的净资产接近 2 300 万美元。第一个亿万富翁是瑞恩·科恩,他前一年夏天在这家零售商上下了大赌注,并在引起"华尔街下注"论坛关注这只股票、连带着关注吉尔一事上发挥了关键作用,是十位数俱乐部的一名成员。

游戏傻票

想要成为历史一部分的千禧一代并不是唯一一群留意该网站并开始投入资金的人。华尔街上许多从来没有过多考虑过游戏驿站的人都正在对它产生兴趣,而且他们中大部分的人对它抱怀疑态度。不止一位市场资深人士承认,他们在那一周作为观察者加入了论坛。他们所看到的让其有理由怀疑这家零售商的股价很快就要见顶并开始下跌。事情不过是造反派们发现了一些弱手并伏击了他们。"但在股价超过 100 美元之后,它就变成了一场道德游戏。"资深做空者吉姆·查诺斯说。

正当普洛特金、勒夫特和其他卖空者在回补他们的头寸时——二人都将在周二之前退出交易,其他人则通过卖空这只股票或买入

第十四章 2021 年 1 月 26 日

其看跌合约加入战局。他们的想法是正确的，因为当小公司股票的涨势失去动力时，人们就会这样大做特做。星期一，这家零售商的股价在几个小时内就下跌了 50%，这看起来像是更大规模崩盘的预演。"华尔街之狼"乔丹·贝尔福特在过去的时光里参与了许多股票操纵事件，他说正期待着同样的事情。"我并不认为个人投资者在一起就有可能获得足够的购买力并坚持持有某只股票足够长的时间，而不随着它的上涨卖掉它……因为这非常困难，而且我真的很了解这个市场。"[3] 但有时市场上偏偏会发生好玩儿的事情。虽然游戏驿站最终面临失去动力的危险，甚至连其最大的"钻石手"助推者 DeepF**kingValue 也抛售了持有的一半股份，但就年轻投资者而言，这世界上也许最有影响力的人物即将对事态进行权衡，并为逼空注入新的活力。星期二股市收盘 8 分钟后，特斯拉老板埃隆·马斯克在推特上发布了一个指向"华尔街下注"论坛的链接，连同单单一个短语：

游戏傻票！！！[4]

第十五章　网络红人

"富有当然是比较而言的,"美国最富有的人之一在一篇广为流传的杂志文章中说,"一个拥有100万美元的人曾经被认为是富有的,但如今很多人有至少这个数,或者挣到的钱超过来自100万美元的正常回报,因此一位百万富翁不会引起任何评论。"

这句话的说法有点过时,虽然并不是说100万美元是小钱,但可能会让你意识到这句话年代久远。它出自刊登在《女士家庭杂志》①的对汽车制造业高管和股市投机者约翰·J. 拉斯科布（John J. Raskob）的一篇题为"每个人都应该变得富有"的采访,那期杂志在20世纪20年代的牛市高峰前一周和1929年股市大崩盘两个月之前登上报摊[1]。

那时美国公众已经深深地爱上了股市,但多年来创办了几家投资信托基金的拉斯科布正在向人们建议一种方法来提高他们的参与度并多少赶上有闲阶级。他告诉读者,1923年,人们以500万美元的现金捐款和2 800万美元的借款为通用汽车公司的高管们设立了一只名为"经理证券公司"的信托基金——这是一种非常激进的做法,今天任何共同基金都不允许这样做。他指出,投资该基金的最低额度为 25 000 美元，到他接受采访时价值"超过 100 万美元"。拉斯科布建议建立一些不那么激进的信托基金，让普通的积蓄者——他在例子中称为"汤姆"——愿意拿出 200 美元的现金并以分期付款的方式借 300 美元，就像他在赊购"机动车"时所做的那样。

那时的媒体可能有所不同——报刊和无线电广播，而不是电视和社交媒体——但拉斯科布对心理学的把握会在今天引起共鸣。当我们的侪辈中人变得富有时，我们害怕错过。一位能够为我们指出捷径方向的有影响力的、已经富有的人士会引起很多关注，并使我们忽略那些事后看来明显的危险信号。

通过暗示美国有大量的百万富翁——即使在史诗般的 20 年代股市泡沫的高峰期，也没有那么多——采访的开头段落让读者觉得他们参加富人的派对迟到了。当时，美国的人均可支配收入略高于 6 000 美元，100 万美元相当于今天的 1 500 多万美元。无论如何，这是在可能有的最糟糕的时候能够给出的最鲁莽的建议。"汤姆"会在股市崩盘初期一文不名，但最终还是会分期付款，可能没有工作，也没有剩下的资金。到 1932 年夏天，道琼斯工业平均指数暴跌近 90%，银行在联邦存款保险公司[②]存在之前成群结队地倒闭，失业率达到了毁灭性的 25%。

埃隆、查马特和戴夫

拉斯科布是他那个时代的埃隆·马斯克，再加上一点儿硅谷金融家查马特·帕里哈皮蒂亚。和马斯克一样，拉斯科布凭借最新的奇迹技术（恰好也是汽车方面的）变得异常富有。尽管马斯克在2018年因在推特上错误地暗示他已经为收购特斯拉汽车的全部产权组织好资金，从而导致其股价和他的净资产飙升并与证券监管机构闹得不可开交，他的"游戏傻票！！"推文并没有违反任何法律，它还包含一个指向该论坛的链接，以防你收不到。或许除了可能间接的原因，他并不是在试图通过撺掇红迪网的革命者们来为自己谋利，而只是为了让自己受到他们的喜爱。而他后来的一些推文有助于激发人们对狗狗币的兴趣，如果从法律上讲加密货币是一种实际的注册证券，那可能就是一个不同的故事了。

作为一位前脸书高管和投资公司社会资本（Social Capital）——该公司推出过几家其股票被散户抢购的空白支票公司——的首席执行官，帕里哈皮蒂亚在同一天更直接从他在推特网上的一些恶作剧中受益。他在推特上表示，他个人以115美元的行权买入了125 000美元的游戏驿站看涨期权，该期权将于2月到期："让我们去吧！"[2]

根据提供给《华尔街日报》的一项分析显示，在这条推文发布后，这只股立即上涨了近10%，而散户典型的小批量股票交易量也马上飙升。第二天，他出现在全国广播公司财经频道上，说他整晚都在阅读"华尔街下注"论坛，但他已经卖出。他的话让游戏驿站股价在一分钟内下跌了33美元。帕里哈皮蒂亚赚取了500 000美元的利润，他声称将这些利润连同最初的投资捐赠给了一个隶属"日间交易者"戴夫，也就是波特诺伊的慈善机构[3]。

对冲基金经理大卫·艾因霍恩（David Einhorn）在2021年4月发表的一封措辞激烈的信中表示，这两位亿万富翁在市场大混乱中发挥了关键作用。

第十五章 网络红人

"我们注意到,游戏驿站股票逼空事件真正的喷气式发动机燃料来自查马特·帕里哈皮蒂亚和埃隆·马斯克,他们分别在电视和推特上露面,在关键时刻进一步破坏了稳定的局势。"他写道。

艾因霍恩和马斯克互相厌恶,马斯克称这位对冲基金经理为"独角兽先生"③,取笑他的公司最近在空头头寸上的低回报,并嘲讽地寄了缎面短裤给他。艾因霍恩在信中抱怨说,华尔街"没有警察当班巡逻",马斯克因操纵自己公司的股票仅仅受到监管机构的一记耳光。相比之下,他指出,价值投资者和游戏驿站曾经的推动者迈克尔·伯里却因为做出过市场警告而接受了美国证券交易委员会的一次拜访,他的推特账户也被暂停了。

艾因霍恩还指出,订单流支付制度无意间使年轻的散户投资者成为经纪商们的产品。"如果你希望经纪商为你工作,请支付佣金。"

对于那些艾因霍恩没有费心提及的投资者来说,一个有影响力的人物故意表现得像个小丑的波特诺伊。他在推特网上告诉他的数百万追随者,在罗宾汉和其他经纪商被迫限制交易的那天,他拥有3只模因股票。他写道:"我将持有它们到死,以提醒自己@RobinhoodApp 的创始人必须进监狱。"当波特诺伊在仅仅三个交易日后告诉他们以 700 000 美元的损失出售了他的股票时[4],跟随他指引的人们似乎并没有表现出太多难过的情绪。

波特诺伊最令人印象深刻的影响力是在 2020 年夏天从一只袋子里随机挑选出拼字游戏字块,直到它们拼出股票代码,然后在这只股票上释放出他的"军队"。6 月 19 日,他选择了 RTX,这是国防承包商雷神公司的标志,你可能还记得它是第一次伊拉克战争中充当主演的爱国者导弹的制造商。当天雷神股票的交易量较其典型水平增加了两倍，但股价未能实现飙升，反而下跌了。那一次，人们也没有太多难过的情绪。

魅力四射的先知形象

虽然"网红"这个词在拉斯科布的时代并不存在，硅谷的亿万富翁也会否认它，但这些人的确是网红。这种地位在金·卡戴珊（Kim Kardashian）④或道恩·强森（Dwayne Johnson）⑤的现代社交媒体意义上可能并不明确，他们靠一条照片墙（Instagram）帖子就获得超过100万美元的报酬。如果马斯克的推文可供出售并且直接向他提供报偿是合法的，那么它们的价格是帮助兜售手提包和能量饮料的人所获报酬的数倍，因为价值可以在股票或加密货币市场上被创造出来并立即被转化为现金。

这种地位甚至可以把马斯克不经意的陈述变成震撼市场的事件。当他在《周六夜现场》⑥发表评论说他吹捧过的狗狗币⑦是"一场拉生意的骗局"时，数百亿美元的价值从加密货币市场蒸发，第二天罗宾汉的交易系统就被活动淹没了。

甚至连最无害的社交媒体帖子在模因股票逼空事件期间也是炸药。瑞安·科恩于2月下旬在推特上发布了一张麦当劳冰淇淋蛋筒的照片，而截至当时一直没有起色的游戏驿站股价因巨大的营业额翻了一番。他这是什么意思呢？某个人猜测这是对股票交易指标MACD⑧的指涉。另一个人认为这是因为快餐连锁店将会在游戏驿站里面销售食物。一篇有幽默感的帖子推测说麦当劳的冰激淋机总是坏的,所以这张照片的意思是他看到游戏驿站也坏了,但他会把它修好。

游戏驿站传奇中最有影响力和得到最高报酬的人当然是吉尔。在他的巅峰时期,仅仅通过宣传自己一直在一只股票上坚持的事实,他就让陌生人踊跃买入这只股票,从而将自己的净资产翻了1 000倍。但他本身并不是一个网红人物。但在社交媒体上的存在使他变得富有,但他无法预见这件事的影响。他的成功是千年才得一遇的侥幸。

相形之下,马斯克、帕里哈皮蒂亚和波特诺伊知道人们会对他们的陈述做出反应,并且通常会间接地从中获得一些东西,这些东西不仅仅是人们的关注所带来的心理回报。分析师和基金经理出现在电视财经节目中,以及他们的公关代理人不断地向记者提议让他们来对最新的金融发展发表评论,这表明这些分析师和基金经理很想得到他们的街头信誉的一小部分好处。

自市场存在以来,人们就一直在兜售他们的专业知识或提出购买某只股票的理由。使模因股票逼空前后的时期变得特殊、还特别容易被滥用的是进入市场的许多新手和新时代思维方式的结合。这是一个大约一代人重复一次的现象。有一套合法的新颖技术和一帮新的投资者,他们将这些技术哄抬到必须通过故事而不是硬邦邦的数字来支持进一步的收益的地步。无论如何,那些刚来到市场的人更容易接受故事而不是干巴巴的分析。

在20世纪20年代,有汽车、飞机和收音机,还有投资信托这一种简单的新投资方式。在流行go-go舞的20世纪60年代到20世纪70年代初期,出现了微芯片、空间技术、企业集团,最后是明星共同基金经理抢购的"漂亮50"⑨股票，这些股票的估值上升到事后看来是荒谬的程度。在20世纪90年代初期，出现了网络公司和炙手可热的首次公开募股。而在模因股票逼空事件的前夕，出现了电动汽车、社交媒体和各种空白支票公司产品，这些产品让个人在通过甚至华尔街通常的审查程序之前就可以立即通达这些公司。

有人想知道，如果当时存在社交媒体甚至电视，拉斯科布和他那个时代的其他啦啦队队长们可能会有多大的影响力。20世纪90年代初，电视高管还没有真正想出如何使投资广播更具吸引力。在20世纪80年代里根当政时的牛市期间，大型金融节目是路易斯·鲁凯瑟（Louis Rukeyser）的《华尔街一周》，该节目在周末股市休市时在公共电视台播出，由一群严肃的战略家和基金经理轮流担纲。消费者新闻和商业频道，现简称为CNBC，成立于1989年，但直到20世纪90年代中期在罗杰·艾尔斯（Roger Ailes）的领导下才取得成功，而这位备受争议的媒体高管还将继续带领保守派巨头福克斯新闻取得成功。随着科技泡沫的膨胀，财经谈话类节目进入了全盛时期。那时和现在一样，少数人确实具有超大的影响力。

"20世纪90年代有亨利·布洛杰特（Henry Blodget）。现在我们在全国广播公司财经频道上有查马特。这位魅力超凡的预言家式的人物似乎掌握了内幕消息。"硅谷学者玛格丽特·奥马拉说。

正确类型的富人

说到影响最新和最活跃的投资者群体，打领带或者在华尔街上班都不是什么大优势。尽管某些人已经富有这件事似乎根本不是问题，但憎恨日益扩大的不平等的一代人来说，可能有人会认为这是一种打击。说真的，又有谁想听一个穷人关于金钱的建议呢？在对截至2021年2月的新冠疫情大流行期间亿万富翁财富增长情况的研究中，马斯克独自一人位居榜首，其净资产增加了近1 580亿美元，即642%。年轻一代的投资者们在他股票攀升至连经验更丰富的投资者都因错误押注而摇头叹息并且下错多大注就损失多少的时候，还把这只股票变成了他们最大的持股之一，他们对马斯克的财富负有不小的责任。

竭力仿效碰巧白手起家的富人并不是年轻一代所独有的，它是典型的美国人的做派。但人们后来为什么又要诋毁稍微年轻一点的加布·普洛特金而为马斯克加油呢？

"对冲基金比起他们来更像卡通反派，这让他们从中受益。"奥马拉解释道。散户投资者乍得·明尼斯（Chad Minnis）对交易限制感到愤怒，以至于成立了一个注册的政治行动委员会，他说："与不搞区别对待的硅谷亿万富翁相比，大多数高管和政客对他和他这一代人很冷淡。"

"他们有那种说话方式——他们用很多词，而他们说得并不多，"他说，"这好像不是真的：埃隆与人交谈的方式就像人们与朋友交谈一样。"

2020年春季市场暴跌之际，帕里哈皮蒂亚在全国广播公司财经频道上痛骂对冲基金经理们并出来反对向失败的公司提供援助，这时他才进入年轻投资者们的视线，比马斯克稍晚。"我们正在谈论……为一群亿万富翁的家庭办公室服务的对冲基金么？谁又在乎呢？"他说，"他们没有在汉普顿过夏天么？谁又在乎呢？"那天他收获了很多粉丝。

"挨过了过去几周眼睁睁看着我们所有的投资组合灰飞烟灭的痛苦之后，帕里哈皮进来为我们所有人说话，而且真的让我脸上露出了笑容。"当时，"华尔街下注"论坛上的一名发帖者写道[5]。

后来，在模因股票狂热的高峰期，就在罗宾汉和其他经纪商限制购买某些股票的那一天，帕里哈皮蒂亚表示了他对想要将游戏驿站股价推高"到月球"的散户交易者们的支持，他在推特上写道：

在不确定的时刻，当需要勇气和力量时，你会发现谁是真正的社团主义者[6]。

"空白支票公司·耶稣"

关于住在玻璃屋里的人的那句格言[⑩]是怎么说的？作为几家SPAC[⑪]，即当时风靡一时的空白支票公司的赞助商，查马特·帕里哈皮蒂亚得益于散户投资者们的热情。他对高级金融的冷嘲热讽是宣传他与抢购他产品的投资者团结的好办法。SPAC的条款对像他这样的赞助商非常有利，如果做得好，他们可以廉价控制多达1/5的股份。

卖空者卡尔森·布洛克（Carson Block）写了一篇关于帕里哈皮蒂亚通过合并推向市场的公司之一的报告，他对这种道貌岸然的行为感到愤怒，并嘲笑地称他为"空白支票公司·耶稣"。而艾因霍恩则在他的信中指责帕里哈皮蒂亚试图通过压倒罗宾汉来间接地使他的一桩生意受益：

> 帕里哈皮蒂亚先生控制着与罗宾汉竞争的交易平台SoFi，给我们留下的印象是，通过破坏游戏驿站股票的稳定，他可能会伤害一位竞争对手。

帕里哈皮蒂亚还从大型金融机构筹集了大量资金，他喜爱金融家生活方式的许多外部标志。和普洛特金一样，他是一支职业篮球队金州勇士队的部分所有者。

波特诺伊很快会被他刚刚咬过的那只手喂饱。在他做出与散户投资者团结一致的姿态又迅速撤退的几天后，他宣布正在与交易所交易基金公司范埃克（VanEck）合作推出一只股票代码为BUZZ的基金，旨在通过跟踪社会情绪来获得回报。据范埃克称，它将使用人工智能每月跟踪1 500万个社交媒体帖子[7]。

据彭博社报道，他的基金立即取得了成功，在首次亮相时吸引的资金几乎超过了任何以前的交易所交易基金（ETF），并创下有史以来第三高的开盘量。这位网红正在通过自己的影响力帮助一家华尔街公司利用社交媒体网红们的力量，通过将这种影响力出售给最容易倾听它的人来赚钱。该基金的营销材料声明：

> 社交媒体和移动技术从根本上改变了我们与股票互动的方式。网络上每天都有大量的在线聊天。不断变化的情绪和我们的集体观点显然会影响它们的价值。

这份营销材料声明强调了金融业网红们对牛市——模因股票逼空只是其中最疯狂的部分——的重要性。这份营销材料继续指出，该基金基于的指数在基金被推出的前一年升值了68%，而大盘的这一比例仅为20%。关于过去的表现并不代表未来的法律样板文件可以在下面较小的字体中找到。

在散户投资者中存在一些零零散散的怀疑。一位"华尔街下注"论坛用户在一篇题为"这些亿万富翁不是我们的朋友"的帖子中写道：

他们鼓励我们投资和持有，因为随着价格的不断上涨，他们只会获得甚至更多的利润，他们这样做不是因为看到不公正的事情正在发生，他们这样做是因为这符合他们的最大利益[8]。

火箭飞船表情符号的回复或与交易无关的回复则没有那么充满怀疑。

"这个智力障碍者喜欢马斯克。他让我们很多人赚了很多钱。"其中一条写道。

"他们不是我们的朋友，但有些人是我们的盟友。如果你仅仅因为他们拥有巨额的净资产就对任何与你结盟的人生气，那么你将不会有任何人与你并肩作战。"另一条说。

亿万富翁会所

除了提升他们的品牌和净资产外，向因无法购买更多游戏驿站股票而抱不平的交易者们表示声援,也可能是硅谷亿万富翁们躲开对经济不公平而感到不爽的人群的一种方式。在模因股票狂热的巅峰时刻,被称为 AOC、主张进步的纽约国会女议员亚历山德里娅·奥卡西奥-科尔特斯(Alexandria Ocasio-Cortez)邀请帕里哈皮蒂亚在直播平台 Twitch 上进行对话。对话由于日程安排问题而告吹,但人们想知道这次谈话会是友好的还是冰冷的。过去她曾召集富人,包括摩根大通的首席执行官杰米·戴蒙(Jamie Dimon)和亚马逊创始人杰夫·贝索斯(Jeff Bezos)。

"没有人能赚到 10 亿美元。他们是拿走 10 亿美元。"亚历山德里娅 2020 年 1 月在与作家塔内希斯·科茨(Ta-Nehisi Coates)的一次谈话中说。一年前,也是在与科茨的一次讨论中,她说一个"允许亿万富翁存在"而其他人生活在贫困中的社会是"不道德的"。[9]

甚至 71 岁的华尔街对冲基金亿万富翁雷·达里奥(Ray Dalio),尽管显然对针对富人的尖酸刻薄感到不安,但似乎也在试图讨好大众。

他在接受《华盛顿邮报》的采访时说:"我更担心的是普遍的愤怒——几乎是仇恨——以及现在几乎弥漫这个国家各个方面的、想让人们失败的观点,"但随后他继续说道,"他们让我想起了我在那个年纪的很多事情。我从小就开始投资,我很叛逆,想按照自己的方式去做,然后把事情搞砸。"[10]

波特诺伊靠损失自己的一大笔钱建立了与"华尔街下注"论坛人群的团结,他在推特上说弗拉德·特内夫"从我这里偷了钱,应该进监狱"。

他还与华尔街最富有的人之一发生了争执。与其他对冲基金老板不同，普洛特金的导师史蒂文·科恩在推特上拥有数量相当可观的追随者，大约有 20 万人。他的推文主题通常是纽约大都会队，而不是投资，但科恩犯了一个错误，他与革命者发生了冲突，这些人在他向门徒伸出援手的消息传出后对他大肆侮辱。

今晚推特上的人群很粗暴。嘿，股票骑师们，继续放马过来呀[11]。

当本周晚些时候罗宾汉和其他经纪商削减交易时，波特诺伊错误地指责这位 64 岁的亿万富翁是幕后黑手。科恩说他的家人受到了威胁，他暂停了他的账户[12]。

马斯克也一直在拱火。"为什么人们不能购买游戏驿站的股票？人们需要一个答案。"他在 1 月 30 日接受音频应用程序 Clubhouse 的采访时说。

采访小组的主持人之一是同为亿万富翁的马克·安德森，他是罗宾汉的早期投资者。安德森也是 Clubhouse 的投资者，该音频应用程序刊登了这次访谈，却无力满足想听马斯克讲话的人群的强烈需求。该应用程序的私人市场估值达到 10 亿美元。马斯克那周用一条推文将一家不相关的上市公司同济医疗的股票推高了几天，使其市值甚至达到了 25 亿美元。兜兜转转，每个人都变得更富有了，除了那些被允许买入该"会所"股票的散户。

第十五章 网络红人

"我只知道我正在赚钱"

红迪网是在模因股票逼空事件中扮演了明星角色的社交媒体网站,但它并不是年轻人获取投资信息的唯一的,甚至占主导地位的在线来源。LendingTree[12]旗下的媒体公司MagnifyMoney在2021年1月下旬对Z世代和千禧一代人口群体中的1 500多人进行了调查,发现近一半的人在2020年12月咨询了社交媒体以进行"投资研究"。视频和图像似乎比乏味的旧文本更受欢迎:截至2021年,最大的来源是谷歌旗下的YouTube,有41%的人咨询过它。TikTok和Instagram居第二和第三名,分别有24%和21%的人咨询了这些来源。然后是脸书和推特,红迪网以13%的咨询人数占比殿后[13]。

中国字节跳动公司旗下的TikTok在年轻人群中很受欢迎,截至2021年7月,带有"抖音主题·金融"(#FinTok)和"抖音主题·投资"(#investing)等主题标签的视频的观看次数已接近75亿次[14]。无论这个平台上网红们的建议多么出色或多么糟糕,只要获得观看次数和追随者都可以挣到大钱。数学教师史蒂夫·陈(Steve Chen)通过他的账户"calltoleap"正在转型成为投资大师,他每月大约赚10 000美元。他的帖子标题有"买入游戏驿站股的看涨期权"或"该买入的热门股票"[15],TikTok是更令人畏惧的投资建议的源头。2021年1月,一段视频成为跨界热门之作,但走的不是正途,在推特上获得了数百万的观看次数和许多尖锐的评论。在视频中,一对年轻夫妇@chadandjenny,应该是乍得(Chad)和珍妮

（Jenny），解释他们是如何做到靠投资收入不再工作而专事旅行的。

"我看到一只股票上涨，我就买进它，我只是看着它，直到它停止上涨，然后我卖出它，"乍得解释说，"我一遍又一遍地这样做来为我们的整个生活付钱。"[16] 比他早了一个世纪的幽默家威尔·罗杰斯（Will Rogers）打趣说："不要赌博，拿出你所有的积蓄买一些好股票，一直持有直到它上涨，然后卖掉。如果它不涨，就不要买。"值得称道的是，乍得逆来顺受并利用他新获得的名气推出了一个全新的账户 @crappywallstreetadvice[13]。

你是不是机器人

说到这一点，社交媒体正越来越多地被既得利益者利用，以制造公司股票的暂时上涨或下跌，即所谓的"炒高股价，逢高抛售"，让不知情的投资者独自吞咽苦果。这个想法有着悠久且肮脏的历史，但随着互联网和股票留言板的出现，它取得了一个新的维度。在早期，一些比较突出的案件，或者至少是那些被成功起诉的案件，涉及非常年轻的主谋。17岁的科尔·巴蒂罗莫（Cole Bartiromo）的案子就是这样，他购买了15家公司的股票，然后在雅虎（Yahoo）和RagingBull的留言板上发布了关于这些公司的虚假新闻。甚至更年轻的乔纳森·勒贝德（Jonathan Lebed），当时只有15岁，在一个类似的阴谋中被美国证券交易委员会强迫吐出收益。

这个故事可能不是由青少年，而是由拥有更多资源和世故的人来演绎的。游戏驿站成为头版故事时，许多"华尔街下注"论坛用

第十五章 网络红人

户普遍怀疑该论坛已经被有组织的犯罪分子使用"机器人"(算法或具有多个账户的收费发帖者)渗透,有一些人认为模因股票逼空事件,或者至少其中的一些元素,已经显示出机器人活动的迹象。机器人不仅会写帖子,还会利用社交媒体网站的方法来点赞帖子,使其更加引人注目。这肯定会引发一些关于"华尔街下注"等论坛上的投资建议质量的疑问。

以一家不是由帕里哈皮蒂亚赞助的空白支票公司丘吉尔资本 IV(Churchill Capital IV)为例:由于大量的股票零售购买活动,该空白支票公司的股价在 2021 年 2 月飙升至 63.20 美元。这很奇怪,因为它尚未与任何东西合并,本质上是一袋钱,价值不超过每股 10 美元的首次公开募股价。它很快同意与特斯拉的一个没有销售额的竞争对手 Lucid Motors 合并。丘吉尔资本 IV 的股价在几天内下跌了一半,这导致红迪网上的指控,说这里面存在卖空阴谋。到那个周末,一个单独的寻求正义和惩罚空头的红迪网子板块已经积聚了超过 3 万名成员[17]。

用户 Madmax212121 在该论坛上写道:"'清醒的华尔街下注',全体多头注意了:丘吉尔资本 IV 被组织和操纵者严重做空。为什么我们不能拥有一个'清醒的华尔街下注'论坛(LWSB)并进行防御。你要不要加入?"

这篇帖子是由一位在 1 月底才加入红迪网的用户发布的,到第二天早上就收到了近 7 000 条评论和 8 000 多个点赞,其中包括承诺购买更多的股票并阻止卖空者获得股票。但一次快速检查表明,这家空白支票公司的卖空比例仅占其股份的 2% 左右,而该空白支票公司无论如何只是宣布了合并但尚未完成。要么是丘吉尔资本 IV 股价下跌的愤怒暴露了那些坚持认为一张 10 美元钞票价值 60 美元的发帖者们对事态的完全误解，要么倾泻而至的支持是试图利用模因股票逼空的能量进行操纵。例如，Socaltexasgirl 最初帖子的回复似乎有些不对劲：

是的！！！这个我要全力以赴加入！！！每次我获得额外的钱都会投资丘吉尔资本 IV 股票，这样我就能够以这些低价获得一个包[18]。

在将这篇帖子的语法与俄罗斯或中国"机器人农场"的语法进行比较之后⑭，不止一位发帖人说，这种语法像是母语不是英语的人的语法。这个两个月的账户专门发布关于模因股票的信息。当被质问时，该用户坚持用更笨拙的平铺直叙的语言说她确实是一个从南加州搬到得克萨斯州的女孩，正如她的用户名所暗示的那样。虽然验证她的身份需要认真的侦探工作，但对机器人或仅仅是拥有多个账户和不良意图的个人活跃在社交媒体上一事的怀疑似乎是有道理的。"华尔街下注"论坛的一位发言人告诉哥伦比亚广播公司（CBS）新闻栏目说，论坛里检测到大量"机器人活动"，包括多个内容相似的帖子[19]。

如果研究公司 Epsilon 理论的负责人本·亨特（Ben Hunt）勉强算得上正确，那么"大量"就是轻描淡写了。2021 年 1 月 29 日，接近模因股票逼空的巅峰时刻，他盯着红迪网子板块看了 8 个小时，发现在这个时间段内，3 万个帖子中有 97% 随后消失了，因为它们被版主和过滤器删除或屏蔽了。他表示很难说有多少帖子的发布是自动化的，又有多少帖子对于论坛来说太新而无法发布。红迪网发言人桑德拉·朱（Sandra Chu）表示，那些在被点赞之前就被删除的帖子并不会在红迪网子板块上获得真正的可见度。

"我认为重要的是，所有在'华尔街下注'论坛上发布的帖子，无论是否为机器人发布的，都是旨在影响其他人类读者的行为。"本·亨特说。他还指出它们并没有试图进行研究或征求这个群组对一些投资想法的意见。"无论是否自动化，99.9%的帖子试图将雪团添加到原创作者滚下山坡的雪球上去。"[20]

红迪网的联合创始人兼首席执行官史蒂夫·哈夫曼在关于游戏驿站股票逼空事件的国会听证会上被问及机器人问题，他否认它们发挥了"重要作用"，但没有详细说明。朱说，该公司将机器人活动界定为"内容操纵"。

机器人活动似乎当时已经出现在其他地方。网络安全公司PiiQ媒体的一项研究关注了推特、脸书、照片墙和油管，但没有关注红迪网，在股价飙升期间和之后发现了围绕在模因股票周围的可疑迹象，包括表征机器人活动的"开始和停止模式"[21]。该公司补充说，数百美元就可以在网上购买数千个假账户。

但如果想要操纵大公司的股票，即使是非常令人信服的机器人也需要做一些繁重的工作。操纵低价股则要容易得多，而且非常有利可图。操纵诀窍是让人们首先投资风险高、监管不严的类别，用零佣金交易账户武装起来，通常不知道场外交易市场和主要交易所之间区别的散户投资者在模因股票逼空那段时间不会迟疑畏缩。2020年12月的低价股交易量达到了令人难以置信的万亿股。

颠覆者

尸位素餐的监管者们

机器人活动导致的零售损失不会止步于华尔街公司——它们会落入法律往往无法控制的操纵者手中，这些操纵者通常足够精明，懂得掩盖自己的踪迹。不过，华尔街要负间接责任，而不仅仅是让交易变得如此容易的经纪商和批发商对这些损失负责。其他公司则给予了这些邪恶的角色访问它们网站的机会。渴望收费和上市的私人控股证券交易所，往往连监管市场的最低限度都做不到。例如，艾因霍恩就在他的信中指出，一家在新泽西拥有一家熟食店的公司，2020年大部分时间都处于关闭状态，但该公司价值1亿美元。该公司由多次受控欺诈历史的金融家，以及一系列位于同一幢写字楼里的澳门和香港公司控制。

新闻报道经常导致国家证券监管机构的大量活动。在散户投资者的低价股活动创纪录跳涨几周后，美国证券交易委员会表示，由于"交易和社交媒体活动存在问题"，它暂时中止了15家公司股票的交易。这些公司中典型的是"美国智慧家园公司"（Wisdom Homes of America Inc.），它似乎没有一个工作网站。其首席执行官似乎还与其他公司相关联，包括一家大麻公司，他最近还因民事欺诈被控告。该公司的股票价值出现了奇怪的飙升，在交易停牌前，其价格从1/10美分上涨到2/10多一点[22]。

关于注意事项的警告是有的，但是，如果社交媒体有任何指示作用的话，就可以从中看到美国证券交易委员会和其他机构警告潜在欺诈或只是引导投资者远离在线炒作的努力面临着严重的信任和营销问题。以美国证券交易委员会相当活跃的投资者教育推特简讯上发布的一条消息为例，该推文的覆盖率仅为马斯克账户的0.2%："考虑投资最新的热门股票吗？请了解基于社交媒体的短期交易的重大风险"。几乎每条回复都是愤世嫉俗的[23]。例如：

正在考虑拥有最新的热门股票吗？请了解我们将暂停/冻结其交易，因为人们居然敢谈论一只股票并且有买卖的自由意志，但亿万富翁们做空这只股票只允许卖出就一切都好。

他们已经练就了一门关于如何捏造制度的科学。@sec想知道为什么99%的人讨厌华尔街。因为他们不断地踩着小人物爬上顶峰，当负责人改变规则来坑害人们时，散户投资者应该得到与银行相同的救助。你欠我们一笔救助金。

正如人们所说，鱼烂从头始。认真审查新股发行，或给予可能别有用心的、冷静的、富有的网红们施加更多的惩罚，可能不会受到最新、最年轻的投资者的欢迎，但如果拒绝这样做，美国的证券监管机构就辜负了他们。政府不能也不应该限制言论自由。然而，许多网红从他们进入公共市场的权利中为自己的公司牟利，或者直接或间接地通过社交媒体发表市场动向获利。动用公众的积蓄是一种特权，而不是权利。硅谷以许多积极的方式使华尔街发生了巨变，但它对美国资本市场的自由意志主义态度和华盛顿的胆怯，使对于靠积蓄才能行使其为人职责的普通人来说，这个时代是一个我们几十年来看到的最危险的时代。

第十六章 2021年1月27日

闪回

在48小时内,模因股票逼空已经从隐约认识的东西,发展成为一条重大的国际新闻。到星期三早上,随着每个人都在谈论游戏驿站,交易者们在寻找具有相似特征的股票,即具有高卖空比例的小型公司股票,并且购买它们。

看看股市的大变动,仿佛回到了2005年:除了风光不再的游戏驿站,曾经占据主导地位的手机先驱诺基亚的股价在那个早上凭借数倍于正常的交易量上涨了1倍多。立体声耳机制造商高斯(Koss)的股价在星期五达到了其价值的20倍,其股票交易量大约是典型易手数量的300倍。黑莓和美国电影院线股价也飙升了。

当天交易的看涨期权数量是历史之最,因为投资者希望要么能够获得最大的收益,要么能够推动伽马逼空的散户交易者们带着巨大热情投入交易中恣意买入。世界上最受欢迎的看涨期权是对

第十六章 2021年1月27日

游戏驿站股价在几天内达到800美元的高风险押注,这是收盘价的两倍多。由于交易过于繁忙,几家经纪公司经历了交易的间歇性中断。

"我们已经正式造成了市场的暴跌。""华尔街下注"论坛上的一位发帖者引以为豪地写道[1]。

随着这一周时间的流逝,关于红迪网革命的新闻报道规模变得更大,但随着卖空者当天仅在游戏驿站股票上的损失就超过50亿美元(据数据公司"S3伙伴"的伊霍尔·杜萨尼夫斯基估计[2]),1月27日(星期三)这一天就变成了某个巅峰的标志。许多基金在过去几天才进入空头交易,因为他们认为游戏驿站股票的反弹走得太远了。那是在埃隆·马斯克的推文和其他网红们的影响将这只股票推向更高的轨道之前。

"挨了第一拳的人们造成了第一次逼空。""当它接近70美元时,发生了另一次巨大的逼空。"

依照某个思想流派的看法,这没什么大不了的。全国广播公司财经频道迈克尔·桑托利(Michael Santoli)评论说:"卖空比例超过1/5的股票的市值仅为400亿美元,占美国所有上市公司的1‰。"[3]

然而,他的雇主对逼空事件提供了24小时不间断的报道,着实出尽了风头。在星期三这一天,股市出现了几个月以来最大的跌幅。当时有人将其解释为华尔街的专业人士被这场起义吓到了。对冲基金最大的贷方高盛银行后来提出了一个更能令人信服的解释。

绝大多数做空是由喜欢在整体股市上涨时做空的对冲基金完成的,如果它们卖空的股票价格上涨一点,它们就不会如此忧愁——只要这些股票的涨幅低于它们喜欢的股票。但它们现在亏钱的速度如此之快，以致不得不"粗削"①，即抛售它们喜欢的股票。根据高盛的数据，这些对冲基金在星期三抛售的股票是自全球金融危机以来最多的。它表面上是一场帮助小人物的革命，却暂时压低了构成美国人退休积蓄绝大部分公司的价值。

基思·吉尔的退休至少当时看起来是有保障的。截至当天结束时他的净资产已达到4 700万美元，其中近1 400万美元已经安全地变现了。那天，《华尔街日报》记者朱莉娅-安布拉·魏尔兰（Julia-Ambra Verlaine）冒雪从纽约开车过来，在波士顿郊区与吉尔的母亲交谈。一位《华尔街日报》读者的伊莱恩·吉尔说，她确保要让记者与她的儿子取得联系[4]。

在将吉尔的在线角色与本人联系起来之后，其他记者也试图联系上她。6年前，他在新罕布什尔州解散了一家名为"咆哮小猫有限责任公司"，注册材料上的名字与麻省人寿保险公司（MassMutual）财务咨询部门In Good Company网站上的照片相匹配。这张照片是YouTube上那张现在著名但仍然匿名的照片，但是是更企业化、更简洁的版本。吉尔迎难而上，将他一段视频的屏幕截图粘贴到了"华尔街下注"论坛上，他作为DeepF**kingValue所作的一条12月更新中。第二天，魏尔兰将在波士顿一家酒店的大堂里对吉尔进行独家采访。当晚，摄影师卡亚娜·希姆扎克（Kayana Szymczak）在光线阴暗的地下室里为他快拍了证件照：红色的头巾挽住了他棕色的长发，多个电脑屏幕的蓝光照亮了他的脸。魏尔兰验证了吉尔的身份和他的交易头寸，让他登录了亿创理财账户，并在"华尔街下注"论坛上以DeepF**kingValue的身份发帖。

第十六章 2021 年 1 月 27 日

故事越疯狂越好

不幸的是,并不是每个记者都这么小心。在对普通人发小财的一片兴奋中,对白手起家的故事的搜求正在进行中——故事越疯狂越好。《纽约邮报》记者玛丽·K. 雅各布(Mary K. Jacob)星期三看到以下推文就上钩了:

刚刚在我父母的房子上进行了第二次抵押贷款,当时他们正在工作以购买更多的美国电影院线和游戏驿站股票。

雅各布私下给这篇帖子背后的 22 岁的杰克·韦斯特(Jack West)发了消息,并在第二天公布了关于自己如何使用高清视频会议软件 Zoom 来联系当地银行取出抵押贷款的叙述。而事实却是即使最粗心的银行业者也不会落入这种笨拙的诡计。除此之外,两天之内将资金存入交易账户是不可能的。《福克斯新闻》后来在韦斯特承认他们被骗之前转载了这篇文章。[5]

毫无疑问,在社交媒体上大肆宣扬他们那一周辉煌战果的鲁莽赌徒和一夜暴富的百万富翁中间确实还有很多其他的伪装者。然而,许多人的故事都是真实的,因为错失恐惧症生了根,人们在股价将要见顶时蜂拥而至。萨尔瓦多·维加拉(Salvador Vergara)就是不幸选择了错误的时机作冒险尝试者之一,他是一位来自弗吉尼亚州的 25 岁保安,在此之前他在自己的财务生活中做成了很多事情。他和父亲住在一起,吃"很多米饭",开一辆几乎和他年纪差不多的本田思域，设法在指数基金中积蓄了50 000美元。但他是"华尔街下注"论坛的成员，他在论坛上读到的内容说服他以高利率取出其中20 000美元作为个人贷款，以每股234美元的价格买入游戏驿站股票。

"我想它能够上涨到1 000美元。我真的相信那种炒作，这是一件很糟糕的事情。"[6]

为什么是1 000美元呢？因为那是论坛上的人们不断提到的价格，一个又大又圆、雄心勃勃的数字。然而，没有人提出令人信服的理由来说明为什么不是100美元或者10 000美元，也没有人确切地解释一旦邪恶的对冲基金破产，每个人将如何处理他们所持有的亏损零售商的股票——其现值是近期价值的250倍。截至当天，维加拉一直都是投资保守基金，以至于他无须对某一只股票的定价是否正确有一己之见。

但突然间他有了足够的信心用借来的钱进行一场豪赌。你可以将金融民主化推行到极致并增设金融教育，但大多数人却无权为股票提出一个公允的价格。拥有MBA学位和多年经验的分析师在提出目标价格方面也相当糟糕。在高科技公司股票引起的经济繁荣期间，他们经常对此束手无策，伤害了很多信任他们的散户投资者，并导致了对行业的一次严厉打击。但他们总该提出一个可以审查的预计利润吧！现在，证券或加密货币的价格只是一个绑定到某个符号或名称上的数字，而西装革履的专家们已经一次又一次地错失良机。游戏驿站股票和许多其他投资已经不再是股票——它们现在是"傻票"。

第十七章　哈哈，没什么大不了的！

"每个人都将它归类为雪茄烟头，然后继续前进……但这不是没有价值的，""咆哮小猫"一边把一支没点着的价廉细长雪茄放进嘴里，一边说，"最后抽它一口是给它一个将自己重塑为一个首屈一指的游戏中心的合法机会。"2020年8月，还不出名的基思·吉尔在YouTube上发布了关于游戏驿站的视频，当时观看人数可能还不到50人。人们不禁要问，有多少人看到了价值投资之父本杰明·格雷厄姆（Benjamin Graham）青睐的这家奄奄一息还有一点生命力的公司。格雷厄姆最好的学生沃伦·巴菲特将这种方法称为"烟蒂型投资"。

"虽然雪茄的残余部分可能又难看又湿漉漉，但它最后冒出来的那口烟却是自由的。"[1]

巴菲特从深度价值类别转向了依靠以合理价格购买的优质公司，诸如可口可乐、政府雇员保险公司（GEICO）和美国运通（American Express）来发财。吉尔是在以类似的方式暗示，这家视频游戏零售商除了价格便宜之外，还有更多吸引人的地方。撇开喝啤酒、抽雪茄和飙脏话，吉尔8月发布的视频和其他许多视频像任何专业基金经理可能会对一个投资委员会做的宣传一样稳妥合理。

这位特许金融分析师在几个月之内所积累的财富将超过绝大多数作为专业投资者在整个职业生涯中所积累的财富,而无须等着看他的论点是否没有漏洞。价值投资时常需要难以置信的耐心,但有时股票的拥有者会走运。吉尔通过激发那些将游戏驿站股票先推至目标价格,然后再推至该目标价格数倍的力量来帮助自己创造好运。具有讽刺意味的是,他花了一年半的时间提出了关于一只股票的一个完全合理的论据,而他的成功最终说服了数以百万计新手的投资者交易"傻票"。

"傻票"的崛起

"傻票",这个词很新,新到韦氏词典仍然将 stonk[2] 定义为"炮火的大量集中",而不是愚蠢投资。套用一句著名的台词来判断某只股票是否一只"傻票"——"当你看到它时你就知道了"。对于除了知道一个漫长的、几乎不间断的牛市,对金融业务只剩一种模糊看法的一代人来说,买一只傻票并仍然赚钱是有可能的,而且几乎可以肯定的是,这比你在某件保守的事情上投资赚的钱要多得多,也快得多——鱼和熊掌可以兼得。这意味着你完全不需要那么认真地对待投资。正如网络杂志《石板》(*Slate*)的乔丹·魏斯曼(Jordan Weissmann)所说:

> 这符合日内交易者的心态,他们把自己看作砸场子的人,正在

第十七章 哈哈，没什么大不了的！

戏弄华尔街，他们制作表情包把自己比作超级反派小丑①或复仇者联盟②，并且可能会在一家公司即将崩溃时故意购买它的股票，就好像他们是在《蠢蛋搞怪秀》③中故意被踢了一脚一样³。

然而，这里的诀窍是在脚踢到身之前卖掉疯狂的投资。一只乏味的旧股票最终可能会给你带来不错的、稳定的回报，但在2020年和2021年，一只股票的价格已经是拥有敏锐、金融头脑的严肃人士认为的5倍，价格可能会悬浮不定，直到它价值达到10—20倍。

"有一组股票已经开始走下坡路了，"社交投资论坛Stocktwits的创始人、前对冲基金经理和罗宾汉的早期投资者霍华德·林森解释说，他举起他的智能手机："如果你把它放在每个人的手中，你就是在玩一场金融行当的老鹰捉小鸡游戏。"在2020年，尤其是在2021年初，最先眨眼的是职业生涯和财富岌岌可危的专业人士。不过，帮助一些股票变成傻票的成员多数为年轻人和新人的投资者，他们并不是铁板一块。根据"华尔街下注"论坛上的许多帖子判断，一些人看到了游戏驿站股价预计会达到1 000美元，并认为该消息灵通的人已经找到了某种根据。有一些人只是看到一条线向上和向右移动，并认为他们可以在它停止上升之前跳上然后跳下——这就是大傻瓜理论。赛斯·马奥尼（Seth Mahoney）是罗宾汉的年轻客户，也是"华尔街下注"论坛的长期成员，属于后一个阵营。他说，他要在2020年，尤其是在2021年初不断浏览社交媒体，然后买入一只他几乎一无所知的股票，除了预感到人们开始推高价格以外。

毫不夸张地说，我愿在推特网上看到一些东西，而且愿意看到一些东西翻倍或涨到原来的3倍——这就是害怕错过。

他说，他经常买入太晚或卖出太慢，这样就会赔钱。一些傻票可以在数周或数月内对抗地心引力，只要它们能够保持势头并避免让人群转向一些新的迷恋对象。然而，重力最终会重新表明它是作数的。该对格雷厄姆说声抱歉，因为他最著名的名言被马奥尼篡改成了这样：从短期来看，市场是美国达人秀中的一集。从长远来看，你会被踢中[*4]。

"无法可信的故事"

在模因股票逼空的高峰期买入游戏驿站股票，并相信它会以某种方式达到每股1 000美元并保持足够长的时间让每个人都能获利，这无疑变成了一种痛苦的经历。交易限制可能打断了它的势头并加速了它的逆转，但具体到什么程度还很难说。

在1月28日达到每股483美元的峰值时，这家零售商的价值甚至是持乐观主义态度的分析师们估计的40倍还多，当时，在接受FactSet研究系统公司数据库的调查时，连一位给予它"买入"评级的分析师都没有。纽约大学金融学教授阿斯瓦特·达摩达兰实实在在写了一本关于公司估值的书，并被吉尔认为，这本书对他的思维

---

* 作者按：格雷厄姆的原话是："从短期来看，市场是一台投票机……从长远来看，它是一台称重机。"

第十七章 哈哈，没什么大不了的！

方式产生了影响。达摩达兰试图将故事延伸到最为乐观的版本，在这个版本中，游戏驿站不仅继续经营，而且在接下来的10年里它的销售额还翻了一番，同时取得了其历史上最好的利润率。即使如此，他发现也"没有任何关于游戏驿站的听起来可信的故事可以证明支付100美元的价格是合理的。"[5]

同样，没有故事可以讲述诺基亚和黑莓如何联手发明时间机器并杀死史蒂夫·乔布斯（Steve Jobs），这样苹果就不会主导智能手机业务，然后将他们的时间机器借给百视达公司，以便其高管可以改变主意，提早20年以5 000万美元的廉价要价收购网飞。模因股票正在使一些人变得富有，但它们根本就不是十分值得向往的生意。

与个人投资者相距一两步的华尔街机构对错失恐惧症也不能免疫，这关系到机构从业人员的职业生涯，因此它必须证明自己的合理性。它通过为不稳定的公司筹集大量资金来帮助它们变成稳定的公司，从而将一些"傻票"变成了股票。但对于高盛或摩根士丹利的银行家们来说，改变2021年1月的模因股票却是一个难以企及的目标，他们不能为之冒名誉风险。

与此同时，华尔街的另一部分——执行交易以及因为发送订单获得报酬的公司，如城堡证券、沃途金融、罗宾汉和微牛证券（Webull）——几乎也没有竭尽全力阻止世界上的"萨尔瓦多·维加拉们"用个人的抵押贷款以大出血的高价购买游戏驿站股票。订单流就是订单流，金融民主化是最方便的遮羞布。即使是华尔街的机构融资部分也从模因股票的繁荣中有所斩获，因为由天真的散户投资者购买的空白支票公司股票让它们在2020年和2021年赚了一笔承销费。

颠覆者

靠糟糕的选股赚大钱

新投资者们认为公司的股价与其背后的实际业务之间只有松散的联系是可以被原谅的：挑选赚钱的股票看上去似乎很容易。《华尔街日报》投资专栏作家杰森·茨威格（Jason Zweig）指出，截至由新冠引起的股市崩盘的新牛市出现一周年之际，覆盖美国市场的最广泛指数威尔希尔5 000指数（Wilshire 5 000）④中有96%的股票上涨。这样的成功率是前所未有的。

"即使选股不好，你也可以赚大钱，"他写道，"这就像被邀请在一个轮盘赌上无限制下注黑色而38个球槽中有37个是黑色的。"6

而且，赌场不同，股市上每个获胜的"轮盘号码"带来的奖励也不同。在模因股票逼空事件之前的几个月里，最好的回报是在最差的股票上，即那些最不可能盈利的公司和最有可能被卖空的公司的股票。在过去的几个月里，金融专业人士警告过人们不要做的投资——从加密货币到破产的汽车租赁公司，再到生产氢动力垃圾车的初创公司——已经让很多人赚了很多钱。

正如经济历史学家查尔斯·P. 金德尔伯格在1978年的经典著作《狂热、惊恐和崩溃》⑤中所描述的那样，这是一个即将破裂的泡沫的典型症候。

他写道："在后期，投机往往会脱离真正有价值的物品，转向虚幻的物品。""越来越多的人在不真正了解事情的情况下寻求致富。"7

这种模式在一段时间内会自我强化，但最终对于经验少的投资者来说是毁灭性的。而且，与互联网泡沫时期不同的是，模因股票是在华尔街典型的啦啦队——基金经理们和分析师们，缺席的情况下上涨的。如果他们在场的话，模因股票和他们就会成为敌人。

在某些模因股票于2021年春夏季节恢复了元气而一些分析师对此表示怀疑之后，社交媒体上的反驳变成了阴谋论。"这些阴谋"在不希望某些公司获得成功的对冲基金的口袋里。由于家人受到威胁而不得不报警的资深媒体分析师里奇·格林菲尔德（Rich Greenfield）并不孤单。大多数人宁愿选择不与暴徒发生冲突。

"对不起。我不想和猿类打口水仗或进行数学分析，"一位选择对全国广播公司财经频道保持匿名的人士说，"而且没有任何人能改变他们的想法。他们的思路没有灵活性。"[8]

华尔街的分析师在选股方面表现糟糕，而且常常自相矛盾，这是他们应得的名声，但专业的评级者往往会在另一个方向上犯错。《华尔街日报》对分析师们关于蓝筹股的建议进行的一个研究发现，在11 000万次评级中，只有6%是"减持"或卖出建议。分析师们薪酬的很大一部分来自所谓的"公司接入"，即在券商的客户与管理层之间牵线搭桥使其相遇的活动。这种"接入"常常因为与有利的报道绑定在一起而产生利益冲突。但有些股票的价位实在高得太离谱，以致他们无法一本正经地加以推荐[9]。

即使是与金融游戏没有任何关系的记者，也被描绘成一个让零售交易者们陷入贫穷的阴谋的一部分。《市场观察》（*MarketWatch*）的一位不幸的技术记者写了一篇关于2021年3月的一天游戏驿站的股价暴跌30%的报道，但由于软件故障，这篇文章在其他地方被转载，在股价大幅下跌前几个小时印了一个时间戳。人们拒绝这种无辜的解释，这位记者被指控提前知道对冲基金会导致股票暴跌，并在社交媒体上受到骚扰和驱赶。

纵然投机者们倾向于怪罪或干脆忽视带来坏消息的人，股市也有它的自我纠正机制，最终有助于将"投票机"变成"称重机"。很多股票的拥有者是对公司的价值多少有所了解的企业高管或基金经理。如果股价突然达到这个数字的数倍，那么他们就会卖出，而他们的卖出会给价格带来压力。但2020年和2021年的零售买盘是如此之多，以至于许多股票还是继续上涨。

一旦一只股票成为对其所代表的业务不感兴趣的散户投资者的唯一保留地，它就像一群豆豆娃爱好者在全世界都认为他们糊涂的时候互相买卖曾经值得收藏但现在一文不值的玩具娃娃。你可以发笑，但这对买卖没有影响，直到价格高到没有人愿意多付一美元。然后不幸和天真的人就变成了"背锅侠"——人们陷入了持有价值下降的投资僵局。这样的事什么时候会发生是无法说清的。

从理论上讲，非理性价格还有另一个刹车——卖空股票。对冲基金布朗特资本（Bronte Capital）的经理约翰·亨普顿（John Hempton）表示，在市场极度泡沫之际，比如2021年初，许多股票明显被高估，寻找目标股票就像射杀桶里的鱼一样。但突然间，正如他对彭博社的采访者所说的那样："鱼开始回击了"[10]。随着股票在没有规律或理由的情况下从这一天到第二天飙升，进行一项理论上会让你遭受无限损失的交易而风险变得太大，卖空者逃跑了，于是就没有人愿意留下来帮助价格反映基本的经济价值了。

在傻票的表现远胜于股票、人气胜过盈利能力的环境中，戴夫·波特诺伊可以直截了当地说不知道自己在做什么，从一袋拼字游戏字块中拣出股票代码，仅仅为了让数千人只管冲出去买入它们所代表的股票。这可能很好玩儿，但这是不正常的或不健康的。茨威格委托别人研究了"华尔街下注"论坛上的语言，这项研究表明，论坛成员在帖子中嘲笑自己智力的频率与模因股票价格的飙升相吻合。在这里，"智障"是一个荣誉的徽记。

对那些一直在击败年长和聪明的投资者的人说教，告诉他们一只股票的价格仅是其未来现金流的总和，并不是特别有成效。这些知识可能是你在金融教科书中读到的。但在 2021 年 1 月，"华尔街下注"和其他论坛上的许多人都拿得出净资产来向你显示他们有多聪明，或者他们可以指出有些人在社交媒体上的可能经过润色的好成绩。正如人们所说，成功是最坏的老师。

对于那些亏了钱的人来说，那个时刻的股市甚至更像是一个赌场，赌台经理在延长午休时间，赌场似乎不再有优势。为什么不继续掷骰子直到他回来？或许他永远不会回来呢？

但他总是回来。即使是那些做购买和持有指数基金等保守投资的人，也会在市场上经受一些大的损失，而正是这些损失所带来的心理痛苦和时不时令人不安的波动，使股票成为在长远来看是如此之好的投资——回报必须高到足以补偿你坚持下去的压力。投资新手们如果听从那些发表情包的人的建议，就是在为破产做准备。

就像押注赛马

从表面上看，数百万年轻人在 2020 年和 2021 年初开始投资股市是一件好事。很少有人为他们的未来储蓄和投资，但只有在几十年的时间内他们能够拥有驾驭市场、创造财富的力量时，金融民主化才会对他们有利——这样才不会最终落得像傻瓜那样，在一只股票最后崩盘时还持有它，也不会相信自己赔钱的原因是市场以某种方式被操纵了。这可能会阻止他们长期留在股东阶层。只有15%的美国家庭直接持有股票，近一半没有任何投资，这会助长社会不平等和迫在眉睫的退休危机。

而问题就出在这里：公司将他们引入股市并告诉他们，他们"天生就是投资者"、该做他们受激励去做的事情——要让他们去投机。这并不难，任何年龄的潜在客户都已经很容易接受任何类似某种赌局的事情了。特涅夫为使他变得非常富有的行当辩护，写道"建立财富应该是有趣的，而不是复杂和困难的"，就好像两者相互排斥似的。它们不是相互排斥的，但将市场变成一个会养成习惯的视频游戏与为你的客户做最好的事情恰恰可能是相互排斥的。用也许是有史以来最伟大的投机者乔治·索罗斯的话来说："如果做投资是娱乐，如果你玩得开心，你可能就赚不到钱。好的投资是无聊的。"[11] 一家摆明是通过交易而不是通过积蓄的增长来赚钱的经纪公司只关心让你"进门"并让你尽可能活跃。在疯狂的牛市中，事实证明了零售经纪商的商业主张比多年来埋头实务赚钱的公司的做法更有吸引力。例如，在模因股票逼空的短短一天之内，罗宾汉吸引的客户就超过了以13岁年龄、专注于千禧一代的机器人顾问公司Betterment，后者将其客户纳入具有成本效益和税收效益的指数基金。

"这些经纪公司正在做的就是使风险民主化，"Betterment的行为金融学和投资副总裁丹·伊根说，"而他们正在取得不错的、稳定的

第十七章 哈哈，没什么大不了的！

回报。"

在吉尔、弗拉基米尔·特涅夫和其他人在国会作证之后不到一周，巴菲特 97 岁的老商业伙伴查理·芒格（Charlie Munger）在日报公司（Daily Journal Corporation）的股东大会上被问及关于这位经纪人的事情。他的反应不如伊根那么圆滑。

"当你让很多人利用流动性股票市场像押注赛马那样赌博时，就会发生这种事情，"他说，"从这群新赌徒那里获得佣金和收入的人助长了这种狂热。而且，当然喽，当事情变得极端时，你就会遇到类似那次逼空的事情。"[12] 罗宾汉的一位发言人很快就上钩了。

一网打尽之下整整一代投资者都受到了批评，而这通评论忽视了当今我们国家正在发生的文化转变。罗宾汉的创建是为了让那些无缘获得世代财富或随之而来的资源的人得以开始投资美国股票市场[13]。

这篇发言称芒格的赛道是"令人失望的和精英主义的"。

很难找到一位比芒格既更年长又更富有的批评家，但要找到一位更聪明的批评家就更不容易了。本书可能在很大程度上充满他对人类愚蠢的洞察，而且全部的书籍都是如此。在他的回应中他没有退缩。

"我憎恶这种引诱人们参与投机狂欢的行为，"他说，"罗宾汉可能会称之为投资，但那都是胡说八道。"[14]

另一位因取得成功而出名的价值投资者塞思·克拉曼（Seth Klarman）写了一篇受人喜爱的经典之作——寓言《交易沙丁鱼》，来描述人们投资一个纯粹的投机性对象时的疯狂劲头。

颠覆者

当沙丁鱼从加利福尼亚州蒙特雷的传统水域消失时，流传着一个关于沙丁鱼交易中的市场狂热的古老故事。大宗商品交易商将沙丁鱼的价格抬高，一罐沙丁鱼的价格也涨了很多。有一天，一位买家决定用一顿昂贵的饭菜款待自己，于是就真的打开一个罐头开始吃鱼，结果立即就生病了。他告诉卖家沙丁鱼一点都不好。卖家说："你不懂。这些人不是在吃沙丁鱼，而是在交易沙丁鱼。"[15]

要么在某只股票上，要么在某只"傻票"上，你都可能赚10倍或损失90%的钱，但你必定会像不知情的沙丁鱼买家那样将其中的一条误认作另一条，就像分不清股票和傻票一样。选择良好的时机或对人群心理的敏锐程度可能恰恰会帮助你在傻票上赚钱，除非你对公司采取一种准宗教式的奉献态度，就像一些人在游戏驿站故事中开始做的那样。

警告这一切的人很容易被描绘成因错过了一件好事而脾气暴躁的家伙。然而，即使是在一年半前帮助游戏驿站股票取得成功并获得可观利润的迈克尔·伯里也对他所看到的情况感到不安。在模因股票逼空期间，他发布然后迅速删除了一条推文。

如果我让你了解到游戏驿站股票，而且你做得很好，我真心为你感到高兴。然而，现在正在进行中的事情——可能会有法律和监管方面的问题。这是不自然的、疯狂的和危险的[16]。

在愚蠢的投资中，牛市的定义短语是从社交媒体对政客行为不端的评论中借用的："哈哈，没什么大不了的！"然而，如果每件事都不要紧，那么麻烦就会接踵而至。

投资者利益的辩护人芭芭拉·罗珀警告说："如果我们打算接受某物的价值就是另一个人将要为它付出的代价，而它本身并没有真正的价值，那么我们就是在玩某种危险的东西。"

人们可以争议任何股票的价值，这就是股市存在的原因：每个买家都有一个卖家，反之亦然。罗珀暗示的危险是：金融市场说到底是公司筹集资金和个人投资企业的一种方式。如果投资只是一些与股票代码绑定、不考虑其背后公司健康状况的数字，就有可能会把一个在为下一家苹果公司筹集资金方面仍然非常有效的系统弄成一个笑料。

"相反，市场狂热的浪潮退去的那一刻，就是那些处事轻率、不负责任的公司暴露出来之时。"揭露了安然的恶作剧的做空者吉姆·查诺斯解释说。正是这种类型的故事，除了使大量资金灰飞烟灭外，还让普通储蓄者认为市场被操纵了。

"对互联网泡沫时期所有欺诈行为的愤怒，部分原因在于散户投资者被毁掉了。人们说：'你看，美国公司本身就不正派——我要把钱投到房地产上。'"而我们都知道那是怎样结束的。

第十八章 2021年1月28日

让人交易

各家公司投入巨大的精力要让它们的营销信息像病毒一样传播开来，但它们很少成功。但是，当罗宾汉2016年的四字推文"让人交易"充满讽刺意味地在近五年后重新出现在标语牌、T恤和面带讥诮的表情包上时，其高管们可能高兴不起来。

当然，他们还有很多的事情要担心，比如，在半夜找到30亿美元。弗拉基米尔·特涅夫在太平洋时间1月28日（星期四）凌晨3点30分接到了运营团队打来的一通电话。股票开始在纽约交易前三个小时，罗宾汉的清算中心——确保参与生意的每个人都得到报酬的组织——通知该公司，它需要提交巨额抵押品才能继续运营。

要它那样做是不可能的。取而代之的是，罗宾汉不得不通过限制几只被炒作得最厉害、抵押借入最多和波动最大的股票的交易来激怒其客户，把自己包装成一个政治上的出气筒，从而大大降低清算中心关于抵押品的要求,但这样做也沉重打击了正在进行中的模因股票逼空。起初,受到交易限制的有 8 只股票:美国电影院线、黑莓、万能卫浴寝具批发商城(Bed Bath & Beyond)、美国运通、游戏驿站、高斯、裸牌(Naked)和诺基亚。该清单随后扩大到更多公司的股票和期权,但限制略少。

"我们持续监控市场并在必要时做出改变,"该公司在一篇博文中写道,"鉴于最近的市场波动,我们把某些证券的交易限制在仅仅平仓……我们还提高了某些证券的保证金要求。"[1]

通过确保其客户不会购买更多的主要模因股票,并通过间接迫使一些人在使用保证金债务购买这些股票后卖出或投入更多的资金,罗宾汉将其即时抵押贷款减少到 7 亿美元。它不得不从银行提取了它的全部信贷额度并在当天晚些时候迅速从投资者那里筹集了 10 亿美元。它将在未来几天再筹集数十亿美元。德美利证券和盈透证券(Interactive Brokers)等竞争对手也被迫实施限制措施,但他们并没有面临类似的融资需求。这进一步证明了罗宾汉的客户就是那些最有可能一直在推高模因股票并且一直在使用保证金债务的人。

在那些已经对天生腐败的金融当权派满腹牢骚的"华尔街下注"论坛用户看来,经纪人的举动证实了他们的怀疑。传播广泛但错误的指控称,对冲基金进行了干预以迫使罗宾汉出手。这些指控不仅在社交媒体反复出现,而且在国会大厦又遭到令人震惊的袭击三周之后,政客们和电视名人也在争相报道。这是一个无论政治派别、人们都能认同的坏人。那天是戴夫·波特诺伊为他的亿创理财日间交易账户提供资金的八周纪念日,当晚,他应福克斯新闻主持人塔克·卡尔森(Tucke Carlson)的邀请,向该网络收视率最高的节目的观众评估游戏驿站逼空事件和罗宾汉的激烈举措。

"市场操纵确实存在,也确实有对冲基金控制游戏,对此我从来没有像今天这样深信不疑。"他说。

城堡资产管理公司几天前向梅尔文资本注入了资金而城堡证券处理了罗宾汉交易的最大份额,这一事实对阴谋论和混乱产生了进一步推波助澜的效果。两家公司共享同一个名字"城堡"和同一位控股股东肯·格里芬,这家证券公司在那周处理了大量的零售股票和期权订单。对冲基金仍然可以交易而普通人却不能交易,这种不公平被一次又一次地提出来,好像这些基金急于购买现在被严重高估的模因股票似的。

有很多像波特诺伊这样的评论者,要么不理解正在发生的事情,要么选择不去理解它,这样他们就可以通过支持弱者来提升自己的品牌知名度。客观的新闻媒体并没有放大阴谋论,但绝大多数文章集中在斗志昂扬的革命者和另一边受到震惊的华尔街人士身上。这些才是获得点击量的故事。只有少数几个煞风景的家伙指向了一个事实,即几乎炸毁了这个系统的人正是革命者自己,而这几个家伙还要小心翼翼地避免听起来像是在指责受害者。正如人们所说,是记者撰写了历史的初稿,而大多数公众唯一记得的版本正是初稿,而不是尘埃落定后出现的更细致入微、信息更丰富的版本。然而,真相却是:模因股票逼空背后的力量到那时已经暗中酝酿一年多了。社交媒体加免费交易应用程序一直是为华尔街带来意外之财的强有力的组合,只是它们在逼空期间工作得太好了。即使是世界上最复杂的金融系统,其强大也止于它最薄弱的环节,而罗宾汉根本没有资金或组织方面的影响力来帮助它释放那个生物。

第十八章 2021年1月28日

这个系统作为一个整体弯而不折,但这一次真的是千钧一发。而且,在数小时内就对35名被告提起了集体诉讼这个事实是一个迹象,它表明美国拥有一个与金融市场一样有效的法律体系。这些被告包括几家零售经纪商和梅尔文资本,它们已经不再拥有游戏驿站股票的空头头寸了。

"这些被告没有利用他们在金融市场上的敏锐进行竞争和抓住良好机会作投资,从而弥补他们空头头寸的损失,或者为他们高度投机性的糟糕押注付出代价,而是策划出一套反竞争阴谋来限制相关证券的交易,"律师约瑟夫·萨维里说,"如果没有一种违反反托拉斯法的协同努力,一次经纪商中波及面如此之广的禁止交易行为是不可能实现的。"[2]

甚至在交易受到限制之前,"华尔街下注论坛"的用户们就感到愤愤不平。周三晚些时候,该红迪网子板块短时间无法登录,这是版主们在处理新用户人数的剧增时采取的行动。不久之后,该群组的服务器被Discord社区下线①,原因是该群组在公司反复警告之后仍使用种族诽谤性的辱骂词句——这提醒人们应该注意到一些成员的阴暗倾向。论坛创始人詹姆·罗戈津斯基是个犹太人,娶了一位墨西哥女性,他在当天上午发表的一次采访中将论坛上的偏执和同性恋恐惧症列为2020年春季他与该群组分裂的原因。"有少数摩斯派②确实是白人至上主义者。"他说[3]。

在有消息称该红迪网子板块已经被下线之后,游戏驿站股价在盘后交易中暴跌30%,但该论坛用户群组在一夜之间获得了超过100万新成员。

然而,在1月28日(星期四),游戏驿站股票尽管受到交易限制，其价格仍然一度飙升至每股 483 美元，创下历史新高。它曾经在短时间内是小型公司罗素 2 000 指数中最有价值的股票，这就意味着一群永远不会卷入一场造反来逼空对冲基金的被动投资者，通过安全、无聊的指数基金拥有了相对于模因股票不小的敞口。但这不会持续很长时间：在一轮罕有出现于低价股范围之外的波动中，游戏驿站的股价在一个半小时内暴跌至每股 112 美元。

基思·吉尔的名字现在开始在一些新闻报道中出现，他是"咆哮小猫"和 DeepF**kingValue 这两个化名的幕后人物。当天他的净资产按照游戏驿站公司的最高股价计算，在短时间内超过了 5 000 万美元。然而，到一天结束时，这一数字已降至 3 300 万美元。红迪网子板块上他的追随者们可能也赔了钱，但远没有他赔得多。看到他们的英雄坚守阵线，他们欣喜若狂：

他的资金总额纹丝不动[4]。

直到那个时刻，模因股票逼空的"我们对阵他们"的阶级斗争方面还主要存在于红迪网子板块一些成员的头脑中。只能怪安德鲁·勒夫特直接挑战了他们，他和加布·普洛特金都在遭受惨重损失后于 1 月 26 日之前退出了空头头寸。

恰好在一个"何不食肉糜"的关口，一位对冲基金亿万富翁挺身而出扮演坏人。78 岁的欧米茄家族办公室经理莱昂·库珀曼在周四的午餐时间向全国广播公司财经频道发表了他的评论："市场之所以是现在这个样子，是因为人们坐在家里从政府那里拿支票，好吧，这个'公平分享'就是一个胡说八道的概念，"他说，"这只是攻击富人的一种方式。"[5] 而达拉斯小牛队的老板马克·库班（Mark Cuban），是一位更年轻、酷得多的亿万富翁，也是全国广播公司财经频道的常客，则采取了相反的步骤。他在星期三晚上的一条推文中写道，他11岁的小孩在那个论坛上通过交易股票赚钱，"我得说我喜欢'华尔街下注'论坛上正在发生的事情。多年来，高频交易者们一直利用内幕消息抢在散户交易者们前面交易，而现在信息和零售交易的速度和密度正在为散户带来优势。"[6]

丹·内森（Dan Nathan）是为基金经理们提供建议的 Risk Reversal Advisors 的负责人，也是全国广播公司财经频道的名人，对库班的推文做出了回应，他指出人们对散户在华尔街的游戏中击败华尔街感到兴奋之际到底正在发生什么。

我猜想，到了尘埃落定的时候，高频交易者们和期权批发商们会是真正的赢家，他们会在上下波动中赚钱。赌场总是赢嘛……为他们的成功喝彩，但也别忘了"风水轮流转，明年到我家"[7]。

监控局势

红迪网的革命给人的感觉就像是那种人们大喊大叫要求政府介入，但政府也很难知道该做什么或说什么。白宫新闻秘书珍·普萨基（Jen Psaki）在她履新一周后被问及政府对这次逼空事件的看法时说，拜登总统的经济团队正在"监控局势"[8]。拜登本人没有听到，或者明智地假装没有听到记者们关于游戏驿站大声喊出的问题。

缺少一位活跃的负责人的美国证券交易委员会在拜登就职一周后才勉强发表了一份平淡无奇的声明：

我们意识到并积极监控期权和股票市场的持续市场波动，而且我们正在与其他监管机构按照符合我们保护投资者和维护公平、有序和高效市场的使命的方式，合作评估形势和审查受监管实体、金融中介机构和其他市场参与者的活动[9]。

经纪商们的自律组织金融业监管局对其管辖范围内的公司暂停交易保持了沉默。第二天，它发布了一篇似乎针对"华尔街下注"论坛现象的博客文章：《随大溜：投资与社交媒体》。"无论你是从哪里获得交易洞察力的，也无论你是否在遵循某种建议购买股票、债券、期权或其他东西，都要知道：哪里有机会，哪里就有风险。"[10]

美国证券交易委员会的投资者教育与倡导办公室在同一天发布了类似的公告。该指南本身没有任何问题，但教育最新投资者的两次尝试都发生在他们损失数10亿美元的那一天，而这些组织没有采取任何措施来组织，这绝非偶然。

"教育是维持现状的一种方式，而看起来你是在帮助别人。"机器人顾问公司Betterment的董事长乔恩·斯坦因（Jon Stein）嘲笑道。该公司不允许客户购买个股。

模因股票逼空事件和罗宾汉的资金危机令当局和其他人感到意外。不过，股票零售活动和风险行为的激增到那时已经持续一年了。新闻报道已经有数十条，以年轻投资者为主的投资者进行了高风险投资，而其中很多人显然并不理解投资。你在手机上安装最新版本的 iOS③时都未必会仔细查看合同，这些投资者就更不可能阅读比你的合同长得多的公司破产申请或者详细说明期权风险的 183 页表格了。

金融业监管局或政府监管机构应该不难理解，当罗宾汉的一些客户过度活跃又不谙世故时，那种被广泛复制的商业模式蓬勃发展，而最热门的那些"交易洞见"之所以奏效，似乎正是因为这么多人同时采用它们。如果说有一个遏制这种发展的时机，那么这个时机就是早在模因股票逼空和交易限制使散户交易者既成为英雄又成为受害者之前。现在，经纪商们正在被塑造成坏人，但不是因为充当了不明智投机的推动者。政治光谱两边的政客们都在叫嚣着要"让人民交易"。

要求夜总会的狂欢作乐者们降低噪声不会为你赢得任何人气竞赛。不过，尤其不欢迎这种要求的是夜总会老板。在美国，金钱等于影响力，金融公司是迄今为止所有行业中最大的政治捐款提供者。不只是经纪商们和批发商们正在从零售交易的激增中大发横财，几乎不与公众直接互动的投资银行也是如此，这是因为交易收入激增以及空白支票公司的产品继续以创纪录的速度获得证券监管机构的批准。尽管这些产品受到散户投资者的喜爱，但它们带来的回报如此严重地向其背后的金融家倾斜。因此，2021 年第一季度发行的空白支票公司股票数量超过了 2020 年全年，而 2020 年本身就已经是创纪录的一年了。

在几乎没有采取任何行动之后，监管机构除了表现出担忧之外还能做些什么这一点还不清楚。情况变化不定，罗宾汉除了可能渗透到社交媒体网站的个人或组织可能实施了操纵外，没有明显的不当行为。不幸的是，对于罗宾汉，成为这个故事里公众眼中的反派是出于完全不同的原因：不允许其客户继续购买模因股票。有一个解释能够说明特涅夫是无辜的，但政客们看到了风向。与监管机构不同，他们并不惮于先开枪再提问，而他们提出的大多是些错误的问题。

第十九章　穿紧身衣的男人们

他们说没有坏名声这回事。

2021年1月29日，一位年轻的社交媒体营销人员可能已经一劳永逸地证明了这一点，当时他雇了一架飞机飞越旧金山，后面拖着一面横幅，上面写着"罗宾汉，去你的！"卡斯帕·波维兰斯卡斯给了飞行员额外的一点钱，让他绕着这家经纪商在城市南部的门洛帕克总部转了几圈[1]。

与此同时，在社交媒体的愤怒情绪怂恿下，约有10万用户进入谷歌Play商店，给罗宾汉的安卓版应用程序一星评价，故意使其整体评分大大下降。谷歌随后删除的众多截图内容如下：

通过阻止购买他们不希望你购买的股票，名副其实地进行非法市场操纵。不惜一切代价远离这个应用程序吧！

还有，可能最令人尴尬的一个插曲是迈克尔·博尔顿（Michael Bolton），在YouTube上发布了一首歌曲，改编自他1989年的热门歌曲《没有你我该怎么活》，讲述了备受争议的订单流付款的做法。

这条信息是由罗宾汉的一个规模小很多的竞争对手 Public.com 赞助的，该公司在接下来的星期一表示，它将取消为订单流付款这种做法，并为其他经纪商支付新客户的账户转账费用。

在罗宾汉的许多客户出生之前，博尔顿就高居软摇滚榜榜首。这位歌手用软绵绵的低嗓唱道：

"你可能在想　我究竟怎么才能再次信任你

关于分手　我知道一两件事

我简直不敢相信我今天在红迪网上看到的

希望我能直接从你那里搞清真相

他们告诉我订单流　所以我谷歌搜索了　现在我知道了

我想我得找个新人了

告诉我你都是把我的交易卖给谁的"[2]

愤怒迅速从网络和航空烧到法庭。在纽约南区实施交易限制的同一天，一起集体诉讼被提起。诉状声称说："罗宾汉的行为是故意的，目的是操纵市场以造福于不是罗宾汉的客户和金融机构。"[3] 接下来的一周，就有 30 多起类似的诉讼发生。根据一份监管机构文件，在 6 周内有 46 起诉讼。红迪网为那些有兴趣起诉的人设立了一个单独的子板块"红迪/罗宾汉集体诉讼"，截至 3 月底，该子板块已经有 44 000 多名成员。

其他名称相似的组织也接到纷至沓来的仇恨邮件。一家也是名为罗宾汉又恰好是从对冲基金得到很多支持的纽约慈善基金会——加布·普洛特金的旧老板史蒂文·A. 科恩是该慈善基金会董事会的名誉成员——被迫一再纠正人们的误会[4]。英格兰诺丁汉的万国罗宾汉协会是那位与公司同名的传奇人物的十名发烧友组成的一个团体，它决定要拥抱这种疯狂。

"恐怕我们只懂得老式的'股票'。"该协会的一条推文说,它指的是散户投资者不会介意让弗拉基米尔·特涅夫遭受中世纪惩罚:戴足枷或手枷[5]。①

说唱歌手 Ja Rule 和深夜脱口秀主持人等名人抨击了经纪商罗宾汉。斯蒂芬·科尔伯特(Stephen Colbert)说:"哦,除非你们赔了钱,否则你们全都支持不公平的资本主义。来吧伙计们,市场没有被操纵。这只是市场的看不见的手在向你伸出看不见的中指。"[6]往往还在停下来了解实际发生的事情之前,政客们就立即察觉到风向。在政治积怨剧烈的时期,对罗宾汉以及邪恶的对冲基金的抨击是左派和右派似乎一致同意的一个重要议题。

"这是不可接受的,"自由派的纽约女议员亚历山德里娅·奥卡西奥-科尔特斯在 1 月 28 日发推文说,"我们现在需要更多地了解罗宾汉应用软件(@RobinhoodApp)在对冲基金可以自由交易股票的同时阻止散户投资者购买这只股票的决定。"[7]

几分钟后,保守的得克萨斯州参议员特德·克鲁兹转发了她的帖子,并补充说:"完全同意。""显而易见,它似乎有利于少数有钱、有影响力的参与者而牺牲了普通公民和普通商人的利益。"后来他对记者们说[8]。

小唐纳德·特朗普也参加进来表示:"还没有一天时间,大型科技公司、大型政府和媒体企业就立即采取行动,开始串通一气,保护他们在华尔街的对冲基金伙伴。伙计们,这就是一个被操纵的系统的样子!"[9]

再回头来看左翼。伯尼·桑德斯那个周末在美国广播公司

（ABC）的早间脱口秀节目中表示，这一事件证实了他对高级金融的悲观看法："我一直认为华尔街的商业模式是欺诈。我认为我们必须非常严厉地审视对冲基金和其他华尔街参与者的非法活动和无耻行径。"[10] 罗宾汉在推文和博客文章中解释了为什么必须采取行动的技术细节，并强调它面临着来自监管机构大幅增加的资本要求。虽然对几家对冲基金来说它的行动可能来得正是时候，但不受限制的更多模因股票购买活动会使罗宾汉破产，并给其他基金造成严重的损失。不管怎样，这样的结果差点就出现了。

密苏里州的共和党参议员乔什·霍利（Josh Hawley）是少数几个不指责罗宾汉限制交易以拯救对冲基金的人之一，尽管他在一篇热情洋溢的文章《打电话给华尔街就是虚张声势》中弄错了许多事实，包括将保守派对沿海地区精英愤怒，以及被指控对右翼人士不公平对待的社交媒体平台，与罗宾汉搅到一起。

"精英们很乐意提供帮助。罗宾汉登场了，从富人那里偷东西。罗宾汉是散户的交易平台，不收费、不麻烦。据称这是大型科技公司在又一次使精英占领的另一个美国生活领域民主化。就像所有的技术平台一样，罗宾汉并不是真正关心它的用户。它将用户交易数据出售给大玩家（如城堡等精英），从而向它们提供关于散户投资者资金流向的内幕消息来牟利。"[11] 撇开误解不谈，霍利和所有批评者一样最初都没有领悟到罗宾汉的资金危机有多么严重。如果该公司没有迅速采取行动，并且其聪明的商业模式不曾对拥有数10亿美元闲钱的潜在投资者们如此有吸引力，那么本书的内容可能就是关于一次雷曼式的市场恐慌，而不是关于大卫和歌利亚在模因股票上的一场战斗了。经济学家、剑桥大学皇后学院院长、地球上最受尊敬的金融业智者之一穆罕默德·埃里安（Mohamed El-Erian）表示，市场非常接近于一场"意外"，受其迫使而陷入困境的金融公司本来可能还会多几家[12]。

但纠正国会议员或激怒 25 岁年轻人，既不明智也没有效果。当罗宾汉本来应该正在享受有史以来最好的一个月时，它这样一家以劫富济贫的民间英雄命名的公司却被指控做相反的事情，以及跳过美国资本市场走捷径来帮助最受鄙视的富豪群体——对冲基金经理，这对罗宾汉来说似乎是一场彻底的灾难。全球金融危机对罗宾汉的年轻客户们来说是一件具有影响力的事件，加之在扩大收入不平等方面也在影响着罗宾汉，10 年多后的 2021 年，罗宾汉似乎在背后捅了他们一刀。

数以百万计的新客户

许多用户在社交媒体上声称，罗宾汉于 1 月 28 日限制了模因股票的交易后，他们已经断绝了与罗宾汉的关系。不过，人们说的和做的有很大的不同。在模因股票交易受到限制的同一天，罗宾汉应用程序有史以来首次上升到 iOS 应用商店上下载次数的最高排名（红迪应用程序排名第二，这还是第一次。受到"华尔街下注"论坛的英雄事迹的鼓舞，红迪网的成员人数一周内翻了两番）[13]。

1 月 29 日（星期五），就在挂着横幅的飞机在罗宾汉公司总部上空盘旋、一些交易仍然受到削减时，根据 JMP 证券公司的数据，罗宾汉应用程序的每日下载量达到了创纪录的 600 000 次，比 2020

年的 3 月里最佳的一天高出 4 倍。整个 1 月，它在 iOS 和 Google 上的总下载量达 360 万次，而规模更大的经纪商嘉信理财的应用程序下载量仅为 93 000 次。适逢特涅夫在 2 月 18 日的国会听证会上受到严厉批评，而就在这个时候取消文化[②]也并没有给公司带来麻烦：罗宾汉应用程序在 2 月有 210 万次下载，比 2020 年 2 月增长了 55%，而对于罗宾汉和其他零售经纪商，2020 年 2 月本身就是一个繁荣时期。服务于同一年轻人口群的竞争对手，如微牛（Webull）和 e 投睿（eToro）也经历了业务的大幅增长。几个月来，并不清楚下载者中有多少人实际注册了，或者有多少现有客户心怀厌恶离开了。2021 年 7 月，罗宾汉用一条消息打消了其投资者的担忧：它在游戏驿站股价持续波动的那个季度增加了超过 500 万客户，并且在接下来的一个季度中又增加了接近 500 万客户。在短短一年半的时间里，它的客户数量翻了两番。模因股票逼空所带来的兴奋远远超过了交易暂停的负面影响。

恰好在 e 投睿等竞争对手大肆宣扬"优洛交易者"的广告淹没社交媒体的时候，罗宾汉能够有财力表现得更有尊严。它的大部分营销支出花在了类似抽彩的活动上，即向新客户和推荐任何人提供随机免费股票——这是一种非常有效的方法，在新客户开始交易后的几个月内就收回了成本。

罗宾汉表示，它在停牌后几天播放的超级碗广告是事先策划好的。它在那个冬天和春天的营销继续专注那些刚接触投资和被投资吓倒的人。2021 年 3 月，在其申请首次公开募股后不久，其网站上有如下宣传内容：

第十九章 穿紧身衣的男人们

每一位投资者都有一个故事要讲。请看罗宾汉是如何改变人们看待他们的财务状况和自身方式的。

该页面显示了一群不同种族的客户,例如 25 岁的安吉丽娜（Angelina）,她说:"我脑子里的投资者是穿西装打领带的人。罗宾汉改变了我这一点看法。"

它还描述了 30 岁的凯西莉亚（Kathyria）的情况,她没有时间接受"冗长的投资者教育",但无论如何都想投入其中:"借助罗宾汉应用程序,她能够学习基础知识并熟悉投资组合管理。一段时间之后,她能开始使用更复杂的交易方法了,这对自己的财务状况有了更多的控制权。"

唯一的白人男性是 60 岁的大卫——也是出镜该页面的唯一一个超过 33 岁的人。大卫不是一位指望驾着模因股票登月的客户,而是使用罗宾汉应用程序来"了解那些正在努力通过环境倡议和健康社区计划③来实现雄心勃勃的目标、从而改善地球状况的新行业"。

这一切都非常有益,罗宾汉在那年夏天的首次公开募股时估值为 330 亿美元,即每位客户约 1 500 美元,而安吉丽娜、凯西莉亚和大卫不太可能对此起了什么作用,发挥了作用的大多是年轻、男性、活跃且有足够的信心使用期权和保证金的投资者。如果他们购买股票是因为卖空者瞄准了他们,那么还有额外的红利,因为罗宾汉借助他们的股票赚了很多钱。那些在 2020 年签约的客户是截至当时最赚钱的一群人,为罗宾汉带来的收入比此前几年加入的客户都多。这也是特涅夫需要在半夜拿出一大笔现金的主要原因。

颠覆者

罗宾汉

罗宾汉竭力淡化优洛的形象。它在2020年11月表示，其98%的客户不是"典型日内交易者"[14]。这是经纪商自己的自律机构金融业监管局强加给所有经纪商的共同名称。如果某人在五天的周期内进行4次以上的往返交易④，而这些交易的价值超过其资产的一定百分比，它会将此人标记出来并可能暂停交易。

显然，至少有相当一部分罗宾汉的用户能够表现得过度活跃。例如，市场研究公司Alphacution研究学院（Alphacution Research Conservatory）2020年第一季度的一项的统计数据显示，罗宾汉客户在其账户中持有的每美元股票数量是嘉信理财账户的40倍，期权合约数量是其88倍[15]。

更大的疑问是他们是否应该被称为"客户"。在从公司购买一种商品或服务的严格意义上，他们大多数都算不上客户——交易是免费的，他们是从市场上的其他人那里购买股票。要不是他们向罗宾汉支付保证金利息或每月5美元的罗宾汉黄金账户费用，否则他们更像是拥有脸书账户或推特账户的人。一个社交网络的客户们就是它的广告商。最有价值的用户是最常使用它的用户，他们创建内容并为他们量身定制广告留下足够的个人识别信息。同理，罗宾汉的主要收入来源是向罗宾汉付钱取得其交易执行权的城堡证券和沃途金融等公司，或者借入罗宾汉客户的股票再将其借出给梅尔文等对冲基金的大型投资银行。它最有价值的用户是过度活跃的用户——那些最有可能成群频繁活动并使用金融衍生品或借钱的人。这套机制对这家经纪商来说所起的作用就像一条符咒，直到它的效力发挥得好得有点过头了。

由银行家变身博主的帕基·麦考密克想出了一个完美的短语来形容这套机制："罗宾汉罗宾汉了罗宾汉。"（Robinhood Robinhood Robinhood）。它鼓励客户的冒险行为，因为它从这种行为中获利[16]。

可是，如果你让越来越多的人承担大的风险，市场本身就会受到影响，就会造成大量的波动和价格变化。如果你鼓励使用借来的钱，其中一些人最终会收到"追加保证金通知"，他们会被迫卖出以偿还借款，而这可能会让他们变得一文不值。如果这种情况发生在罗宾汉的个人用户身上，那个人还真是倒了大霉——他或她应该已经阅读过了细则：请提供更多资金，否则我们不得不清算您的投资组合。

但追加保证金也可能发生在经纪商身上，它们的债权人更加谨慎——他们不会等经纪商真正面临资金短缺，因为那可能会使整个行业像一排多米诺骨牌一样倒下。在逼空期间，罗宾汉自身突然看起来像一个典型日内交易者。当借了太多的钱做投资的用户过于指望他们在红迪网或 TikTok 上听说过的那些飙升、极度波动的股票赚钱时，警钟就敲响了。因为这些用户的行为可能使罗宾汉陷入困境，如果这家经纪商因此而败落，那将影响其他经纪商。

没有阴谋

罗宾汉不得不停止进一步买入，而不是卖出几家公司的股票或期权，并迅速筹集大量现款，这样它就可以降低风险，从而降低追加保证金所需的现金量。这样做拉低了它的信贷额度，但它需要的金额仍然远远超过银行愿意借给它的金额。对于那些觉得对冲基金岌岌可危的散户交易者来说，暂停交易的时机选择似乎很合适。不过，暂停交易旨在挽救那些使他们能够进行交易的公司。

经纪商将它们的订单发送给批发商或交易所。它们依靠一个与众不同的组织——清算中心，来让每个人都得到他们应得的报酬。为了确保一家公司永远不会造成支付危机，它们将风险共同化——将风险分散到所有使用清算中心的公司，并要求这些公司留出现款或超安全的国库券等抵押品。作为金融危机之后改革的一部分，清算中心被宣布为"具有系统重要性"并面临更严格的规则。

如果有很多相互抵消的风险交易，这不是一个大不了的问题，但如果清算中心看到许多经纪商的客户都在进行类似的风险交易——例如，购买他们确信其价格会"飙升到月球"的少数几只模因股票的股份和看涨期权——那么经纪商们就要担心了。

人们购买的股票通常尚未支付。股票的结算是 T+2，即需要两个工作日钱才能到卖方账上。在一篇博客文章中，特涅夫将风险描述为系统的一个问题，推卸任何指责。他把解决这个问题听起来像是在呼吁治疗癌症：

> 现有的两天交易结算期使投资者们和这个行业面临不必要的风险……世界上最伟大的金融系统没有理由不能实时结算交易。我相信我们现在能够而且应该采取行动来部署我们的智力资本和工程资源以实现实时结算[17]。

第十九章 穿紧身衣的男人们

然而,他明白这就是罗宾汉在其中运作的系统。考虑一下吧:如果一位散户投资者在星期四早上用借来的钱以 480 美元的价格买了游戏驿站股票,而下星期一价格在结算前暴跌至 212 美元,会发生什么情况。该散户投资者的抵押品会不够,所以如果他不能立即拿出现款来,那么他的经纪商就不得不把股票卖掉。就模因股票而言,这些股票显然正走向巨大的逆转并且被如此多的客户所拥有,卖掉客户的股票所造成的损失可能伤害极大。清算中心看出了这一点。

不是每个人都以保证金购买模因股票,但罗宾汉在过去一年中增长迅猛,其保证金贷款也是如此——这是它在没有佣金的情况下赚钱的方式之一。罗宾汉于 2021 年 3 月提交的监管文件显示,有担保形式的贷款大幅增加。在 2020 年底,罗宾汉贷出给客户而客户未偿还的贷款有近 34 亿美元,是 2019 年底的 5 倍[18]。这一数字仅在 2020 年下半年就增加了 20 亿美元。然后在 2021 年的前 3 个月又增加了 20 亿美元。尽管保证金贷款有客户账户中的股票支持,但意外时有发生,而且当经纪商要求时,交易者们常常没有个人资源来为账户充值。2020 年,罗宾汉注销了超过 4 200 万美元的客户贷款[19]。

正如特涅夫在另一篇博客文章中解释的那样,对罗宾汉的每日存款要求由清算中心的风险公式确定,这一要求的金额在 1 月 25 日和 1 月 28 日之间增加了 10 倍。为了满足新的要求,罗宾汉突然需要更少的风险和更多的现金。到接下来的一周,它已经获得了总计 34 亿美元的新资本。这比罗宾汉作为一家公司在其整个历史中筹集的资金还要多。而其他经纪商虽然也面临着现金需求的增加,但其中许多家得到了大型金融公司的支持,而且没有一家客户对模因股票的兴趣像罗宾汉客户那样强烈——这一点只需回想一下罗宾汉与"华尔街下注"论坛之间的许多重叠之处就会很清楚。鉴于以上情况，全行业范围内的存款要求仅增加了30%[20]。

但结果很好，一切都好，对吧？令埃里安沮丧的是，"市场对避免一次事故发生的反应，一直以来就是要去承担甚至更大的风险"。[21] 用户对罗宾汉筹集现款请求的响应是压倒性的。尽管大多数罗宾汉用户很生气，但他们还是会留下来，而且每周都有更多的用户注册。不同于一家陷入困境寻求紧急融资的银行，甚至也不像梅尔文资本坚称自己提供的现金注入不是救助，罗宾汉获得的估值对本公司股票的买家来说并不便宜。保证金贷款是一项利润丰厚的业务，刚刚为数百万客户赢得了红迪网革命的优遇。在交易暂停仅仅几周之后和特涅夫在国会露面的一周之前，罗宾汉新获得的现款就帮助它在二级市场上的私人市场估值升至400亿美元。而就在5个月前，其上一轮融资时的估值为117亿美元[22]。

为订单流付钱

但在逼空事件后的几周里，没有任何人对罗宾汉的侥幸脱险提出指责。鉴于所有的愤怒，国会议员们和记者们不去纠缠于一件没有发生的事故是可以原谅的。

到2月18日的听证会开始时，众议院金融服务委员会的成员已经不再执着于对冲基金因交易限制而获得救助的神话。取而代之的是，他们花费了大量精力来探究罗宾汉和其他经纪商提供免费交易的可疑安排，这至少让他们离问题更近了一步。当罗宾汉暂停模因股票的交易时，订单流支付一夜之间从经纪业务的一个技术方面变成了一个被认为是确凿的证据。这肯定是某个非常坏的人出的主意。好吧，这话至少是部分正确。这种做法是在20世纪90年代初期由已故的庞氏骗局⑤策划者伯纳德·麦道夫（Bernard Madoff）开创的。

近如2004年，一位律师寄给美国证券交易委员会一份详细的投诉书，敦促该委员会禁止为期权交易的订单流付钱。他写道："这种做法扭曲关于订单传送路线的决策，是反竞争行为，并在交易经纪商和它们的客户之间造成明显和实质性的利益冲突。"[23]此人的雇主是肯·格里芬的城堡投资集团。格里芬拥有多数股权的城堡证券，后来成为零售交易热潮的幕后大赢家和罗宾汉的最大收入来源。

时代显然已经改变了。如果订单流付钱这种做法在今天被取缔，那么经纪业内大多数人都会过得还不错，但是像罗宾汉这样用小额账户去迎合人们并依赖其中一些人的过度活跃的公司，在保持交易"免费"方面会遇到问题。当美国证券交易委员会主席加里·根斯勒（Gary Gensler）在2021年8月的一次采访中表示，对这种做法的禁止已"提上议程"时，罗宾汉的股价下跌了8%以上[24]。作为罗宾汉赚钱有多难的证据，可以参照其竞争对手Public.com的情况：该公司在放弃了这种做法并聘请迈克尔·博尔顿挖走罗宾汉的客户之后，表示将直接把订单转到交易所，但会索取小费。

"直接转订单到交易所的成本更高，因此我们正在放弃PFOF（Payment for Order Flow，为订单流付钱）转而设立一个成本中心⑥，我们乐观地认为差额将被可选的小费功能所抵消。"该公司在一份声明中说[25]。

事实证明，这一提议很受欢迎，两周后，该公司宣布其客户数量翻了一番，达到 100 万。Public.com 表示，它"不鼓励日内交易，也不向新投资者推销保证金信贷"。

这听起来不错，劝阻日间交易也是值得称道的，但为订单流付钱并没有什么生来就坏的地方。禁止这种做法的麻烦在于它帮助降低了进入门槛，这样华尔街就可以吸引新的一批小额投机者，同时能够吹嘘它正在通过"金融民主化"做一些崇高的事情。诚然，如果没有为订单流付钱，模因股票逼空事件或许不会发生，但随着它实际发生之后的指手画脚仍然是以捕风捉影收场。

经纪商发送给城堡或沃途等批发商的订单是"暗的"——订单流入和流出大黑匣子，你所看到的只是结果；而那些进入一家实际的股票交易所的订单是"亮的"，流经每一个明亮的市场，这个过程的透明度更好，但通常成本更高。如果一份订单被发送到一家交易所，那么经纪商的职责是达到"全国最佳卖方要价或最佳买方出价"，具体取决于客户是买入还是卖出。这就像汽车推销员在与他的经理交谈后给出的他能接受的最低出价一样，但这并不是你能得到的最好的要价。

在一个现代金融市场上，想要钱的人和想要股票的人是付费匹配的，这个市场并不像 eBay 那样运作。比如，同时出现一位要买入 22 股网飞股票的买家和一位要卖出 22 股网飞股票的卖家的概率很小。通过智能手机进行这种匹配从而瞬间完成一笔交易，是散户投资者久已期望的，而发生每一笔这样的交易做市商⑦或批发商都会为此承担一点小风险——尤其是在像模因股票逼空事件这样的疯狂时期。一般来说，这种匹配都是盈利的。城堡证券是私人控股的，其中大约85%的股份由肯·格里芬持有,所以我们不知道它在逼空事件期间的业绩如何。但彭博社获得的一份演示文稿称,城堡的净交易收入在2020年几乎翻了一番,至少达66亿美元,并且在扣除利息、税项、折旧和摊销之前的利润达到创纪录的41亿美元[26]。

城堡及其竞争对手通常提供比证券交易公布的最佳买卖价更窄的价差幅度,这被称为"价格改进",如果订单的目标超过一定数量的股票,批发商是不可以给你一个更差的价格的。具有讽刺意味的是,这种经过很多检视的做法是散户投资者比专业人士得到更好待遇的一个领域。批发商对提供给基金相同的价格持谨慎态度,因为它们聪明到足以在瞬息万变的市场中占到便宜并让批发商付出代价。

All of Us Financial 金融公司的创始人阿尔·格鲁伊奇(Al Grujic)写道:"指责某种听起来很邪恶而且大多数人难以理解的东西,是一种在营销上挫败对手非常简单的策略。"这家零售经纪商采用为订单流付钱的做法,但将从批发商那里获得的部分收入作为回扣返还给其用户,同样被部分返还的还有经纪商从客户那里获得的其他形式的收入,比如,把股票借给卖空者带来的收入[27]。

由于将订单直接发送到交易所,Public.com 正在花自己的钱,并试图通过自愿小费来支付这笔费用。一小部分散户交易者可能对此而感到满意,但他们大概也不属于每年进行数千笔交易的那种类型。通过适度的收费或金融交易税对所有交易统一征收一小笔费用,让交易更多的人支付更多的费用,这会更公平、更有益。

隐形扒手

为订单流付钱的问题在于它使自由交易成为可能,从而鼓励许多客户过度交易。每笔交易都不是免费的,因为散户投资者经常做出糟糕的决定,如将少量交易拱手让给隐形扒手们。金融交易税的反对者指出,如果征收小额税款,买卖价格之间的价差将会扩大,成本也会增加。他们可能是对的,但是每年谨慎地买卖少量股票或共同基金的人愿意让出很小一笔钱,而不那么现实的投资者受到的诱惑也不会大到使他们想把"傻票"的价格飙升到月球,在这种情况下金融交易税就很可能为他们省钱。

"我明白其中的讽刺,在某种程度上,我们与批评我们的人之间的对话方式,与以往完全相反,"他说,"直到大约一个月前,人们还一直在问'障碍是不是太少了',而现在问的都是关于'你们为什么要设置这些限制',这是一个奇怪的局面。"[28]

第二十章 2021年1月29日

我谁也不支持

"我谁也不支持。"《华尔街日报》对基思·吉尔的采访恰好在1月29日（星期五）股市开盘时开始了线上直播。对游戏驿站股票逼空现在已成为全国性的话题，读者蜂拥而至，想要听听处于红迪网革命中心的这个男人的故事。人们发现，吉尔原来是一个具有十足同情心的人物——一个郊区中产阶级顾家男人，为了避免吵醒他的小女儿，他那时很受欢迎的YouTube视频是在他家地下室晚上录制的[1]。

但他不是革命者。正如监管机构和私人原告们很快就断言的那样，他也不是操纵者。无论是他在红迪网或推特网上的许多帖子里或者在他的YouTube视频中，他都没有像其他人那样要求人们购买股票，甚至怂恿他们"坚持到底"以挤压卖空者。

在模因股票逼空后的几天里，前大学田径明星吉尔将《阿甘正传》①的一段重新配音的视频剪辑发到了他的推特账户上。这是阿甘决定"出去小跑一跑"、接着就在全国各地慢跑3年半吸引了大量追随者后,被拿着麦克风的记者们在桥上追逐的场景:

记者:"你为什么要买游戏驿站股票?你做这件事是为了世界和平吗?你这样做是为了无家可归者吗?你购买游戏驿站股票是为了女性的权利吗?或者是为了环境?还是为了动物?"阿甘旁白:"他们就是不肯相信有人没什么特殊的原因也会购买所有游戏驿站股票。"

记者:"你为什么要做这件事?"

阿甘:"我就是喜欢这只股票。"[2]

他就是这样做了。一年半之前,吉尔用他净资产的很大一部分押注游戏驿站股票。2019年9月,他在红迪网写了第一篇关于这只股票的帖子,人们对此帖普遍持怀疑态度。当他在2019年的投资翻了一番,又在2020年增长为原来的30倍之后,2021年1月他的投资再次翻了15倍。到当月最后一个交易日结束时,他的亿创理财账户余额为46 043 545美元。那时,吉尔是论坛上关注和崇拜的焦点,购买任何其他股票并泄露这一事实都会为他赚到另一笔财富——那种感应即使是埃隆·马斯克、戴夫·波特诺伊或查马特·帕里哈皮蒂亚可能也会羡慕的。但他并没有这样做。

在1月29日(星期五)的交易时段,游戏驿站的股价最后一次飙升至400美元以上。这似乎是对罗宾汉和其他经纪商略为放宽交易条件以及卖空者进行又一轮股票回购以补仓,而不是对吉尔所说或写的任何东西的反应。

这一天是游戏驿站和"华尔街下注"论坛连续四天占据头条新闻。红迪网的这个子板块的会员人数比一周前增加了两倍多,那一周有数 10 万人在罗宾汉和其他经纪商开立零售交易账户并为其提供资金——很多人只是想成为某件大事的一部分,但也有不少人相信他们正在参与一只热门股票的交易,尽管他们离这个还早着呢。

"买入和获利是不是太迟了?"这是出自当时"咆哮小猫"的一篇推文的一条典型回复。

难以维持

即使有新进入者送来的"顺风",游戏驿站股价的上涨势头出于各种原因变得越来越难以维持。

首先,有技术性的原因。当时游戏驿站的价值超过 200 亿美元,于是,一点点变化都需要更多的现金来推动。与此同时,被卖空股票的比例已从月初的 140% 降至 50% 左右,借入股票以建立新的空头头寸的成本也开始下降。

与此同时,过去几天令人难以置信的波动使得用期权来实现一次新的伽马逼空变得极其昂贵。随着较旧的期权到期——许多期权会在那个星期五到期——期权交易商要做的第一件事就是卖出它们为保护自己而购买的股票。

其次,有几个心理可以解释为什么游戏驿站股价的反弹已经日久势衰。当你有敌人时,组织部落行为是有效的。红迪网用户们现在对他们的主要经纪商比对邪恶的对冲基金更生气。几天前，加布·普洛特金曾寻求注入资金。据报道，他退出时损失惨重。第二天，他的基金资产竟然损失了53%。他被彻底打败了。勒夫特也退出了，他甚至在那个星期五发布了一段视频，解释说他将退出发布简短报告的业务。从现在开始，他就几乎和红迪网的用户们在同一条船上了。

"年轻人想要买股票。这就是时代精神。他们不想做空股票，所以我会帮他们买股票。"[3] 他说。

然后是DeepF**kingValue，他不再是张贴账户截图的神秘人物。他是一名有执照的金融专业人士，而不是某个试图摧毁系统的人。

整个局面是悖论式的。交易暂停对大人物来说似乎是一记耳光，而现在每个人——政客、名人，甚至他们的父母——似乎都同意他们的观点。不过，这并不是一个代际间一团和气的时刻。

"一旦你不理睬别人的尖酸刻薄，你就会发现，人们不想被欺骗或被屈尊俯就。"奎因·穆里根说。他是计划拍摄关于模因股票逼空事件的纪录片背后的二人组成员。

11个月前，最新、最年轻的交易者阶层对他们这一代人的经济困境而感到愤怒，他们现在比以往任何时候都更加愤怒。他们运动最突出、可量化的目标——将游戏驿站的股价"推高到月球"，正在变得越来越难以实现，而且很多富人还即将享受他们带来的一笔意外之财。

"所有这一切的背后是一种巨大的不平等感，"社会情绪专家彼得·阿特沃特说，"资本家们找到了一种将不平等货币化来为自己牟利的方法。"

第二十一章　怎样做就教训不了大人物

"如果一个陌生人说魔术豆有可能毁掉某位亿万富翁的生活,我会在街上从他那里购买魔术豆。"当《洛杉矶时报》问约翰·莫特(John Motter)为什么他在逼空的高峰期间将经济刺激支票投资于游戏驿站股票时解释说,仍然对2008年的金融危机耿耿于怀。在当地乡村俱乐部的大门外有一块铜牌提醒会员需要穿着适当的高尔夫服装方可入内,这位失业的社区组织者穿着西装、高顶礼帽和运动鞋,在那儿摆姿势拍照,看起来就像一位千禧一代的大富豪。莫特以前从未持有过股票,但他承诺即使赔钱也要至少持有到下一周,因为"靠股票致富让他感到不舒服"[1]。

他没有亏本。然而,就在莫特抢镜头的时候,一个真正不需要钱的人却站在了交易的反方。

"华尔街喜欢波动"

当时76岁的比尔·格罗斯(Bill Gross)是一名退休人员,居住

颠覆者

在洛杉矶南部富丽堂皇的纽波特海滩飞地，在联合创办资产管理公司太平洋投资管理公司（PIMCO）之后，他成了亿万富翁。这位前职业二十一点玩家被称为"债券之王"，多年来，关于市场的古怪的、意识流的文章一直是金融界的必读之物。"没有一位基金经理比比尔·格罗斯更能为人们赚钱。"评级公司晨星（Morningstar）在将他评为10年来最佳债券经理时表示[2]，他那些会让莫特感到不舒服的胜利之一是：2008年9月在抵押贷款巨头房利美和房地美被联邦政府救出之后发行的债券中获得一笔17亿美元的利润①。

在游戏驿站股票逼空期间，格罗斯耐不住退休生活的寂寞重新出山，写了一系列公开备忘录，指出这家视频游戏零售商的股价已经大幅上涨如此之多，并变得如此波动之后购买更多看涨期权是徒劳的。他解释说，期权数学证明它们丰厚的溢价几乎不可能合理。他写道："买家觉得像埃隆·马斯克这样的知名投资者应该更懂行就不敢丝毫偏离他们的做法，这样的买家是扑克桌上的弱手，而不属于受过教育的投资暴民。"[3]格罗斯补充说，他的心与普通人同在，但他无法抗拒支持交易的另一方。他后来透露，通过以这些虚高的价格出售看涨期权赚了1 000万美元[4]。这笔钱几乎肯定直接来自成千上万试图维持伽马逼空却徒劳无功的散户投资者的口袋。

"华尔街下注"论坛的一些成员坚持认为逼空的全部意义就是赚钱。但其他人，尤其是在2021年1月的最后一个星期加入论坛从而将其排名提升了两倍的数百万人中的一些人，显然与莫特的感受一样：就是要把大人物"收拾"一顿。结果，革命者在这两个方面都做得不是很好。让"华尔街下注"论坛闻名遐迩的事件反而让很多富人变得更加富有了。

第二十一章 怎样做就教训不了大人物

当然，不是全部富人。加布·普洛特金的梅尔文资本经历了糟糕的一个月，另一家多空对冲基金枫林资本（Maplelane Capital）的表现几乎同样糟糕——暴跌 45%。安德鲁·勒夫特虽然对屈服于严峻形势过早押在游戏驿站股票上的美元金额避而不谈，但他说自己空头赌注的损失是 100%。还有其他人也尝到了逼空的苦头，但对于像梅尔文这样既做多又做空的对冲基金来说，在实质上逼空甚至不是灾难性的。摩根大通的分析师写道，他们在星期二和星期三只损失了其价值的大约 2%，"这个领域的任何重大损失很可能仅限于少数对冲基金"[5]。其他许多人做了与比尔·格罗斯相同的计算并赚了成捆的钱。据数据公司 S3 Partners 称，仅在 1 月 28 日一天，游戏驿站这一只股票上，卖空者就获利 36 亿美元。他们在 2 月的前两天又赚了 47 亿美元。与此同时，期权交易商们享有一个纯粹的滚滚财源。

小人物在对阵美国的金融家们时转败为胜、反守为攻的流行印象并不准确。如果有什么事情激起了散户人群的骚动，那么它几乎总是对整个行业有利。相信一个从小人物的天真中发了财的人的话吧！

"我认为普通投资者不懂的一点是华尔街喜欢波动——他们依靠波动、交易量、上涨或下跌来赚钱，""华尔街之狼"乔丹·贝尔福特说，"有一个牛市固然很不错，但成交量枯竭并且股市上没有活动的时候，那才是华尔街最痛苦的时候。"

做市商们

在某种意义上，市场就是一场"零和游戏"——你的收益可能是别人的损失，反之亦然。但对智慧较量［就像热门节目《亿万》②中博比·阿克塞尔罗德（Bobby Axelrod）和泰勒·梅森（Taylor Mason）之间的那种］的流行描述使事情看起来就像在真空中发生的一样。正值吉尔变得富有而普洛特金在同一时刻、同一只股票上变得不那么富有的时候，许多金融公司却发现自己希望这场争斗能额外多打几轮，这是服用兴奋剂后的常见情况：华尔街希望以牺牲普通人的利益为代价迎来一个回报丰厚的发薪日。

有些散户赚到了巨额财富，但大多数散户是以一种不计后果的方式在做交易。对于那些使免佣金交易成为可能并在这样做时赚到钱的公司来说，情况并非如此。肯·格里芬的城堡证券做了数百万笔经过计算的小额下注，随着时间的推移，这些赌注加起来可带来数10亿美元的利润。2020年，它处理了近一半的全部零售股票订单。在逼空事件期间，这可能是一种更大的力量：格里芬就在国会证词中吹嘘说，当城堡证券的竞争对手"无力或不愿意处理大量交易"时，城堡证券会"挺身而出"；他说，在2021年1月27日（星期三），他的公司为散户投资者处理了74亿股股票。

这比2019年所有经纪商将佣金降至零之前，整个美国股票市场一天的零售交易量还要多。由于这些数据不公开，我们不知道模因股票逼空对于城堡证券是多么有利可图。它的竞争对手沃途金融报道了其历史上最大的季度利润。截至2020年，格里芬和史蒂文·科恩并列美国富豪第37位。作为最大批发商和一家340亿美元对冲基金的主要股东，他可能至少保住了自己的股份。⁶这家对冲基金是格里芬梅尔文资本面临压力期间廉价收购了该公司的股份。

第二十一章　怎样做就教训不了大人物

罗宾汉

理论上，罗宾汉处于风险最低的位置，因为它只是一个收费者，按照客户的交易次数收取费用。具有讽刺意味的是，实际上是它在逼空期间最接近破产，因为它成功过头了，以致无法处理其客户大量和集中的押注。但它终究还是做得很好，弗拉基米尔·特涅夫和白居·布哈特也是如此。随着他们在公司股份的价值增长，到2021年7月，两位联合创始人的净资产已增至约26亿美元[7]。当罗宾汉在那个月披露其业务的细节以准备首次公开募股时，观察人士惊讶地发现，尽管新客户的账户资金远低于竞争对手，但签约的新客户数量很多以及他们的活跃程度很高。仅在2021年的前3个月，它的整体收入就几乎是2019年全年的两倍。新冠病毒肺炎大流行和模因股票逼空对公司来说是一笔惊人的意外之财。

大银行

各大投资银行一直很喜欢红迪网革命。自2020年收购亿创理财公司以来，摩根士丹利通过其财富管理部门为吉尔和其他数以百万计的小鱼小虾提供经纪服务，其2021年第一季度的净利润翻了一番，达到41亿美元。该公司的首席财务官乔纳森·普鲁赞（Jonathan Pruzan）在2月发表讲话时滔滔不绝地谈到了这家零售经纪商的业绩。"更多的客户、更多的参与、更多的活动、更多的资金,"他说,"其客户的交易次数高得'出乎意料'。"[8]

高盛的表现甚至比老派、上流的竞争对手还要好,令投资者赞叹不已。在此期间,它赚取了68亿美元,并拥有12年来最高的股本回报率。"我会说第一季度是一个非凡的季度。"首席执行官大卫·所罗门说。

机会主义者们

模因股票逼空的一位大赢家忍不住想要回头再捞点什么。当时45岁的杰森·穆德里克(Jason Mudrick)似乎是红迪网革命者会讨厌的那种华尔街人——聪明、学院风、英俊,而且非常富有。10年前,穆德里克在《商业内幕》网站关于"最性感的对冲基金经理"的民意调查中名列第六,他通过为本科生教授经济学课程帮助自己从哈佛法学院毕了业[9]。

但当他发现价值30亿美元的对冲基金和"华尔街下注"论坛人群站在交易的同一边时,穆德里克短暂地成了这些人的某种英雄。这位专家在12月向苦苦挣扎的AMC提供了非常昂贵的融资,以维持其业务,这些融资可以转换为数百万股股票。当AMC股票飙升时,他将它们变现,取得了近2亿美元的收益,从而清偿了债务。然而,当他认为模因股票走得太远时,他也是匆忙跳进来做空的对冲基金明星之一,就像比尔·格罗斯做的那样,他卖出看涨期权,额外获利5 000万美元左右。穆德里克资本管理公司(Mudrick Capital Management)取得了有史以来最好的一个月的结果[10]。

4个月后，当AMC的股票在最初的模因股票逼空的一次回光返照中再次被"猿族"炒到天价时，穆德里克又回来想要重复一次前番佳绩，但这次的结果不如上一次好。由于急于股价套现，AMC向他出售了2.3亿美元的新发行股票。AMC的股东们没有意识到或不关心他们的所有权刚刚被淡化，当天股票被推至多年来的最高水平，穆德里克立即将这些股票出售给大批散户，估计获得的利润为4 100万美元——这是一种十分不寻常但并不违法的做法。

据报道，穆德里克的罪过似乎是他一直在告诉一位客户，他出售这些股票是因为该股"被高估了"[11]。他公司的维基百科条目立刻遭到侮辱和亵渎，被搞得面目全非。因为他的基金最终在用于保护自己免受价格波动影响的金融衍生品上亏损，他在"华尔街下注"论坛上的业力也会咬他一口。穆德里克低估了"堕落者"的热情，没有料想到股价会跳涨[12]。

与此同时，其他金融公司简直就是发现自己处在正确的时间和正确的地方。与散户投资者从"华尔街下注"论坛的用户那里获得线索不同，当股价在没有十分重大原因的情况下上涨百分之数千的时候，这些金融公司不可能将持股"坚持到底"。对冲基金森维斯特管理（Senvest Management）于2020年初对游戏驿站产生了兴趣，并在9月和10月因瑞恩·科恩开始对游戏驿站发挥影响购买了该公司5%的股份。该对冲基金的经理们过去一直处于逼空的输家一方，当这次逼空袭来时，他们毫不犹豫地兑现了筹码，获得了7亿美元的利润[13]。韩国对冲基金麝香资产管理（Must Asset Management）拥有游戏驿站4.7%的股份，也拥有近乎完美的时机。它以大约10亿美元的价格出售了接近狂热顶点的股票[14]。

颠覆者

当市场给了它们一个千载难逢的机会时，即使是那些相对不活跃的共同基金公司也迅速行动起来。富达投资（Fidelity Investments）长期以来一直是游戏驿站的最大股东，拥有近13%的股份，在2021年1月几乎出售了所有股份。富达低价股基金（Fidelity Low-Price Fund）和富达系列内在机会基金（Fidelity Series Intrinsic Opportunities Fund）曾经是这家大型投资公司里游戏驿站股票的两大持有者，它们通常青睐的是那些不时髦但实在被想挣快钱的散户投资者们所忽略的公司。

乔尔·蒂林哈斯特（Joel Tillinghast）是管理这两只基金的一位保守的高管，他在大多数罗宾汉投资者出生之前就加入了富达，在他正值"华尔街下注"论坛用户们痴迷于DeepF**kingValue、瑞恩·科恩和迈克尔·伯里之际卖出游戏驿站股票之前，该论坛上数万条关于游戏驿站的消息竟然没有一次提到过他。这是一种耻辱，因为蒂林哈斯特的基金虽然在投机活跃的2020年滞后于市场，但从长远来看，已经轻松超越了前面提到的那些人的成绩，他写过一本个人理财书籍，名为《大钱细思：优秀投资者如何思考和决断》[③]，此书直接针对的就是像模因股票逼空这样的情况。例如，他警告说，在市场狂潮中试图猜测"其他人会保持短视多久"更像是在赌博而不是在投资。

"如果你像大多数投机者那样自负地认为派对何时结束会有明确的迹象，那么尽管你知道不可避免的结果是什么，肯定还是会被卷入惊群效应[④]。"[15] 散户投资者们没有意识到金融世界的另一个细微之处是：像梅尔文这样的基金不仅在模因股票上，甚至不只在空头赌注上遭受损失。梅尔文不得不卖出一些多头头寸，而革命者并没有从这些暂时的廉价交易中获益，但其他对冲基金在填补真空时就获利了。

内部人士套现

模因股票逼空带来的好处还延伸到受影响公司的高管和董事会成员。如果他们知道一些会影响公司股价的好消息或坏消息，他们买卖股票通常会被阻止，因为那是内幕交易。但模因股票逼空是一个外源性事件，许多人没有面临这样的限制。那么，我们还是把他们买卖股票的行为称为"局外人交易"吧。

Hestia Partners 的积极投资者库尔特·沃尔夫（Kurt Wolf）为进入游戏驿站的董事会鼓动了几个月。当他最终在 2020 年 6 月成功时，听起来像是要在公司长期工作。

"游戏驿站是游戏行业的独特参与者，我们很高兴能成为公司下一代领导层的一员，"沃尔夫在新闻稿中写道，"我们乐观地认为，新重组的董事会拥有合适的人员和技能组合，可以释放游戏驿站的巨大潜在价值。"[16] 他的确很乐观，但并不是在那种意义上乐观。Hestia 的回报率在 2020 年为 162%，2021 年第一季度回报率为 223%，主要依靠这一笔幸运投资。与其他基金的经理不同，由于他是董事会成员，不可以在逼空期间出售他的股份。根据证券备案文件，沃尔夫于 4 月辞职，并立即兑现了他的盈利[17]。

经营 Permit Capital 的积极投资者约翰·布罗德里克（John Broderick）也持有游戏驿站公司的股份并向该公司施压。他选择支持沃尔夫获得一个席位,而不是自己要求一个席位,这一让步证明是有利可图的。与布罗德里克相比,沃尔夫的可观收益就像是侥幸脱逃者的随身财物,而布罗德里克却能够以接近峰值的价格出售他所有的股份。

"这有点像在超级碗比赛之后他们问别人感觉如何,还说自己感觉不真实,"布罗德里克告诉《华尔街日报》,"我想我可以去迪斯尼世界了。"[18] 另一位董事选择的时机不如沃尔夫及时。当瑞恩·科恩和他的同事们在1月中旬获得游戏驿站董事会席位的时候,董事会主席凯西·弗拉贝克(Kathy Vrabeck)是同意下台的人之一。她立即以140万美元的价格出售了5万股游戏驿站股份。弗拉贝克哪怕再等两周,这些股份的价值就会高达2 400万美元。

由于科恩承诺重塑公司,在紧随逼空的几个月里,有许多高管离职。有些人不需要别人说服或施压就会离开。例如,游戏驿站的首席财务官仅仅在几周后就辞职了,当时股价仍在上涨。公司让他离职的费用超过1 500万美元。据报道,离职费用包括递延补偿可能高达3 000万美元[19]。在逼空事件之后,首席执行官乔治·谢尔曼出售了263 000股股票,价值超过3 000万美元,并同意在4月下台,换取加速执行对他的以时价计算价值约为1.79亿美元的一揽子限制性股票奖励⑤。这种"金色降落伞"在任何企业都会让人大吃一惊,但对于一家公司在不到4年的时间里的第五位首席执行官来说,这很不寻常,因为在此期间这家零售商没有获得一毛钱的利润[20]。

这不仅仅是在游戏驿站才发生的事。在合法的范围内,其他突然膨胀的模因股票的内部人士也套现过。现在苦苦挣扎的智能手机先驱黑莓的高管在逼空事件期间抛售了170万美元的股票,比他们如果几周前卖出净赚了 100 万美元。其首席财务官则卖出了他的全部股份[21]。

立体声耳机制造商高斯的高管们和董事会成员们也把握住了绝佳的时机,因为他们的股价从 1 月初的 3 美元多一点涨到了顶峰时的 127 美元以上。他们卖出了价值 4 400 万美元的股票,比几周前整个公司的价值还要高。其中约 3 100 万美元的销售额来自本已富裕的高斯家族成员[22]。

"银背"夺得王冠[⑥]

迄今为止最具机会主义的是为美国电影院线工作的高管们,已经在苦苦挣扎之中的这家连锁电影院又遭到新冠病毒肺炎大流行的沉重打击。即使开始了疫苗的接种,卖空者们也有充分的理由对该公司的生存前景持怀疑态度。专家们认为,考虑到它烧钱的速度以及为了勉强维持下去而出售的所有风险债务,它离破产仅剩几个月的时间了。在逼空事件期间,四位高管以总计约 300 万美元的价格出售了他们的股份[23]。

与此同时,私募股权巨头银湖(Silver Lake)在其持有的 AMC 公司可转换债券方面陷入了严重的困境。这些债券附带一个甜头,即它们能够被用来交换股票。进行这种交换只值得以特定价格进行,这就相当于购买附有看涨期权的债券。这个价格在 1 月初是遥不可及的。但在 1 月 26 日(星期二),由于散户买盘和空头回补,该股短暂跳涨至足够高的价位。银湖立即以 7.13 亿美元的价格出售了其全部头寸，以虎口拔牙之势从失败中夺取了意想不到的胜利[24]。

中国最富有的人之一、亿万富翁王健林大连万达也抓住了这个机会，将使其控股 AMC 的股份转换成了更容易出售的形式。它出售了数亿美元的股票，在 5 月前完成了退出[25]。

AMC 在模因股票逼空期间出售了超过 3 亿美元的新股，紧接着，在成为"华尔街下注"论坛的新宠一段时间后，在那个春天继续向热切的散户买家出售了数亿美元的新股。首席执行官亚当·亚伦（Adam Aron）试图通过直接与社交媒体上的"猿族"互动来使模因股票重新产生魔力。他抱怨公司受到了来自卖空者们的"攻击"，他和公司都个人捐款 50 000 美元来拯救"猿猴"，就像"华尔街下注"论坛上的许多人所做的那样。该红迪网子板块的成员平均年龄不到他的一半，他们亲切地给亚伦起了个绰号"银背"并团结在他身后[26]。

亚伦本人不被允许出售价格飙升的股票，但他通过赠送给儿子们 50 万股 AMC 股份来规避这个禁令。他之所以获得这些股份，是因为他达到了一个有所降低的奖励标准，而这仅仅是因为模因股逼空才实现的[27]。6 月，他儿子的股份（假设他们继续持有的话）价值约 3 000 万美元，而一份公司文件显示，亚伦剩余股份的价值加长期补助金超过 2.5 亿美元[28]。几位董事会成员大约在同一时间又抛售了近 400 万美元的股票[29]。那购买股票的新散户股东呢？那年夏天，他们第一次参观一家 AMC 影院时，公司为他们提供了免费的大份爆米花。

尽管"华尔街下注"论坛的人群在设计逼空方面表现出非常老

练，他们却未能意识到AMC公司及其内部人士的股票销售洪流将使卖空者摆脱陷阱，这样反而会让论坛的成员们背负大量被高估的股票。公司通过出售这么多股票筹集的资金流向了贷方、被拖欠租金的房东、基金经理、高管或董事会成员。在AMC股价紧随董事会成员们大量抛售股票的消息于2020年6月大幅下挫之后，迷惑过一些人的魔咒被打破了。正如一位发帖人在"华尔街下注"论坛上所写：

"教训大人物一顿？买AMC股票的这帮智障除了让大人物更富有之外什么也没做，所有AMC董事会高管都以50美元以上的价格出售了他们的股票，而这些'智障'只剩下持有L。他们甚至以折扣价将8 500 000股卖给了一只对冲基金，而这只对冲基金转头就把这些股票卖给这里论坛上的'智障'们以获取利润。"

具有讽刺意味的是，像约翰·莫特这样的人，他们理所应当地对银行家们得到公共资金救助而在金融危机期间没有遭受任何严重后果感到愤怒，却前往拯救因做出错误选择正在走向破产的企业、贷款人和基金经理。模因股票逼空不仅没有让任何百万富翁或亿万富翁破产，而且还让几个人因为纯粹靠运气而致富。

总而言之，美国的"1%"在2021年有了一个非常好的开端。他们的意外之财来自小人物的口袋。

第二十二章 2021年2月

什么是退出策略

2020年12月,在被问及怎样以及何时将他的纸上财富变成实际财富的时候,基思·吉尔开玩笑地回答道:"什么是退出策略?"尽管不是一名高薪职业人士,但他把握住绝佳的时机兑现了他长期持有大部分的游戏驿站股票,而作为金融精英之一的加布·普洛特金则笨手笨脚地落入了陷阱。不过,这种不平衡的结果并不能被解释为"华尔街下注"用户看到的与华尔街整体相比的结果。

以伽马逼空为例,虽然它成功地将梅尔文资本砸了一个大洞并使模因股票飙升,却它使得2019年夏天耗费在那条纳斯达克鲸鱼身上的资金显得有些保守。根据研究公司SentimenTrader的首席执行官杰森·戈普费尔特(Jason Goepfert)的说法,截至1月底,小交易者们在过去四星期内花费了令人难以置信的440亿美元的看涨期权溢价,其中大部分都被浪费了。而在2018年之前,这个数字通常

第二十二章 2021年2月

约为20亿美元。

人们要么足够幸运到以对冲基金的花销为代价获得丰厚的利润，要么相当于进行了一次愚蠢的赌博，这取决于他们搭上潮流的时刻晚到什么程度，以及他们是否有突然脱离潮流的倾向。匆匆一瞥股票和期权的成交量就可以告诉我们，许多人属于后者。

正如二十一点牌桌上的鲨鱼比尔·格罗斯在解释经纪账户中的一些资金时那样，红迪网大军造成了如此大的波动，以至于期权价格为了反映出这种波动而发生了迅速的增长，而这样的价格让人获利的可能性很小。在2021年1月29日（星期五）的最后一阵叫好声之后，游戏驿站的股价就开始断崖式地急剧下跌了。仅在接下来的星期一这一天，就暴跌了100美元，即31%。一个重要原因是，当伽马逼空解除时，期权交易商会迅速抛售他们被迫购买的股票。尽管"华尔街下注"论坛的一些成员策划的方案在给对冲基金制造大破坏方面很巧妙，但他们遗漏了方案中让每个人在此过程中都能赚钱或至少不会损失太多的那个部分。

革命者正在购买更多的期权，但徒劳无功。他们的任务就像把一个已经变得远为更大更重的雪球往山上滚，这就用到了更多的人在它后面来保持它继续上行，而人们购买的每份新股或期权合约能够带来的收益就少了很多，而且，当雪球开始滚下山的时候，它很快就压垮了每一个仍在努力让它走高的人。

金融衍生品专家彼得·切奇尼描述伽马逼空的终结时说："这是名副其实的'有涨必有跌'。"

有涨必有跌

星期二的情况更糟糕，游戏驿站的股价在稳定了一天后下跌了135美元，即60%。红迪网子板块充满了停止卖出的劝告和关于游戏驿站股价为什么真的在下跌的理论。按照一种流行理论的说法，逼空仍在继续中，但对冲基金正在操纵游戏驿站股票的价格，使逼空看起来似乎已经结束。这种理论认为对冲基金正在从事一种称为"空梯攻击"的活动，以某种方式相互买卖，从而人为地压低模因股票的价格。但实际上不存在这种情况。

无法说出参与模因股票逼空的数百万堕落者中有多少人赚到了钱，但这一事件使他们的论坛产生了巨大的影响力。"华尔街下注"论坛不得不努力克服这种轻易成功的不利因素。它在一周内吸引了如此多的新成员和关注，以至于论坛已经开始寻找新的山脉来征服。

当论坛上的许多较新成员开始吹捧白银的时候，一些人怀疑他们是外部操纵者。从模因股票逼空期间的星期四，也就是对某些股票实施交易限制的那一天开始，一只白银交易所交易基金的活动激增。随后，购买潮蔓延到实物白银，于是，到周末时几家银锭和银币经销商在他们的网站上发布通知，称他们的存货已经出空，无法再接受任何订单。论坛的一名成员警告红迪网伙伴们不要被"#白银逼空"标题签之下鼓吹的趋势骗了，并写道这是对冲基金的一招挫敌策略，旨在"让你退出我们正在参与进行的这场正义而光荣的战争"。

要说清楚是谁在幕后推动这件事是不可能的，但几乎可以肯定，

第二十二章 2021年2月

这并不是对冲基金为了分散论坛人群的注意力而策划的一个迂回曲折的计划。此事可能是有专业投机者在使用机器人来快速获利。不过，就白银的炒作而言，推动力很可能来自别有用心的其他散户投资者。长期以来就有一种阴谋论称银行沆瀣一气压低白银价格以欺骗小人物。这个想法甚至在2010年得到了一次美国政府听证会的受理。具有讽刺意味的是，白银在1980年陷入了有史以来最著名的逼空事件之一。当权者在那个案例中确实如临大敌般严阵以待要了结此事，结果导致两名试图垄断市场的得克萨斯亿万富翁的破产。

随着模因股票价格回落到实际应有的水平，"华尔街下注"论坛突然遇到了维持革命继续进行的另一个问题：它的英雄正在走向隐退。在受到美国证券交易委员会的一次拜访之后，吉尔在2月3日发布了他的经纪账户日终截图，并添加了一条注释："注意啦，眼下我不再每日更新。"根据当天的亿创理财声明，吉尔在短短几天内就损失了超过2 500万美元。逆转的命运让他甚至更受红迪网革命者们的喜爱了，这些人试图让足够多的人"坚持到底"，却未能成功。吉尔坚持不退让的每个交易日都鼓舞了他们，现在没有办法知道他正用已经缩了水、但仍然相当可观的2 200万美元的财富在做什么。

尽管吉尔从未敦促过其他成员坚持持有他们的股票以保持逼空，但事实证明，他可能会拿走这笔钱而不做更多的更新确实让那些一直持有股票的人感到了不安。第二天，吉尔的失踪触发了游戏驿站的股价进一步下跌42%。

对此没有人怨恨，而且许多人还利用这个机会向吉尔致敬。

当每个人都认为他是个白痴的时候，DFV 赚了 5 000 万美元，而当每个人都认为他是个天才的时候，DFV 却损失了 3 000 万美元[1]。

此外，还有几篇发人深省的评论指出，当有些国会议员最近被曝光在一年前听过有关新冠病毒肺炎大流行的机密简报就倾销股票，以及财政部长珍妮特·耶伦还在私营部门供职时对城堡公司的一系列演讲获得了数 10 万美元的报酬时，吉尔却正面临着一项调查。

什么，他们接下来就要去追查老年人和高中股票俱乐部吗？他们还协调行动。他们甚至可能亲自到场召开"秘密会议"，这样他们就不会留下痕迹了[2]。

"我认为你不明白这套体制是如何运作的。法律是给像你、我和 DFV 这样的小百姓的。我们拥有的是上面写着一些可爱词句的一片纸，它让事情看起来像是没有人凌驾于法律之上的样子，但你可能得住在西伯利亚的一个洞穴里才会相信这一点，或者你年轻而天真。我记得我也年轻过，也理想主义过。后来我变老了些，认识到政府擅长两件事：盗窃和谋杀。"

"美国证券交易委员会可能正等着 DFV 出错，然后指控他操纵市场。然而，在新型冠状病毒暴发时公然进行内幕交易的参议员们却没有受到任何指控。"

正如事实所表明的那样，"华尔街下注"论坛听到的并不是吉尔的最后消息。他在 2 月 18 日的国会听证会之后恢复了更新，而在那段间隔期间他用部分资金买入了甚至更多的游戏驿站股票。他确

第二十二章 2021年2月

实"喜欢这只股票"。吉尔是在4月16日期权到期之日发布的最后更新。他继续持有游戏驿站股票并将期权转换为甚至更多的股份，使他在公司的股份达到了3 000万美元，如果事情进展不顺利的话，他还有超过300万美元的现款。

"华尔街下注"论坛的创始人詹姆·罗戈津斯基表示，他对吉尔这样的股市大赢家通过发布账户截图对论坛成员产生的影响感到不安。它确实激发了一些不明智的冒险行为，这些冒险行为主要有利于职业人士。然而，优洛交易员们并不是完全模仿吉尔，此人的举止与他的业绩一样罕见：他发展出了自己的论点，而不是要么听从专业人士的共识，要么听从互联网上怀疑者的看法，他坚持持有自己的股份至少一年半之久。他的经纪商亿创理财可能从他数百万美元的一笔笔交易中赚得很少。无论输赢，正是由于他的那种坚定才能够给大人物们一顿真正的教训。

第二十三章　故伎重演

"在一天的工作结束时,他们把所有的钱都扔到空中。所有粘在天花板上的东西都属于客户。"

小弗雷德·施韦德在他的《客户的游艇在哪里》这本书中对股票经纪商所作的嘲弄已经有 80 多年的历史了,但其中大部分内容本来也可以是在昨天写成的。施韦德在业内工作,并且在 1929 年的大崩盘中损失了很多钱。这本书的书名源于一个更古老的轶事,即有人在参观曼哈顿金融区的时候提出了这个问题,当时他停下来欣赏码头上的精美帆船,而它们归几个街区外的证券交易所工作的经纪商们所有。尽管有取得财富的承诺,而且客户是拿自己的钱冒险,但在市场上被创造出来大得令人生疑的份额似乎都留在了专业人士手中,而不是流向他们的客户。

当然,当施韦德写书的时候,华尔街还是一个只对圈内人友好、排外的小地方。佣金是固定的,大多数美国人不信任市场,而且你必须有相当多的钱,经纪商才肯费心帮助自己去从中挣一笔佣金。股市活动和财富今天的兴旺繁荣可以追溯到 20 世纪 80 年代初,当时第一个 401(k)计划推出,里根时代的牛市开始,像嘉信理财这

第二十三章 故伎重演

样的折扣经纪商真正开始起飞。用人们的积蓄来做投资从此成为一门更具竞争力的生意。交易所交易的共同基金可以让你有机会在数百只股票中选择你想购买的而每年只收取不到百分之一的费用,而且大多数人不支付交易佣金。对于那些想要让自己的积蓄增长并将尽可能多的市场收益留在自己口袋里的积蓄者来说,这是一个了不起的发展。但做投资这门生意的利润是否较低呢?

在福布斯最富有的美国人榜单上的一瞥,会给我们一条线索。1982年,也就是编制该榜单的第一年,前100名中没有一位任何类型的基金经理或经纪人出现。2020年的同一榜单中有23人是金融领域人士。该群组包括11名对冲基金经理、2名共同基金公司所有者和2名折扣经纪公司创始人。通过对冲基金和股票零售交易热潮赚钱的肯·格里芬也在榜单上。暂未上榜的是各种私募股权巨头。弗拉基米尔·特涅夫和查马特·帕里哈皮蒂亚这两位亿万富翁从涌入市场将游戏驿站股价推向月球的新投资者洪流中获利丰厚,但他们并没有进入前100名。给他们一两年时间吧!

拥有投资账户的美国人在过去40年里也变得更加富有。道琼斯工业平均指数从1982年的1 000点上升到2020年模因股票逼空事件时的33 000点。即使考虑到通货膨胀,这也是有重大意义的。相对于经济规模,所有这些股票和债券的价值都增长了很多,营业额也是如此。2020年中期对股票平均持有时间的估计从20世纪50年代的八年降至不到半年。换句话说,股票易手的频率大约是那个年代的17倍。由于取消了佣金并且卖方要价和买方出价之间的价差缩小,每笔交易的成本都较低,但新一批散户投资者,包括那些推动游戏驿站股票逼空的人们,可能会像他们的祖父母一样,在交易中留下几乎一样多的钱。当然,市场上还有更多这样的人们。

"交易有损于你的财富"

加州大学戴维斯分校管理研究生院的布拉德·巴伯(Brad Barber)和加州大学伯克利分校哈斯商学院的特伦斯·奥丁(Terrance Odean)所著关于散户投资者所获回报的经典研究论文《交易有损于你的财富》查看了 20 世纪 90 年代超过 66 000 个零售经纪账户的数据[1]。论文表明,即使没有佣金的影响,与被动投资股票相比,交易的人越多,他们的平均收入就越少。最活跃的 1/5 投资者的净回报率比平均市场回报率低 6 个百分点。这是一个巨大的差异。例如,一个在 25 岁到 65 岁每年积蓄一定数额的人,到退休日的钱会比那些只在指数基金中获得长期市场回报的人少 80%。

其他研究表明,即使仅仅是人们查看自己的经纪账户的频率也会对回报产生重大影响。对此,哥伦比亚商学院的米凯拉·佩格尔(Michaela Pagel)提出了一个心理学解释:赔钱让我们痛苦的程度甚于赚钱让我们快乐的程度——这是行为金融学中一种众所周知的效应。与短期相比,股市更有可能在较长时期内上涨,因此更频繁的观察会使我们看到更多的损失,并暗中促使我们进行不合时宜的交易。这种现象被称为"短视损失厌恶"[2]。

这是投资者们的一个心理弱点,它多年使经纪商们富有。以智能手机为基础的品牌迎合了不断检查设备的一代人的需求,加剧了这种对他们有利、对客户不利的趋势。拥有美国子公司的中国经纪公司富途（Futu）在 2021 年 4 月的一项研究发现，Z 世代的会员每天打开交易应用程序 8.2 次，平均每年交易 147 笔[3]。

从频繁交易者们手中流失的收益去了哪儿呢？不是去了金钱天堂。有部分流到市场上那些具有超乎寻常耐心的人手里，他是沃伦·巴菲特。自 1965 年以来，此人已经获得了相当于平均市场回报 120 倍的回报。而其中大量的流向了那些与有耐心相反但碰巧非常善于在市场上从业余交易者那里夺取短期利润的人。高频交易者们并不关心公司的经营情况或经济状况。他们通过对计算机进行编程来发现效率低下的小问题，然后以更快的速度买进卖出，从而获取只有几分之一便士的利润。

"这类似于赌场，"资深卖空者吉姆·查诺斯说，"有很多职业纸牌玩家用少量的钱从业余玩家那里赚到了很多钱。"[4] 你玩得越多，你输的可能性就越大。回想一下吧：罗宾汉的客户用其账户中的每美元交易的股票数量是更为稳重的嘉信理财的客户的 40 倍。即使考虑到如此巨大的差异，也有理由相信，作为罗宾汉客户的对家，对批发商来说更有利可图而对长期成功的腐蚀性略大一些。它们是同一枚硬币的不同两面。

不，你其实并非生来就是个投资者

这个疑难问题远远超出了进行小额交易的能力范围。散户投资者不仅仅是优洛交易员，他们根本不擅长选股。当模因股票逼空进行时，不动感情的选股计算机想必是兴奋地运行到电路发烫了吧！

颠覆者

根据证券备案文件，作为游戏驿站股份所有者出现然后又消失的一只基金是文艺复兴科技公司（Renaissance Technologies）。不要问该基金为什么要买那些股份。这家神秘的公司不仅不会告诉你，可能它自己也不知道。它的员工大多是数学家或物理学家，他们对计算机进行编程来搜寻市场上的异常情况。他们显然在游戏驿站找到了一个。该基金的创始人吉姆·西蒙斯（Jim Simons）是一位著名的数学家，之前没有金融背景，是有史以来最成功的基金经理。从1988年到2018年，Medallion Fund取得了令人难以置信的高达66%的年度总回报率。这个数字可没有打错。

钱的主人是谁——或者更确切地说，钱的主人曾经是谁？在格雷戈里·祖克曼（Gregory Zuckerman）令人着迷的《征服市场的人：吉姆·西蒙斯传》①一书中，数学家亨利·劳弗（Henry Laufer）被问到这个问题，多亏了他在文艺复兴科技公司的定额工作，他现在成了亿万富翁。

"那是很多牙医。"他说。他的观点是，没有办法从多年购买和持有股票的人那里像拔牙那样榨出钱来，钱来自那些自认为可以击败市场②并频繁交易的人。而在20世纪90年代，给人留下刻板化印象的散户投资者就是牙医，这些人认识到无法将自己的智慧运用到进行明智的投资并智胜华尔街上面来。

现如今罗宾汉及其模仿者们的客户就是新牙医，这些新牙医最有可能发现自己充满信心，却输给了专业人士并使得像罗宾汉这样的经纪商、中间人发了财。很难说这些中间人发了多大的财，无论是罗宾汉还是其主要竞争对手都不会披露客户的平均收益。

它们的客户很可能业绩特别差的众多原因之一是使模因股票逼

空成为可能的同一现象——关注同一小组股票。巴伯和奥丁的一项较新的研究观察到数千次"股票结群事件",其中的股票正是受罗宾汉客户欢迎的股票。如果某只投资基金想充当交易的另一方,在结群事件期间卖出、然后再买回股票,它63%的时间会赚钱[5]。

不要把此话当作投资建议!平均而言正确的并非在所有时候都是正确的,当安德鲁·勒夫特告诉"华尔街下注"论坛的人群他们是扑克桌上的傻瓜,这让他感到很沮丧,因为他最终遭到了一支"猿族"大军的碾压。不过,这话对于普通投资者倒是一个极好的忠告,那就是不要试图通过随大溜来挑选可能获胜的股票。

"普通投资者买入的股票在买入后继续表现不佳,在卖出后却表现优异——所有学术研究都显示出这一点。"研究个人投资弱点数十年的拉里·斯威德罗说。他关于个人理财的19本书中的一本探讨了个人投资者所犯的77个错误。它是在作为本书谈论主题的股票发生逼空的10年前出版的,他开玩笑地说,对"华尔街下注"论坛而言,这些错误的范围大概可以扩大到100个。

与华盛顿的美好关系

尽管游戏驿站股票狂热受到了政治审查,但有证据表明,散户投资者向华尔街付出了巨大的、不必要的代价,部分原因是他们被鼓励频繁地交易,这一点几乎没有被提及。回想一下吧,2021年2月18日,国会听证会的原因是对交易限制的强烈抗议。到开始实施交易限制的三周后听证会举行时,关于对冲基金为自救而策划了交易暂停的阴谋论已经被揭穿。尽管如此,众议院金融服务委员会高级成员帕特里克·麦克亨利(Patrick McHenry)在评述中还是高声谴责公众成员在寻找下一只热门股票时遇到的困难。

他说:"美国人比华盛顿特区的人们所认可的要老练得多、见多识广得多、更有能力得多。""我们创造了一个世界,在这个世界里买彩票比投资下一个谷歌更容易。难道游戏驿站的不良动态发生的原因有任何值得惊奇的吗?"[6]

就像电影《卡萨布兰卡》里身处瑞克酒吧的雷诺警长刚好在收到递给他的奖金前一刻那样,麦克亨利会"感到震惊并震惊地发现"在股票市场上"赌博正在进行中"。他的竞选活动和"PAC领导力"仅在过去三个选举周期中就从银行、保险公司、证券和投资公司取得了470万美元。像能够监管该行业的政客们那样,他也与华尔街有着美好的关系。

根据响应性政治中心(Center for Responsive Politics)的数据,到目前为止,2019—2020年华盛顿政界人士和外部支出团体的最大捐助者是金融、保险和房地产的国民经济部门。它花费了19.69亿美元——相当于能源、国防、农业综合企业、通信和电子工业以及劳工组织花费的总和。该部门这样做并非出于内心的善意,而是为了确保涵盖受到高度监管的行业的复杂规则和税法允许每个人继续赚钱[7]。

金融公司还花费大量资金以确保如果他们确实违反了这些规定,会获得一次有利的听证会。华尔街最喜欢的金融侦探之一米歇尔·莱德(Michelle Leder)从2021年7月对领英(LinkedIn)的搜索中得出结论,罗宾汉至少聘请了十几名曾为美国证券交易委员会或金融监管局工作的前监管人员。最著名的是前美国证券交易委员会委员丹·加拉格尔（Dan Gallagher），他于 2020 年 5 月成为该公司的首席律师，并在这一年赚了 3 000 万美元。这个数对 8 个月的工作还算不错[8]。

不过，华盛顿对模因股票逼空事件的愤怒反应不仅是为老朋友提供帮助或不让捐赠者感到不安。由于公众情绪坚定地支持处于弱势的交易员，政客在游戏驿站听证会上可能说出的最不受欢迎的话，可能是国会也许有更好的事情要做，而不是调查为什么一些客户不能按自己的意愿购买尽可能多的游戏驿站股票。

在当天被传唤的六名证人中，至少有三人必须明白，是公开股票市场的投机活动丰富了华尔街。杀死这只金鹅既不符合格里芬的经济利益，也不符合特涅夫的经济利益。即使刚刚在逼空中损失了其投资者一半以上资金的加布·普洛特金，总体上也受益于鲁莽的小人物的存在。他的基金将在听证会当月反弹并获得 22% 的回报[9]。

"一场闹剧"

是时候轮到少数几位著名的暴脾气——比如，酗酒、口齿伶俐的场内交易员阿特·卡辛（Art Cashin）之类的人来戳穿"金融民主化"的天方夜谭了。1959 年刚从高中毕业就开始在交易所担任文员、在逼空发生时已年近 80 岁却仍然活跃的卡辛，当全国广播公司财经频道询问他的意见时，他没有退缩。

"股票零售业的造反有点像一场闹剧，是金融媒体愿意接受的一种错觉。"他说[10]。

比卡辛大10岁的沃伦·巴菲特于2021年5月在作为"资本家的伍德斯托克"③而广为人知的伯克希尔·哈撒韦公司④的年会上谈到了罗宾汉现象。

"如果你在人们第一次口袋里有钱的时候迎合他们赌博的要求,告诉他们每天可以进行30、40或50笔交易,你没有向他们收取任何佣金,但你出售他们的订单流……我希望我们不会再有这种事。"[11] 他更年长的商业伙伴、97岁的查理·芒格将免费商业模式与国家彩票相提并论,称之为"一种肮脏的赚钱方式"。

罗宾汉的一位女发言人做出了回应,将巴菲特和芒格描绘成财阀,而她的雇主则是努力营造公平竞争环境的人:

> 很明显,精英们从股票市场中受益,股市让许多家庭无法参与,同时他们通过数十年的投资积累了巨额财富——在富人和穷人之间造成了深深的裂痕。突然之间,罗宾汉和其他在线交易平台向普通人打开了金融市场的大门,这让那些竭力维持现状的守旧人深感不安[12]。

"富人和穷人之间"确实存在着裂痕,缩小裂痕的一个好方法便是让更年轻、更不富裕的人进行积蓄和投资。但是,认为这会不利于沃伦·巴菲特的观念是完全落后的。他的业绩那么好是因为他可以低买高卖,这需要很多人用更少的钱来做相反的事情。如果在几十年前就有了免佣金交易,巴菲特的收益本可以是整个市场的150或200倍之多。他对罗宾汉的看法当然不是自私的。

是有一些像芭芭拉·罗珀的前雇主美国消费者联合会（The Consumer Federation of America）这样的投资者、权益维护者，在努力争取一些保护投资者免受赌博本能影响的条例并对免费交易模式持批评态度，但想要在华盛顿取得结果，这些组织的钱就比经纪商们和做市商们的钱少得多。乍得·明尼斯的政治行动委员会"我们喜欢这只股票"（We Like The Stock）代表红迪社区的子板块"华尔街下注"论坛。他说将让社区来决定推动解决哪些问题。他个人对同侪群组购买投机性股票持开放态度，尽管他承认这并不一定对他们有利。

"如果你阻止人们购买彩票，他们可能会做得更好，但他们的处境与即将退休的人大不相同。"

他说，也许有些人会以亏损的形式向华尔街支付学费来吸取教训。机器人顾问公司Betterment的创始人乔恩·斯坦因拥有许多千禧一代客户，并且只允许投资指数基金，他说年轻时进行过投机性交易，最终成本高昂，尽管在哈佛读本科时就被教导过这是愚蠢的行为。

"我在大学里学到我不应该那样做，然后我又学到了一次。"如果斯坦因接受的常春藤联盟名校教育没有保护他——他说买了安然公司的股票并在那上面赔了钱——那么大多数年轻人接受的最起码的金融教育不太可能帮助得了他们避免为游戏驿站股票支付每股450美元。危险不仅在于他们会损失一小笔钱，还在于他们最终会气馁到完全放弃投资。此外，由于复利的力量，早年损失的一美元可能比中年损失的一美元代价更为昂贵。股市的财富在年龄、种族和收入方面的分布已经是非常不均衡了。

颠覆者

如果找不到"下一个谷歌"

金融民主化让父母这样的普通人可以尝试找出"下一个谷歌"。这种说法有助于打造出一个听起来很了不起的金句,但对于太多数人来说,却倾向于产生一个糟糕的结果。你可能知道一些人,他在少数几只创造财富的神奇股票被发现之前就买了。不过,种种轶事加起来也并不能为大多数投资者带来回报。找出不仅上涨而且跑赢大市的股票的可能性比人们想象的要小,更不用说在涨跌中坚持持有它了。

一个保证找不到下一个谷歌的方法是购买当前的谷歌股票。罗宾汉的应用程序和任何致力频繁交易的社交媒体网站都会醒目地显示当天哪些股票出现大幅波动或有异常高的成交量。这不仅是为了通知你——这是通过让散户交易者们感觉他们错过了来诱使他们参与行动。巴伯和奥丁较新的研究表明,罗宾汉网站上的投资者在任何一天买入的股票中都有超过 1/3 是前十名中的股票。

这并不是说你从"华尔街下注"论坛上听说的那些不起眼的股票的赔率就好得多,通过购买个别证券来赚钱是非常困难的。人们把道琼斯工业平均指数或者那些碰巧存活并繁荣了几十年的公司的股价图表所创造的长期财富,与他们自己根据炒股小窍门采取行动可能会取得的经验混为一谈。尽管有证据表明投资者的想法无异于认为自己可以从大海里捞针,投资行业却并不急于打消他们的这种想法。

亚利桑那州立大学金融学教授亨德里克·贝森宾德(Hendrik

Bessembinder）研究了自 20 世纪 20 年代以来在美国交易所交易的 26 000 只股票，其中大部分已经不再交易。只有不到一半的股票赚到过钱，哪怕是一文钱。在那段时间里，一只股票最常见的回报是归零，仅仅 86 只股票就占了股票市场所有利润的一半——1% 的 3/10[13]。

但有两件事可以同时成立：大多数股票不赚钱，但整个股市几十年来却赚了很多钱。去赛马场和把钱投入市场之间的区别在于，你不可能通过押注每匹马来获利——赌场有内在的优势。购买一个包含股票市场所有未来赢家和输家的指数基金——可以说是从整个大海里捞针——从长远来看却是一种行之有效的积累财富的方法，而且它的成本也低了很多。

当然，指数基金为华尔街赚的钱要少得多。对典型的股票指数基金投资 10 000 美元每年将花费大约 9 美元，而典型的主动管理股票基金每年将花费 63 美元[14]。基金研究公司晨星报告称，2019 年美国共同基金的平均成本在 10 年内下降每年投资金额的 0.42 个百分点，这主要是因为许多美国人购买了指数基金。这些指数基金每年可为投资者节省约 1 000 亿美元[15]。

当然，一些投资界人士对此感到震惊。桑福德·伯恩斯坦公司（Sanford C. Bernstein & Company）的分析师在 2016 年的一份报告几乎是编造的，写道："通往农奴制的寂静之路：为什么被动投资比马克思主义更糟糕[16]。一个所谓的资本主义经济，其中唯一的投资是被动的，比一个中央计划经济或者一个实行以活跃的市场为主导的资本管理的经济更糟糕。"

"雨水般倾泻而至的补偿"

不要过于为华尔街烦恼。无论何时该行业的一部分被清洗掉，其他人马上就把空缺填补上了。最近的创新者不再收取佣金但拥有频繁交易的客户的经纪商。

经营零售经纪业务的公司在 2020 年取得了令人瞩目的业绩，这是其主要产品表面上免费的第一年。嘉信理财拥有较为保守的客户，收入接近 120 亿美元。据估计，私人持有富达的收入约为 200 亿美元。罗宾汉的收入与上一年同比增长 245%，达到近 10 亿美元。

共同基金也能赚到数量惊人的钱。尽管指数基金很受欢迎，但每年仍有数百亿美元支付给表现不佳的主动型基金，投资者通过追逐最新的超级明星或在动荡时期从股票基金中撤出资金来错上加错。根据晨星公司定期更新的估算，这些时机选择的错误每年使散户投资者损失约 1 000 亿美元。

然后还有华尔街的赚钱机器间接地会让散户投资者付出代价。养老基金和大学捐赠基金的财务健康影响着数百万美国人，它们每年向对冲基金等另类资产管理者⑤支付数百亿美元。2007 年，沃伦·巴菲特表示，他愿意以 500 000 美元为注与任何对冲基金经理打赌普通指数基金将击败对方选择的顶级对冲基金。

"然后我坐下来，满怀期待地等待基金经理们的游行队列……站出来捍卫他们的职业，"他写道，"毕竟，这些经理敦促其他人将数 10 亿美元押在自己的能力上。他们为什么害怕拿出自己的一点钱来冒一次险呢？"17

有一个人终于接受了挑战。前资产管理高管泰德·塞德斯（Ted Seides）选择了5只他没有透露的顶级基金。既然利润或损失只是纸上谈兵，那么，即使采用最独门的招数就不是问题。打赌的结果是如此不平衡——扣除费用后指数基金的收益是选定基金收益的4倍——以致赛德斯提前放弃了。巴菲特指出，对冲基金必败的原因并不是对冲基金界缺乏头脑，而是经理们用"深奥的胡言乱语"来辩解一个事实，即他们获得了"雨水般倾泻而至的补偿"，而且这些绩效费是不会返回来的。普洛特金在那些美好岁月里赚到的数亿美元被用来购买了海滨房产和黄蜂队的股份，而不必被用来赔付在模因股票逼空事件中遭受的、金额达到其客户资金之半的损失。

华尔街似乎总是能适应困难，并在政客的祝福下找到从投资者身上赚钱的新方法。在一种令人不安的发展中，资金少的个人投资者现在可以更轻松地投资受到成熟的私人基金青睐的公司，只是他们没有自己的分析师团队来剔除"垃圾"。例如，2012年的《乔布斯法案（JOBS Act）》实际上与工作无关，而是"启动我们的创业公司"（Jumpstart Our Business Startups）的首字母缩写，该法案严重削弱了保护投资者的规则，降低了销售额低于10亿美元的公司财务报告要求，并使它们更容易筹集资金。它们现在被允许"秘密地"提交首次公开募股申请，这是罗宾汉在模因股票逼空事件几周后自己使用的一项规定，并且该法案还扩大了无须在美国证券交易委员会注册即可进行股票发行的公司类型。

与此同时，特殊目的收购公司的繁荣与千禧一代、Z世代投资者，以及查马特·帕里哈皮蒂亚等网红的崛起相吻合，也使得绕过华尔街的大部分典型审查程序投资没那么有经验的公司成为可能。

人们最初对红迪网革命的反应是，它扭转了华尔街的局面并改变了一切。然而，如果你只是从"谁使谁变富"的角度来看，很难得出结论说局面发生了很大变化。大多数时候，金融是一项非常有利可图的业务，尤其是在公众对股票市场有广泛兴趣的时候。模因股票逼空事件远未对大人物们的生计构成威胁，而是华尔街每十年左右才会出现一次的大赚一笔的时机。

然而，作为"华尔街下注"论坛上成为攻击目标的一群交易者，即卖空者，可能受到永久性的打击，而这对小人物来说根本不是什么好消息。既然可以在社交媒体上安排逼空，那么从事这个不太受欢迎的行当的风险就变得更大了。

"空头们在保持价格有效方面发挥着重要作用，"斯威德罗解释道，"现在他们知道可能会遭到联合的势力攻击，我认为人们将来会有更多的泡沫。而买它们的又谁呢？散户投资者。"如果小弗雷德·施韦德坐在时光机里被传送到现代的华尔街，他需要一段时间才能搞清方向：社交媒体、零美元佣金、空白支票公司、高频交易员、表情包和智能手机。但他很快就会明白，金融界的新老板和旧老板是一样的。华尔街仍然是一个让客户拿不出钱的地方——尤其是当他们认为自己可以赢的时候。

但也有好消息：技术和竞争使华尔街成为一个比在过去糟糕的日子里对个人更友好、更有利可图的地方，只要他们玩的是一种别样的、不那么刺激的游戏。

后　记

也许您认为我对华尔街的态度过于愤世嫉俗，或者认为我没有给予年轻的红迪网造反者应得的评价，尽管如此，您还是已经读到这里了。或者，当我试图总览大局时，您的双眼可能会变得呆滞茫然，而您已经读到本书中的这个地方仅仅是因为游戏驿站逼空事件是一个令人难以置信的故事，至少在这一点上所有人都能达成共识。

无论您的同情心落在哪一方，请再忍耐一下我，读完本书的最后一章，因为我要开始讲述本书的实用部分了。看起来优洛交易员、对冲基金经理、经纪商和网红的命运跌宕起伏，或许看上去与您用自己的积蓄所做的事情相去甚远，但帮助您和公司也是这台巨大的赚钱机器的一部分。我之所以在20年前离开利润丰厚的金融界转而投身于以金融界为内容而报酬较低的写作领域，原因之一就是我认为自己可以帮助人们在鲨鱼出没成灾的金融界水域中航行。不过说大实话，我这样做主要还是因为这样十分有趣好玩。

就像体育记者经常是因为他们的运动生涯到少年棒球联盟[①]就已经达到巅峰于是就转向写作一样，投资作家们也经常因为他们的职业是仅次于作投资玩家的最好的事情而选择它，而且受伤的可能性

颠覆者

也要小得多。市场是卷入数百万人的一场不间断的斗智场所。投资者们不是争夺冠军奖杯或金牌,而是将他们的分数记录在即时更新的纯经济的分类账中。在某些方面这甚至更令人兴奋,因为像崩盘这样意想不到的事情可能打乱领先选手排名榜,而普通人可能会出人意料地让职业选手落败。2020 年开始之时,基思·吉尔和加布·普洛特金分别像一位无名的周末高尔夫球手和老虎伍兹[②],但吉尔才是那个穿着绿色夹克走开的人[③]。在我为了成为一名作家,鼓起勇气放弃在一家大型投资银行的股票分析师工作的那一天,我的老板问我是否有其他工作可以代替。有些话准备从我嘴里说出来,但我停了下来。我曾梦想成为该银行的一名专属交易员,用数百万美元的资金进行经过计算的押注,有点像内部对冲基金。不过,在内心深处,我知道就性情气质而论,我可能天生并不是这块料——很少有人是。现在我满足于在《华尔街日报》领导我团队的年度投资竞赛,在竞赛中我的选股始终平庸。

所以您不必说服我相信尝试投资股票市场的吸引力。它令人陶醉,但做一名活跃的交易者通常也是在浪费时间和金钱。你们中大约有一半的人智商高于平均水平(嗯,您很有品位才会买这本书,而且您还读到了这里,所以我们称这个比例为 70% 吧)。但在你们中的 80% 认为自己高于平均水平。您对自己的外表、诚实和投资能力的评估也是如此——一个又一个的实验证明了这一点。甚至刚刚发生的交通事故的大多数责任人也会认为自己是高于平均水平的司机。

但根据我的定义,大多数人是低于平均水平的投资者,据我所知,智商无济于事——记住所有那些牙医。"平均"这个说法只是在与您购买并忘记的指数基金的被动回报率做比较。如果您很有节制,那么每年的差额可能只有百分之零点几。如果您不是很有节制，那么它是百分之几。所有这些数以百万计的投资组合本来可以赚到钱，但每年失去了的钱加起来高达数千亿美元，这笔钱都用来支付我以前职业中人们的薪水和奖金。投资必须付出一些代价，但使用基于智能手机的"免费"交易应用程序的活跃交易者们只是购买过华尔街正在出售的产品的最新群体。

不过，这里还是有一些了不起的好消息：多亏了历年来的技术进步和激烈竞争，几乎不需要任何资金就能获得市场的长期回报，这是前所未有的容易。金融确实已经民主化了。一个世纪前，你所看到的关于在股市上投资的一美元如果不动它就会变成一大笔财富的这个说法的所有图表纯属理论，因为当时没有指数基金，佣金过高，甚至将股息再投资的成本也很高。您作为一名投资者可能做得都对，但仍然会被慢慢榨取大量资金。

然而，进步是一件有趣的事情：几乎所有青少年在他们的口袋里带着一个包含世界所有知识的设备四处走动，但他们不太可能像20世纪50年代的高中生那样告诉你《大宪章》④是什么。国家全年供应各种新鲜水果和蔬菜，但我们的饮食不如曾祖父母的健康。Instagram和奇多膨化食品（Cheetos）无须非常努力就可以比维基百科和球芽甘蓝卖得好。一个应用程序就能够把大量五彩纸屑倾泻到你头上，使你身体里的多巴胺猛增，让你分享股票的秘密，这比起将你的积蓄存入无聊的指数基金、聘请一位顾问或者让一套算法处理你的财务来是更加有趣的方式。

每当有关于普通投资者遭受重大损失的惊人数字出现时，这个行业都会点点头，强调进行投资者教育很有必要。这话我不同意。

· 271 ·

例如，对按职业划分的投资回报率的研究就表明，教师比从事金融工作的人有更好的个人回报率。为什么？因为后一组中人自负到就像他们有某种优越条件一样。

除了了解关于税收和退休的不断变化的规则之外，你还需要知道的主要事情就是：那些拿着高薪选择投资股市并且拥有比你好得多的计算机的人的确在努力试图击败市场。到目前为止，人们用自己的钱能够做好的事情就是将其投资于简单而便宜的东西，然后尽可能少去想它——这是前几代人不可能享有的奢侈。

不幸的是，我们的大脑已经准备好在一座真正的丛林而不是金融丛林中采取行动和自我保护。在像盛行于2020年和2021年的牛市中，宣扬谨慎行事尤其困难，因为成功，或者准确说来是同侪中人的成功，让人们相信积极投资是一件容易的事情。对于最活跃但对华尔街最少迷恋的较年轻的人们来说，比向他们讲授复利更有效的一个方法可能就是告诉他们如何才能真正教训一顿大人物——不去玩大人物的游戏。

我在本书中已经反复指出，公众认为快速发财很容易的时期就是对于华尔街最好的时期。尽管如此，我也受到所有那些在游戏驿站股票逼空期间开立经纪账户的人的鼓舞。对股票的敞口严重不平衡。股票占美国人财富的百分比在2021年4月创下历史新高，但根据联邦储备委员会的《消费者财务调查》显示，股票的增长不均衡。按净资产计算，1%最富有的美国人拥有全部股票的38%，包括那些在退休账户或养老基金中持有的股票。较穷的一半人只拥有7%的股票，大部分还是间接拥有的[1]。

这是一种耻辱。我们的历届政府和雇主们在帮助我们支付退休、

后 记

教育和医疗保健方面的作为正在变得越来越少。唯一一个好的替代选项就是拿出我们当前收入的一部分，并让它在几十年内利滚利成为一笔储备金。做到这一点最好的方法就是与华尔街打交道，这需要付出一些代价，但不一定很多。信不信由你，这群20来岁的新投资者对我这个年纪的人们大多不知道的某些事情有正确的想法。这里有几个例子。

专家们被高估了

年轻的新投资者阶层的一个标志性特征是不信任穿着西装、提供财务建议的严肃人士，而这可能不是一个什么大不了的错误。但奇怪的是，许多人有多不愿意信任那些严肃人士，就有多愿意接受由社交媒体上的人们众筹的或由像一位硅谷亿万富翁的某位网红提供的投资建议。我们倾向于关注财务上成功的人，并更加看重他们的投资敏锐度，尽管有大量证据表明他们特定的股票并不好，但人类天生就是跟风者，虽然这对他们不利。

我在《华尔街日报》的团队试图通过跟踪备受关注的索恩投资大会上的演讲者，诸如大卫·艾因霍恩、比尔·阿克曼，当然还有加布·普洛特金和查马特·帕里哈皮蒂亚等人的选股和评股，以轻松的方式说明这一点。我们从伯顿·马尔基尔（Burton Malkiel）的经典著作《漫步华尔街》⑤中汲取了灵感，他写道："一只蒙着眼睛在报纸的金融版上投掷飞镖的猴子可以选中一个投资组合，其表现与专家们精心挑选的一样好。"[2]

颠覆者

我没有花5 000美元在会场坐下来聆听明星们浸透智慧的珠玑之言,而是步行到四十二街的Modell体育用品店,花9.99美元买了一套飞镖。"猴子"还在延期交货中,所以我们人类记者必须填补它们的空缺,往《巴伦周刊》仍然每周印刷出版的完整美国股市上市名单上轮流投掷长短两种飞镖⑥。您问结果如何?在接下来的12个月里,我们的投资组合以22个百分点的优势击败了基金经理们。一切尽在抬腕之间[3]。

我们的例子不是机缘巧合。CXO咨询集团对2005年至2012年68位知名投资专家的投资建议进行了更深入、更长期的研究,这些专家包括"我为钱狂"栏目⑦的吉姆·克莱默、高盛的艾比·约瑟夫·科恩(Abby Joseph Cohen)和各种投资通信作者。在此期间,来自这个显赫群组的6 582条经过验证的建议的准确率仅为47%,或者说比抛硬币还差[4]。

如果你现在做投资只是用抛硬币来做决定,那可能还不那么糟糕,花钱请人帮你掷硬币就是另外一回事了。标普道琼斯指数对股票基金经理们进行的一项为时15年的研究表明,近90%的股票基金经理在这段时间内未能击败一只简单、低成本的指数基金[5]。原因并非无能:一旦计入花在他们身上的各种费用和管理成本,基金经理作为一个整体就与市场相当,因为他们的总投资组合几乎就是市场。至于技能,虽然我确实相信它存在,但很难凭短短几年的统计数据上将它与运气区分开来。晨星评选出的五位截至2010年底的"十年基金经理"中没有一位在下一个10年中甚至勉强击败过市场。

关于基金,唯一的确定因素是它们的成本。指数基金先驱先锋领航集团的已故创始人约翰·博格以一名年收入为30 000美元的30

岁女性为例,计算在共同基金上的数据,该女子将10%的薪水用于积蓄并获得每年3%的加薪。假设股票市场每年上涨7%,那么到70岁时,她将在一只典型的主动管理型共同基金中积蓄561 000美元,如果投资该基金的回报率扣除费用和其他成本之前与市场回报率相同,她在股票指数基金中的积蓄还将多出2/3,即927 000美元[6]。

当然,要真正获得这些理论上的回报,您必须……

做一个持股人[8]

最好的时代就是最坏的时代,至少对于让积蓄发挥作用的事情是这样。可能是因为新冠病毒肺炎造成的熊市如此短暂和剧烈,经济刺激支票带来的钱在他们的口袋里留不住,或者只是因为他们从未遭受过损失一大笔积蓄,但Z世代和千禧一代在2020年3月做了正确的事并"拼了老命坚持",即利用暂时较低的价格买入股票。根据晨星对520 000个退休账户的研究,年龄较大且被认为更聪明的投资者不太可能这样做[7]。

关于熊市的最大误解是,认为它们不利于我们实现长期的投资目标。然而,它们是获得长期回报的前提,而且完全不可避免。其实,影响我们业绩的主要原因是,在经济反弹的时候,当情况看起来真的很可怕的时候,没有及早投资,这是我们对经济损失的恐惧造成的。行为金融学的核心发现之一是,亏损让我们痛苦甚于同等收益让我们快乐。

但是"华尔街下注"论坛的人群的表现不同,他们扎堆买入股票,而且其中一些是最受打击的股票,得到的结果很了不起。虽然我不建议只购买可能会破产的公司,更不用说像赫兹这样已经破产的公司了,但在不景气的时候做全面而大胆的投资却对长期回报大有裨益。

市场上最赚钱的日子很容易错过。摩根大通资产管理公司查看了截至 2020 年底的过去 20 年的情况并得出结论认为,股市 7 个最好的日子中有 6 个是在这段时间最糟糕的两周日子之内,因此机会可能有时是在投资者已经赚到一些钱走之后,或者最不可能将新的积蓄投到股票上的那些时刻。紧随 2020 年第二糟的那一天,即 3 月 12 日,是第二好的一天。

如果你在这 20 年期间一直全部投资于股票指数基金,那么到 2020 年底,10 000 美元将变成 42 231 美元。如果仅仅错过最好的 10 天,您将只剩下 19 437 美元,或者说不到一半;错过了最好的 20 天,这个数将减少到 11 474 美元,这比您在没有风险的银行储蓄账户中的收入还要少。而且,令人难以置信的是,错过 30 天最好的日子会让你赔钱。不到全部天数 1% 的日子为你在股票市场上赚得了全部回报——如果你在场的话。

这是一个典型的例子,养老金储蓄较多的年长个人投资者因过度谨慎而让自己付出了巨大的代价。例如,每月存入股票共同基金的钱往往会在牛市结束前不久达到顶峰,此时感觉投资安全,然后在股票变得便宜得多并处于复苏过程中时暴跌。2020 年 1 月,也就是对新冠病毒肺炎大流行的担忧出现之前的最后一个完整的月,同样的趋势在新冠病毒肺炎造成的股市恐慌中出现并像服用过兴奋剂般迅猛发展,167 亿美元被投入了共同基金。同年 3 月和 4 月,正当市场开始飙升时,有3 830亿美元的资金被猛然撤资[8]。

出于后知后觉,许多读到这里的人会想,要是他们用自己的积蓄做了同样的事情就好了。保证你至少在某些时候低买高卖的一种方法是,决定你在股票市场上的资金比例,以及你希望有多少资金用于更安全的投资。在日历上圈出一个日期吧,不管新闻头条多么乐观或可怕,都卖出或买入一些你所持的股份来恢复相同的百分比。

这听起来很复杂,但这是21世纪,没有什么必须是复杂的。也许是时候说……

机器人大佬

除非你自律到令人难以置信的地步并专注于你的积蓄,否则为什么不将这个流程外包给可以自动重新平衡你的投资组合的计算机程序呢?尤其是对于可能还没有攒很多钱、更愿意与应用程序而不是人类互动的年轻一代来说,智能投资顾问是一个不错的选择。智能投资顾问平台如财富前沿(Wealthfront)、SigFig、马库斯(Marcus)、Betterment、嘉信智能投资组合(Schwab Intelligent Portfolios)和先锋领航数字顾问(Vanguard Digital Advisor)等公司拥有大约万亿的1/4资产,这个量少得惊人。在自动重新平衡指数基金低成本投资组合、承担小额损失为人们节省纳税支出方面它们至少和人类一样高效。而且,由于工作是由计算机完成的,它们的服务费用大约是人工费用的1/4。

机器人顾问不像交易应用程序带来相同程度的兴奋,并且还会在交易时故意降低客户的速度,但……

有点摩擦力是好事

有很多行当都是围绕客户的冲动决策建立起来的,而其中大多数的名声都不好。分时度假和汽车销售就是两个例子。让我们改变投资变得更困难,或者至少迫使我们多走一步来考虑一下,这可能非常有价值。我们可能不能强迫基于应用程序的经纪商把他们的产品搞得更迟钝,但我们可以选择一件能够解释我们行为的后果并提前中止糟糕的产品。例如,机器人顾问 Betterment 会告诉您在出售基金股份之前需要缴纳多少资本收益税。

在管理财务方面,人工虽然可能更昂贵,但在一件重要的事情上仍然要好得多:说服您不要做出危险的甚至愚蠢的决定。这中间的好处可以很快得到证明。自弗雷德·施韦德讲述他关于客户游艇的笑话以来,世界已经走了很长一段路。与其找一个鼓励您积极参与并购买某些产品的经纪商,不如寻找一位顾问,他是受托人并收取固定的费用。你们的利益将保持一致。

在过去的日子里,找到某个人来处理一位中产阶级人士的财务会是一件难事。今天,由于有了自动化手段,一位财务顾问可以处理很多账户,因此他们中的有些人愿意承担为一位"亨利"(HENRY)理财的工作,所谓"亨利"是"高收入,但尚不富有"者[①]的意思。而我们中的大多数人收入不高,还不富裕,这就是为什么我们不得不如此担心自己的财务状况的原因。从长远看,成本确实很重要。而最便宜的选择——便宜到几十年前的投资者们几乎无法想象——就是……

自己动手

本书警告了人们要小心互联网上的免费交易和免费建议，这两者都主要是刺激年轻人成为过度活跃的潮流追随者，而并不意味着你使用相同的工具就必须成为其中的一员。我曾经计算过过去一年我支付本地健身房的费用，结果是每小时1.03美元。如果它只有像我这样的客户，可能就已经经营不下去了。健身房的商业模式建立在要么因为下定"新年要有新开端"式的决心而加入，然后再也不露面的人，要么支付大量额外费用（比如，为了个人训练）的人身上。

我是所谓的"经济上搭便车者"，您也可以是。罗宾汉和其他折扣经纪商就像星球连锁健身房的镜像，希望它的很多客户确实出现并进行交易，但没有要求必须这样做。如果您愿意，您可以每年出现一次，甚至更少，而且您不必做任何功课，像先锋领航、安硕（iShares）、嘉信理财和其他公司提供的如同股票一样交易的指数基金现在每年只需花费0.03%即可，使你得到交易数百甚至数千只股票的机会。我通过折扣经纪商拥有几只股票，当我省下了一些钱或获得了股息时再买一点就（几乎）是免费的。

这些基金的价格很难被击败，但也许您想构建自己的多样化投资组合，其中包含几十只您要购买和持有的股票。有很多好地方可供在线寻求建议（抱歉，"猿猴们"，可能不是"华尔街下注"论坛哦）。例如，您可能会因为特斯拉是许多基金都在关注并希望据之以进行微调的基准股票指数中最大的股票之一而感到困扰（或高兴），也许您喜欢沃伦·巴菲特，并希望拥有比标准普尔 500 指数中更多的伯克希尔·哈撒韦公司股票。只要您注意纳税并且不经常去动您的投资组合，零佣金时代就会让这一切变得免费。

您甚至可以获得指数基金的一种优势。假设您拥有埃克森美孚（Exxon Mobil）和家乐氏（Kellogg）的股票，而它们的价值已经下降，您可以亏本出售它们以减少税单，然后为了避免引起税收处罚，再用这笔钱购买雪佛龙和通用磨坊等非常相似公司的股票，然后若有必要，重复以上步骤。

不够刺激？如果您有一种更活跃的倾向，那么至少限制损失。仅将您积蓄的一小部分划归到允许您购买个股的账户中，这将限制任何自我伤害，同时给您一条渠道来发挥自己内在的股市天赋。请避免保证金贷款和金融衍生品。如果我提出这个建议让您失去了一宗世纪性的未来交易，请继续责备我，但是……

请了解赔率

我尽管读到人们因为非常集中的下注而迅速致富的故事令人兴奋，例如，吉尔在游戏驿站股票上的 1 000 倍回报，但要把才华与运气分开是很难的，而股市的大部分财源都是后者。分散押注还有一个数学上合理的理由。

后 记

想想维克多·哈加尼（Victor Haghani）的一些引人入胜的研究吧，这个名字可能会为一些读者敲响警钟[9]。他不仅是金融界最敏锐的头脑之一，而且还是一个以艰苦的方式学习事物并实践他所宣扬的东西的人。哈加尼是长期资本管理公司（Long-Term Capital Management）的合伙创始人之一，这家由诺贝尔奖获得者组成的对冲基金认为自己通过几乎完全相同的证券在价格上的微小差异已经找到了一台免费的赚钱机器。它使用借来的、事后看来数额大的钱来下注，因为它说服了银行相信它所冒的风险是最小的。

这些风险不是最小的。正如罗杰·洛文斯坦（Roger Lowenstein）的《营救华尔街》[10]一书精彩讲述的那样，该基金在1998年崩溃并几乎将全球金融体系与它自己一起摧毁。如今，哈加尼是Elm Partners的首席投资官，该公司为富裕人士经营指数基金投资组合，其中包括他的许多高级金融界朋友。这些人可以接触到最优秀、最聪明的对冲基金经理。相比之下，该公司收取低费用，不使用借来的钱，并且由一个计算程序而不是热门经理运营。它利用价值和动量来占其他追逐泡沫或恐慌抛售的投资者的便宜。

在一项研究中，哈加尼邀请了一群研究生抛掷硬币并赢取高达250美元的奖金。他给了他们25美元的起始赌本和一个很大的优势——一枚60%的时间赢、40%的时间输的加权硬币。他们可以在每次抛掷时如己所愿用尽可能多或尽可能少的现金下注。令人惊讶的是，这群想来很聪明的人中有30%最终赔光了所有的钱。他们犯了在某些抛掷上下注过多的错误。

鉴于他们所拥有的优势，这听起来令人难以置信。更重要的是，您不必完全不计后果地押上你的全部银行存款来把事情搞砸——只押一半就足够危险的了。"你只活一次"已成为热爱风险的一代投资者的战斗口号,但正如哈加尼破产了的测试对象学到的那样……

过早赔钱也伤人

我们大多数人听过这样的例子:年轻人把薪水的一部分存了10年,而老年人把同样的钱存了20年,但最后后者积攒的钱反倒较少。这是许多父母给他们的高中或大学毕业的孩子做的关于节俭和复利的演讲,但这番话很快就被忽视了。把钱浪费在大量薄荷摩卡拿铁上,与在你22岁时以优洛方式押注模因股票从而挥霍金钱并没有太大的区别。

对红迪网革命温和的看法是它在年轻人还没有太多东西可以失去并且还可以东山再起的时候为他们提供了良好的金融教育。对于一些后来成为更稳健和更成功的投资者的人来说事情确实如此,比如,Betterment创始人乔恩·斯坦因,他购买了安然的股票却赔了钱,而在许多情况下事情却并非如此。情感上的损失可能比经济上的损失更严重。如果股票被视为与基础价值分离的投机对象,或者你因为自己的错误而对经纪商或对冲基金感到愤怒,那么你也很容易对投资本身感到愤世嫉俗,而你今天损失的每一分钱明天都可能因你不信任市场而未能建立起储备金招致更高的代价。相反,年轻的投资者们倒是应该怀疑正在将其利润最大化并试图将投资"民主化"的公司,以及那些用投资者的钱来影响投资者所做的事的冷静、富有的人们。

后 记

我要回到我在引言中所作的电影类比：你们中的一些人捡起这本书来，只料想会读到游戏驿站股票逼空的故事，观看另一部《克隆人的攻击》，我则试图通过在整个放映过程中在您耳边窃窃私语来毁掉它，我悄悄地告诉您帕尔帕廷议长是一位西斯尊主，所有的英雄事迹都是徒劳的。不过，这只是我对所描述的事件的类比。华尔街并不邪恶或无所不能——它只是利润丰厚而且并不总是透明的生意的集成。如果您至少是中产阶级，就很难避免它，但它不一定是昂贵的或者剥削成性的。

愿力量与您同在。

致　谢

人们说写书很像生孩子，这句话现在我甚至更相信了，因为我已经获得了我的第二波文学乐趣。我忘记了上次写书的艰难程度，如果没有这种记忆缺失，我想世上会少很多书和阅读它们的人。一开始一切都再一次非常激动人心，随后几个月一直想知道自己陷入了什么境地。最后，你筋疲力尽但又充满自豪，向你遇到的每个人炫耀，无论他们是真的感兴趣还是仅仅出于礼貌。

你就像一个婴儿，写书这件事自己完成不了，一本书涉及的人很多。首先也是最重要的，我要感谢我的家人。几个月来，他们很少见到我，因为我每天晚上、每个周末和每个假期都在工作，进行了很多次 Zoom 采访，并在房间里到处留下了成堆的纸。而他们所要做的不仅仅是容忍我：在我知道什么是钻石手之前，我的儿子约纳提供了灵感，并教给我红迪网的运作方式。埃利奥特自始至终都问的是一些聪明的问题，并说服我经常散步来打破写作的单调。丹尼整理了我的笔记，我对"华尔街之狼"的采访让他比我自己还激动。

我才华横溢的妹妹朱迪·费斯特（Judy Feaster）宁愿阅读普鲁

致　谢

斯特的原著而不是我臃肿乏味的文字，却大大改进了初稿。我妻子尼科尔提出了重要的建议并让我总有咖啡喝；我妈妈维罗妮卡一如既往地支持我。

推销一本书通常是件很困难的事，但正值模因股票逼空仍在展开之际，我的经纪人埃里克·卢弗（Eric Lupfer）和Portfolio出版社的阿德里安·扎克海姆（Adrian Zackheim）、尼基·帕帕多普洛斯（Niki Papadopoulos）立即看出了这个项目的前景。当然，还有我的编辑诺亚·施瓦茨贝格（Noah Schwartzberg）和他的助手金佰利·美伦（Kimberly Meilun），他们在每一页上都留下了指纹。如果没有诺亚的指导，这本书可能连现在的一半都达不到。本书任何缺点都是我一个人的。

《华尔街日报》是我过去10年的家外之家，我希望还有更多的人到这个家来。我在那里的同事们是我的灵感源泉。他们包括我的编辑查尔斯·福雷尔（Charles Forelle）、戴维·赖利（David Reilly）和马特·默里（Matt Murray）的团队以及许多才华横溢的记者，他们轻而易举就对游戏驿站股票逼空事件作出了最出色的报道和评论。他们是朱莉娅·魏尔兰（Julia Verlaine）、杰弗里·罗戈（Geoffrey Rogow）、格雷戈里·祖克曼（Gregory Zuckerman）、泰利斯·德莫斯（Telis Demos）、乔恩·辛德鲁（Jon Sindreu）、丹·加拉格尔（Dan Gallagher）、詹姆斯·麦金托什（James Mackintosh）、克里斯托弗·米姆斯（Christopher Mims）、朱丽叶·钟（Juliet Chung）、大卫·贝努瓦（David Benoit）、贡扬·班纳吉（Gunjan Banerji）、彼得·鲁德盖尔（Peter Rudegeair）、大谷茜（Akane Otani）、杰森·茨威格（Jason

Zweig)、凯特琳·麦凯布（Caitlin McCabe）和雷切尔·路易丝·因赛因（Rachel Louise Ensign），您也可以在尾注中看到他们大部分人的名字。

一本书通常到这里应该是整篇致谢转向所有资料来源以表谢忱的部分，这些资料来源包括一些知道自己是谁但选择保持匿名的人。我会马上联系他们，但我也必须感谢成千上万的人，他们的真名我可能永远不会知道，因为他们躲在红迪网上的化名后面，比如cd258519、Stonksflyingup和Techmonk123。他们提供了关于"华尔街下注"论坛如何看待模因股票逼空事件以及基思·吉尔从默默无闻崛起到传奇地位的实时评论。

说到名字，我知道并且能够发表的人，我非常感谢詹姆·罗戈津斯基、吉姆·查诺斯、安德鲁·勒夫特、彼得·阿特沃特、杰伊·范·巴维尔、彼得·切奇尼、伊霍尔·杜萨尼夫斯基、乔丹·贝尔福特、本·亨特、凯特·兰伯顿、塞思·马奥尼、奎因和芬利·穆里根、德文·瑞恩、乍德·明尼斯、丹·伊根、拉里·斯威德罗、斯科特·内申斯、霍华德·林德森、乔恩·斯坦因、基思·怀特、芭芭拉·罗珀、玛格丽特·奥马拉、桑德拉·楚和肖恩·伯克。

最后，我想说一个如果晚出生60年可能就会成为一只"猿猴"的男人：我父亲约翰·贾卡布（John Jakab）。他在我十几岁的时候就去世了，他作为难民来到这个国家，除了身上的衣服几乎一无所有。甚至在他把我妈接过来、我姐姐和我出生之前，他就已经痴迷于股市并发财了。从我仍然拥有的泛黄的美林股票对账单来判断，我认为他对华尔街做出了一份不错的贡献。我不知道如果他使用基于智能手机的应用程序和"免费"交易服务会做得更好还是更差,但我知道他会很想尝试一下。

注 释

引 言

1. 伯顿·G.马尔基尔,"指数基金比一些主义更糟糕吗?"《华尔街日报》,2016年4月24日。

第一章 小猫先生去华盛顿

1. 马特·莱文,"游戏驿站听证会没有猫登场",彭博社,2021年2月19日。
2. 尼尔·凯萨,"听证会是一个正在寻找问题的解决方案的地方",彭博社,2021年2月19日。
3. 维罗妮卡·达格和凯特琳·麦凯布,"罗宾汉想要更多女性投资者:其他人也是如此",《华尔街日报》,2021年1月7日。
4. 内特·雷蒙德和艾米丽·弗利特,"美国法官接受SAC的认罪答辩,批准12亿美元的交易",路透社,2014年4月10日。
5. 格雷戈里·祖克曼和罗伯·科普兰,"SAC的顶级投资组合经理将创办自己的对冲基金",《华尔街日报》,2014年4月6日。
6. 汤姆·马洛尼和赫玛·帕尔玛,"在大赚230亿美元的日子里,科尔曼领衔15只赚到钱的对冲基金",彭博社,2021年2月10日。

注 释

7. 康拉德·路易斯,"取得成功:对加布里埃尔·普洛特金的深度访谈"播客视频《闪闪发光的一切》,第8集,2020年7月22日,www.allthatglitterspodcast.com/episodes/episode-08-interview-gabe-plotkin。
8. 贝丝·莱文,"以激发人们的惊悚恐惧而闻名的对冲基金经理希望通过鬼屋歌曲《来吧,十月》来轻松气氛","坏事者"网站,2019年1月14日。
9. 玛西娅·维克斯,《肯·格里芬:对冲基金巨星》,《财富》,2007年4月16日。
10. 罗伯·科普兰,"城堡的肯·格里芬将2008年的挫折远远抛在身后",《华尔街日报》,2015年8月3日。
11. 克里·多兰、蔡斯·彼得森-惠特恩和詹妮弗·王,"福布斯世界亿万富翁榜",《福布斯》,2021年4月6日。
12. 凯瑟琳·克拉克,"城堡首席执行官肯·格里芬是怎样建立起价值10亿美元的财富帝国的",《华尔街日报》,2020年10月8日。
13. 扎卡里·温布罗德,"对冲基金之王、共和党的一位超级捐助者与民主党人对峙",《政客》,2021年2月18日。
14. 汤姆·马洛尼,"城堡证券受到关注",《彭博市场》,2021年4月6日。
15. 劳伦·费纳,"红迪网首席执行官哈夫曼为平台在游戏驿站股价飙升中的作用辩护",美国全国广播公司财经频道(CNBC),2021年2月18日。
16. 雅各布·帕西,"红迪网联合创始人亚历克西斯·奥哈尼安把游戏驿站逼空比作占领华尔街:'这就是新常态,'"市场观察网站,2021年1月29日。
17. 唐·沃恩,"股市狂热情绪",Invisibly调查,2021年2月16日,www.invisibly.com/insights/gamestop。
18. "什么是受托人?" 罗宾汉网站,2021年8月访问,https://learn.robinhood.com/articles/4tkv1OEIDNMnukYHxwzYCm/what-is-a-fiduciary。
19. 小马克·舍夫,"罗宾汉起诉推翻马萨诸塞州信托规则",《投资新闻》,2021年4月15日。

· 289 ·

第二章　2019年9月8日

1. Techmonk123,"对'嘿,伯里,非常感谢你提高了我的成本基础'的回应",红迪社区,2019年9月8日,www.reddit.com/r/wallstreetbets/comments/d1g7x0/hey_burry_.thanks_a_lot_for_jacking_up_my_cost。
2. 杰森·茨威格,"罗宾汉交易员呐喊:'这对我来说只是一场游戏'",《华尔街日报》,2021年3月26日。
3. "权威人士人气:自信心战胜准确性的情况",华盛顿州立大学(WSU)内部人士,2013年5月28日。
4. 对赛斯·马奥尼的电话采访,2021年5月28日。
5. 对杰伊·范·巴维尔的电子邮件采访,2021年2月28日。

第三章　杀手级应用程序

1. 帕基·麦考密克,"罗宾汉罗宾汉了罗宾汉,不让人烦(博客),2021年2月1日,www.notboring.co/p/robinhood-robinhooded-robinhood。
2. 对詹姆·罗戈津斯基的Zoom视频采访,2021年2月19日。
3. 安娜·马扎拉基斯和艾莉森·肖特尔,"免费股票交易应用程序罗宾汉的创始人最初被75位风险投资家拒绝——现在他们的初创公司价值13亿美元",《商业内幕》,2017年7月6日。
4. 通过电话和谷歌视频会议应用程序对霍华德·林森进行的采访,2021年5月23日和28日。
5. 罗伯·沃克,"罗宾汉是如何说服千禧一代一路交易挨过一次传染病大流行的",《标杆》【以色列主要经济类报纸,译者按】,2020年6月1日。
6. 汤姆·梅特卡夫和朱莉娅·维尔哈格,"罗宾汉联合创始人白居·布哈特和弗拉基米尔·特涅夫是硅谷的速生亿万富翁",彭博社,2018年5月12日。
7. 妮娜·齐普金,"这家价值数十亿美元公司背后的企业家们分享了他们对于'没有值得信赖的合作伙伴,成功将无从谈起'这一观点的看法",《企业家》,2018年6月14日。

注 释

8. 罗宾汉市场公司，2021年7月1日的S-1表格（招股书），可在以下网址获取：www.sec.gov/Archives/edgar/data/0001783879/000162828021013318/robinhoods-1.htm。
9. 亚伦·列维，"简单性论题"，《快公司》，2012年5月2日。
10. 凯特琳·麦凯布，"马萨诸塞州监管机构对罗宾汉提出控告"，《华尔街日报》，2020年12月16日。
11. 麦凯布，"马萨诸塞州监管机构……"
12. 对芭芭拉·罗珀的电话采访，2021年2月26日。
13. 弗拉基米尔·特涅夫，"罗宾汉用户受到攻击"，《华尔街日报》，2021年9月27日，www.wsj.com/articles/robinhood-users-regulation-retail-investing-order-flow-access-to-capital-investing-11632776071。
14. 对基思·S.怀特的电话采访，2021年5月14日。
15. 苏珊·温申克，"使用不可预测的奖励来保持行为持续"，《今日心理学》，2013年11月13日。
16. 伊恩·索尔兹伯里，"这位是理查德·泰勒，因为帮助您退休储蓄，他刚刚获得诺贝尔奖"，《金钱》，2017年10月9日。
17. 詹姆斯·崔、大卫·莱布森和布丽吉特·C.马德里安，"计划设计和401（k）储蓄结果"，《国家税务杂志》，2004年6月。
18. 马扎拉基斯和肖特尔，"罗宾汉的创始人……"
19. 乔·魏森塔尔和特蕾西·阿洛韦，"罗宾汉怎样靠免费交易赚钱"，零星股票播客，2020年7月29日。
20. 戴夫·迈克尔斯和亚历山大·奥西波维奇，"罗宾汉金融将支付6 500万美元解决美国证券交易委员会（SEC）的调查"，《华尔街日报》，2020年12月17日。
21. 戴夫·迈克尔斯，"罗宾汉同意支付7 000万美元解决监管调查"，《华尔街日报》，2021年6月30日。
22. 彼得·鲁德盖尔，"罗宾汉正在谈判解决金融业监管局对期权交易做法、交易中断的调查"，《华尔街日报》，2021年2月26日。
23. 对杰伊·范·巴维尔的电子邮件采访，2021年2月28日。
24. 对桑德拉·朱的Zoom视频采访，2021年5月29日。
25. 《社交网络》，大卫·芬奇执导（哥伦比亚电影公司，2010年）。

26. 凯蒂·柯林斯,"前首席执行官鲍康如抨击红迪社区'放大'种族主义和仇恨",互联网科技资讯网(CNET),2020年6月2日。
27. 对玛格丽特·奥马拉的电话采访,2021年3月3日。

第四章　2019—2020 跨年冬季

1. fieldG,"对 DeepF**kingValue 的帖子'GMEYOLO 月末更新 2020 年 2 月'的回复",红迪社区,2020 年 2 月 29 日,www.reddit.com/r/wallstreetbets/comments/fbc49g/gme_yolo_monthend_update_feb_2020。
2. 基思·吉尔,咆哮小猫的 YouTube 视频字幕文本,2020 年 8 月 4 日。
3. 大卫·马里诺-纳奇森,"这就是华尔街唯一一看涨游戏驿站股票的分析师仍然乐观的原因",《巴伦周刊》,2019 年 9 月 11 日。
4. 辉盛研究系统。
5. 萨利·弗兰齐和肖恩·朗鲁瓦,"遇见千禧一代——这些人希望通过愚弄华尔街最危险的石油公司之一,要么发财或要么去死",市场观察网站,2016 年 3 月 30 日。

第五章　逐底竞争

1. 斯蒂芬·米姆,"经纪费的消亡已经酝酿了 50 年",彭博社,2021 年 1 月 3 日。
2. 马特·伊根,"这个应用程序使交易行业陷入一片混乱",美国有线电视新闻网(CNN)商业新闻,2019 年 12 月 13 日。
3. 丽莎·贝尔福斯和亚历山大·奥西波维奇,"零佣金竞赛",《华尔街日报》,2019 年 10 月 5 日。
4. "追踪罗宾汉"(Robintrack)提供的"零售交易晴雨表",https://robintrack.net/barometer。
5. 道恩·林,"罗宾汉引发用户对波动市场上交易反复中断的愤怒",《华尔街日报》,2020 年 3 月 9 日。
6. 对丹·伊根的电话采访,2021 年 4 月 7 日。
7. 凯特琳·麦凯布,"马萨诸塞州监管机构对罗宾汉提出控诉",《华尔街日报》，2020 年 12 月 16 日。

8. 思薇雅·赫伯斯特 – 贝利斯．"尽管活跃度因大流行而沉寂，著名的投资者们还是发布了创纪录的 2020 年回报"，路透社，2021 年 1 月 6 日。

9. 克里斯汀·威廉姆森，"对冲基金研究公司 HFR 称对冲基金 2020 年取得十年最佳回报"，《养老金和投资杂志》，2021 年 1 月 8 日。

10. "对 2020 年至今情况的评估"，SoFi 公司的博客文章，2020 年 7 月 13 日，www.sofi.com/blog/taking-stock-of-2020-so-far。

11. u/never_noob，"对'华尔街下注'论坛的官方调查结果出来了！"红迪社区，2017 年，www.reddit.com/r/wallstreetbets/comments/52tfrg/official_wsb_survey_results_are_in。

12. 格雷厄姆·弗拉纳根，"'高脚凳运动'公司创始人在新冠疫情期间从赌博转向日间交易——他说他损失了 647 000 美元"，《内幕》，2021 年 4 月 20 日。

13. 戴夫·波特诺伊（@stoolpresidente），"我相信沃伦·巴菲特是个很棒的人。但一谈到股票，他就完蛋了。现在我是老大了 #DDTG"，推特，2020 年 6 月 9 日，上午 9：41，twitter.com/stoolpresidente/status/1270350291653791747。

14. 斯蒂芬·甘德尔，"罗宾汉提供购买股票的贷款——这些贷款被拖欠的可能性增加了 14 倍"，哥伦比亚广播公司（CBS）"财富观察"频道新闻，2021 年 2 月 5 日。

15. 对彼得·阿特沃特的电话采访，2021 年 2 月 10 日。

16. 弗兰克·范·戴克，"散户投资者的重新崛起"，Global X ETF 的博客，2020 年 10 月 15 日。

17. 格雷戈里·祖克曼和米莎·弗兰克尔 – 杜瓦尔，"当老手发愁时，散户在股票上掷骰子"，《华尔街日报》，2020 年 6 月 9 日。

18. 丹·朗克维修斯，"赫兹是如何欺骗业余投资者的"，《福布斯》，2020 年 7 月 1 日。

19. 诺亚·韦德纳，"罗宾汉那群人在 2020 年的表现有多好？"，《一切照常》，2020 年 12 月 21 日。

20. 对拉里·斯威德罗的电话采访，2021 年 4 月 27 日。

21. 伊莎贝尔·李，"多个智库表示，特殊目的收购公司正在'以牺牲散户投资者的利益为代价'蓬勃发展,监管机构应采取这 5 个步骤来修复市场",《商业内幕》,2021 年 3 月 7 日。

22. 大卫·约翰和柯蒂斯·杜贝,"金融交易税将损害经济并扼杀美国的就业机会",《传统基金会报告》,2012 年 1 月 11 日。

23. 亚伦·克莱因,"什么是金融交易税?",《布鲁金斯学会报告》,2020 年 3 月 27 日。

第六章 2020 年 4 月

1. Cd258519,"对 DeepF**kingValue 的帖子'GMEYOLO 月末更新 −2020 年 4 月'的回复",红迪社区,2020 年 4 月 30 日,www.reddit.com/r/wallstreetbets/comments/gb3ctb/gme_yolo_monthend_update_apr_2020。

2. 乔内尔·马尔特,"特朗普大肆吹捧股市创纪录的运行,但受益的是谁呢?",路透社,2020 年 2 月 5 日。

3. 金·帕克和理查德·弗莱,"过半美国家庭在股市上有些投资",皮尤研究中心,2020 年 3 月 25 日。

4. 托马斯·蔡,"为什么游戏驿站股价随伽马逼空暴涨上天",用期权利滚利博客,2021 年 1 月 27 日,https://learnoptions.substack.com/p/why-gamestop-went-to-the-moon-with。

5. 约翰·麦克兰克,"罗宾汉现在是年轻投资者和卖空者的必去之地",路透社,2021 年 3 月 2 日。

第七章 矮子当道

1. 查克·米科莱扎克,"特斯拉股票空头在 2020 年遭受创纪录的卖空损失:数据公司 S3 伙伴说",路透社,2021 年 1 月 21 日。

2. "热点睿评",高盛全球宏观研究,2021 年 2 月 25 日,www.goldmansachs.com/insights/pages/gs-research/the-short-and-long-of-recent-volatility-f/report.pdf。

3. 众议院金融服务委员会,"在最近的市场动荡之后,沃特斯宣布就卖空、在线交易平台举行听证会",新闻稿,2021 年 1 月 28 日,https://

financialservices.house.gov/news/documentsingle.aspx?DocumentID=407096。

4. 对吉姆·查诺斯的电话采访，2021 年 3 月 2 日。
5. 欧文·拉蒙特，《悠着点儿打：卖空者对公司》，NBER 工作论文 10659，2004 年 8 月 30 日。
6. 里奥·刘易斯和比利·瑙曼，"全球最大养老基金投资主管火力全开抨击卖空者"，《金融时报》，2019 年 12 月 11 日。
7. 米科莱扎克，"特斯拉空头……"
8. 同上。
9. 阿斯瓦特·达莫达兰，"攻占巴士底狱：红迪社区人群瞄准对冲基金！"，关于市场的沉思博客，2021 年 1 月 29 日，http://aswathdamodaran.blogspot.com/2021/01/the-storming-of-bastille-reddit-crowd.html。
10. 罗伯特·巴塔利奥，哈米德·梅兰和保罗·舒尔茨，"市场衰退：禁止卖空有什么好处？"，经济学和金融学的当前争论点 18，第 5 期（2012）：www.newyorkfed.org/medialibrary/media/research/current_issues/ci18-5.pdf。

第八章　2020 年夏秋季节

1. 瑞恩·科恩，"Chewy.com 的创始人谈寻找融资以实现规模化"，《哈佛商业评论》，2020 年 1 月至 2 月。
2. 索尔·汉塞尔，"'买入！'是人们在股票泡沫破灭时的叫喊"，《纽约时报》，2001 年 3 月 4 日。
3. hiend87，"对 DeepF**kingValue 帖子'GME YOLO 2020 年 9 月 1 日'的回复"，红迪社区，2020 年 9 月 1 日，www.reddit.com/r/wallstreetbets/comments/ikrq8w/gme_yolo_monthstart_update_sep_1_2020/g3n848d。
4. RC 风险投资有限责任公司致游戏驿站董事会的信函，于 2020 年 11 月 16 日向证券交易委员会提交，https://www.sec.gov/Archives/edgar/data/1326380/000101359420000821/rc13da3-111620.pdf。5.Stonksflyingup。
5. "游戏驿站股票逼空和梅尔文资本的消亡"，红迪社区，2020 年 10 月 27 日，www.reddit.com/r/wallstreetbets/comments/jjctxg/gme_squeeze_and_the_demise_of_melvin_capital。

第九章　作弊码

1. 马特·斯通,"无敌(上帝模式)作弊演示",GTA BOOM 网,2020 年,www.gtaboom.com/invincibility-cheat。

2. 迈克·墨菲,"罗宾汉应用程序的小故障让用户可以无限量借入现金进行交易",《市场观察》,2019 年 11 月 5 日。

3. TheDrallen,"对'作弊获取罗宾汉免费资金效果相当好,靠 4k 取得 100 万美元头寸'的回复",红迪社区,2020 年 11 月 4 日,www.reddit.com/r/wallstreetbets/comments/drqaro/robinhood_free_money_cheat_works_pretty_well_1。

4. 拉里·麦克唐纳,"新的波动率机制",《熊市陷阱报告》,2020 年 8 月 28 日,www.thebeartrapsreport.com/blog/2020/08/28。

5. 彼得·阿特沃特,"危险!危险!威尔·罗宾逊!",《金融洞察》,2021 年 5 月 21 日。

6. 马克·塞巴斯蒂安,"罗宾汉和红迪网是怎样改变了期权交易的——以及您怎样才能够获利",The Street 网站,2021 年 3 月 11 日。

7. 彼得·鲁德盖尔,"罗宾汉正在谈判解决金融业监管局对期权交易做法、交易中断的调查",《华尔街日报》,2021 年 2 月 26 日。

8. 对彼得·切奇尼的电话采访,2021 年 3 月 17 日。

9. 塞隆·穆罕默德,"我们采访了一位罗宾汉交易员,他说他从特斯拉股票止跌回稳中获得了 2 500% 的回报。这里有他如何做到这点的情况",市场内幕网,2020 年 2 月 6 日。

10. 马特·伊根,"'他本来可能今天还活着':父母详细描述儿子在自杀之前绝望地尝试联系罗宾汉",美国有线电视新闻网(CNN),2021 年 2 月 11 日。

11. 萨默·赛义德等人,"软银押注科技巨头推动了强劲的市场反弹",《华尔街日报》,2020 年 9 月 4 日。

12. 艾维·萨尔兹曼,"罗宾汉备案材料显示有争议的收入来源大幅增长",《巴伦周刊》,2021 年 5 月 3 日。

13. Jeffamazon,"本世纪真正最伟大的空头灼伤",红迪网,2020 年 9 月 9 日,

www.reddit.com/r/wallstreetbets/comments/ip6jnv/the_real_greatest_short_burn_of_the_century。

第十章 2020—2021 跨年假日季节

1. 尤里卡对冲基金组织的对冲基金数据库，2021 年 5 月访问，www.eurekahedge.com/Products/Hedge-Fund-Databases。
2. "游戏驿站宣布额外的董事会提振措施以加速转型"，游戏驿站公司新闻稿，2011 年 1 月 11 日，https://news.gamestop.com/news-releases/news-release-details/gamestop-announces-additional-board-refreshment-accelerate。

第十一章 摸老虎屁股

1. "美国证券交易委员会指控与大麻有关的公司标榜虚假收入"，美国证券交易委员新闻稿，2017 年 3 月 9 日，www.sec.gov/news/pressrelease/2017-62.html。
2. 马特·维尔茨，"使威朗股票价格下跌的空头"，《华尔街日报》，2015 年 10 月 22 日。
3. 本·温克，"'不再是一只股票，而是一家完整的赌场'：卖空者香橼研究公司表示，在飙升超过 300% 后，帕兰提尔科技股将在年底前损失其 1/3 的价值"，商业内幕网，2020 年 11 月 27 日，https://markets.businessinsider.com/news/stocks/palantir-stock-price-target-short-selling-position-citron-research-pltr-2020-11。
4. "蔚来汽车科技有限公司（NIO）——香橼研究公司在提出引起争议的劝告两年后将撤回对蔚来的支持"，香橼研究公司报告，2020 年 11 月 13 日，https://citronresearch.com/wp-content/uploads/2020/11/NIO-Citron-Pulls-the-Plug.pdf。
5. 莫·萨马拉，"呼吁金融业监管局和美国证券交易委员会厉行调查香橼研究公司的安德鲁·勒夫特"，请愿连署网站（Change.org）上的请愿书，于 2021 年 3 月检索，www.change.org/p/u-s-securities-and-exchange-commission-sec-enforcement-to-investigate-andrew-left-of-citron-research。

6. 香橼研究公司（@CitronResearch），"明天上午东部标准时间11：30，香橼将直播游戏驿站买家在这局扑克游戏中失败的5个原因。股价将快速回升至20美元。我们比您更了解卖空比例并将作出解释。我们要对观众说声谢谢，感谢你们对上次直播推文的积极反馈"，Twitter，2021年1月19日，上午9：58，https://twitter.com/citronresearch/status/1351544479547760642。

7. NFTOxaile，"对'屎橼开始进攻了'的回复"，红迪网，2021年1月19日，www.reddit.com/r/wallstreetbets/comments/l0lg6r/shitron_attacking_begins/gjv3z3x。

8. Truthposter 100，"对'屎橼开始进攻了'的回复"，2021年1月19日，www.reddit.com/r/wallstreetbets/comments/l0lg6r/shitron_attacking_begins/gjutdfu。

9. Self-AwareMeat，"是的，梅尔文只是个很八卦的小东西。香橼才是我们想要狠狠'收拾'的家伙"，红迪网，2021年1月19日。对"屎橼开始进攻了"的回复，www.reddit.com/r/wallstreetbets/comments/l0lg6r/shitron_attacking_begins/gju7o8e。

10. 香橼研究公司，"香橼研究公司中止卖空研究以便专注于做多机会"，YouTube视频，2021年1月29日，www.youtube.com/watch?v=TPoVv7oX3mw。

11. Cre8_or，"对'游戏驿站股这只一边算计一边走向毁灭的股票'的回复"，红迪网，2021年1月29日，teddit.net/r/wallstreetbets/comments/l0hhqg/gme_thread_the_wreckoning。

12. 卡尔顿·英格里希，"富豪们为小孩每月37 000美元的儿童抚养费吵作一团"，《纽约邮报》，2017年12月12日。

13. 香橼研究公司，"香橼研究公司的最新消息"，YouTube视频，2021年1月29日，www.youtube.com/watch?v=yS4yPsmaDDQ。

14. 尼山特·库马尔和赫玛·帕尔玛，"当菜鸟们统治华尔街时，卖空者就面临一个时代的终结"，彭博社，2021年1月29日。

注 释

第十二章　2021 年 1 月 22 日

1. 康纳·史密斯，"尽管销售额在下降，游戏驿站股价却飙升了：现实最终可能会赶上"，《巴伦周刊》，2021 年 1 月 8 日。
2. "吉姆·克莱默说，游戏驿站的股票热卖对空头来说是'游戏结束'"，The Street 网站，视频剪辑，2021 年 1 月 13 日，www.thestreet.com/video/jim-cramer-gamestop-run-is-game-over-for-shorts。
3. 凯特琳·麦凯布，"游戏驿站股价飙升，社交媒体交易员宣告胜利"，《华尔街日报》，2021 年 1 月 14 日。
4. 咆哮小猫，"瑞恩·科恩和他的 Chewy 团队加入了游戏驿站的董事会！GME 股票从此走向何方？"YouTube 视频，2021 年 1 月 11 日，www.youtube.com/watch?v=RnpoahOnLec&list=PLlsPosngRnZ1esbvs4VbjfIOk9F5QYYXS&index=59。
5. 同上。
6. 马修·高尔特和杰森·科布勒，"乱纷纷的红迪网用户们如何让游戏驿站股票飙升（并使卖空者们哭泣）"，Vice 网站，2021 年 1 月 19 日。

第十三章　"猿族"崛起

1. That_Guy_KC，"别再说猿猴长猿猴短的废话了"，红迪网，2021 年 2 月 6 日（帖子已删除），存档于 https://js4.red/r/wallstreetbets/comments/ldrwvl/stop_with_the_ape_crap。
2. 红迪网子板块"华尔街下注"论坛页面（r/wallstreetbets）的统计信息，于 2021 年 3 月访问，https://subredditstats.com/r/wallstreetbets。
3. 杰克·莫尔斯，"红迪网突然介入以解决'华尔街下注'论坛版主的戏剧性事件"，Mashable 网站，2021 年 2 月 5 日。
4. 玛吉·菲茨杰拉德，"数据表明，游戏驿站狂热可能不是人们认为的散户造反"，全国广播公司财经频道，2021 年 2 月 5 日。
5. 对奎因·穆里根和芬利·穆利根的 Zoom 视频采访，2021 年 5 月 24 日。
6. 雷切尔·奇拉尔，"品牌策划可以从游戏驿站和红迪网学到关于社会认同和信任的知识",Mavrck 的博客文章,2021 年 2 月 8 日。

第十四章 2021 年 1 月 26 日

1. Keenfeed,"致所有不了解游戏驿站股票 GME 的人","对 DeepFucking Value 的帖子'GME 优洛 2021 年 1 月 25 日更新'的回复",红迪网,2021 年 1 月 25 日,www.reddit.com/r/wallstreetbets/comments/l4xje1/gme_yolo_update_jan_25_2021/gkragzi。
2. 安妮·米诺夫,《去月球》第 3 集,2021 年 6 月 6 日,《华尔街日报》播客。
3. 对乔丹·贝尔福特的 Zoom 视频采访,2021 年 2 月 11 日。
4. 埃隆·马斯克(@elonmusk),"游戏傻票!!",推特,2021 年 1 月 26 日,下午 4:08,twitter.com/elonmusk/status/1354174279894642703。

第十五章 网络红人

1. 约翰·J.拉斯科布,"每个人都应该富有",《女士家庭杂志》,1929 年 8 月。
2. 查马特·帕里哈皮蒂亚(@chamath),"关于游戏驿站股票的很多谈论竟然是这样!我们今天早上买入了 115 美元的游戏驿站股票 2 月到期的看涨期权。我们走吧!"推特,2021 年 1 月 26 日,上午 10:32,twitter.com/chamath/status/1354089928313823232。
3. 马修·J.贝尔维迪尔,"查马特·帕里哈皮蒂亚关闭游戏驿站股票头寸,但捍卫投资者像专业人士一样影响股票的权利",全国广播公司财经频道,2021 年 1 月 27 日。
4. 戴夫·波特诺伊(@stoolpresidente),"我拥有 AMC、NOK、NAKD。我购买它们是因为认为我们生活在一个自由市场中,人们可以在这里公平、公正地买卖股票,风险自负。我到死都会一直持有它们以提醒自己不要忘记 @RobinhoodApp 的创始人们必须进监狱",推特,2021 年 1 月 28 日,上午 11:42,twitter.com/stoolpresidente/status/1354832177498873860。
5. 彼得·鲁德盖尔和莫琳·法瑞尔,"当特殊目的收购公司从业者查马

注 释

特·帕里哈皮蒂亚发言时,红迪网和华尔街都留神倾听",《华尔街日报》,2021年3月6日。

6. 查马特·帕里哈皮蒂亚(@chamath),"在感到没把握的瞬间,当需要勇气和力量时,你会发现谁是真正的社团主义者",推特,2021年1月28日,下午12:14,twitter.com/chamath/status/1354840270064377858。

7. 范埃克,"范埃克(VanEck)社交媒体情绪交易型开放式指数证券投资基金(ETF)概览",2021年8月检索,www.vaneck.com/us/en/investments/social-sentiment-etf-buzz。

8. Repfam4life,"这些亿万富翁不是我们的朋友",红迪网,2021年1月29日,www.reddit.com/r/wallstreetbets/comments/l7sx16/these_billionaires_are_not_our_friends。

9. 伊丽莎·雷尔曼,"亚历山德里娅·奥卡西奥-科尔特斯认为,只要美国人生活在赤贫之中,亿万富翁就不应该存在",商业内幕网站,2019年1月22日。

10. 艾伦·米拉贝拉,"达里奥说游戏驿站的戏剧性事件反映了美国日益增长的不容忍现象",彭博社,2021年1月29日。

11. 史蒂文·科恩(@StevenACohen2),"今晚推特上的人群很粗暴。嘿,股票骑师们,继续放马过来呀",推特,2021年1月26日,晚上8:47,twitter.com/StevenACohen2/status/1354244563670601728。

12. 凯文·德雷珀,"大都会队的科恩在受到威胁后删除了推特账户",《纽约时报》,2021年1月30日。

13. 朱莉·瑞恩·埃文斯,"近60%的年轻投资者正在利用技术进行合作,他们经常求助社交媒体以获得建议",MagnifyMoney博客,2021年2月22日,www.magnifymoney.com/blog/news/young-investors-survey。

14. 苏菲·基德林,"调查发现,Z世代投资者正在承担更多的风险,在快速致富的竞赛中养成不良投资习惯",市场内幕网站,2021年6月27日。

15. 莱拉·迈丹,"多亏6个战略性资金决策,数学老师的月薪从5 000美元涨到了28 000美元",《内幕》杂志,2021年3月15日。

16. 贾斯蒂娜·李,"罗宾汉用户夫妇在飞速传播的抖音视频中的发现了动量交易,一个月内获得了2 000%的净回报",《金融邮报》,2021年1月21日。

17. 威尔·丹尼尔,"被股价在 Lucid 汽车公司交易后的急剧下跌刺痛的丘吉尔资本公司 IV 股票的散户投资者正在红迪网上联合起来'捍卫'该股票",市场内幕网站,2021 年 2 月 26 日。

18. Socaltexasgirl,"对'LWSB:清醒的华尔街下注论坛,全体多头注意了:丘吉尔资本 IV 被协作的团体和操纵者严重做空。为什么我们不能拥有一个清醒的华尔街下注论坛(LWSB)并进行防御。你要不要加入?'的回复",红迪网,2021 年 2 月 25 日,www.reddit.com/r/CCIV/comments/lsfnhm/comment/gor6o2v。

19. 斯蒂芬·甘德尔,"'华尔街下注'论坛称红迪网受到大量机器人活动的打击",哥伦比亚广播公司(CBS)财富观察频道,2021 年 2 月 2 日。

20. 对本·亨特的推特私信采访,2021 年 2 月 27 日。

21. 米歇尔·普莱斯,"分析发现,机器人在主要社交媒体平台上大肆热炒游戏驿站",路透社,2021 年 2 月 26 日。

22. 证券交易委员会,"SEC 基于社交媒体和交易活动情况暂停多家发行人股票的交易",新闻稿,2021 年 2 月 26 日。

23. SECInvestorEd(@SEC_Investor_Ed),"考虑投资最新的热门股?不要让短期情绪打乱您的长期财务目标……先花点时间做功课。可以提供帮助的工具+资源:https://go.usa.gov/xHsPD",推特,2021 年 2 月 25 日,下午 2:10,twitter.com/SEC_Investor_Ed/status/1422256225207607297。

第十六章　2021 年 1 月 27 日

1. 匿名,"我们已经正式造成了市场的暴跌",红迪网,2021 年 1 月 27 日,原帖已删除,www.reddit.com/r/wallstreetbets/comments/l662z0/weve_officially_broke_the_market。

2. 对伊霍尔·杜萨尼夫斯基的电话和电子邮件采访,2021 年 4 月 6 日。

3. 迈克尔·桑托利,"可能需要源源不断地兴奋买家来保持游戏驿站、美国电影院线 AMC 股价继续反弹",全国广播公司财经频道,2021 年 2 月 1 日。

4. 朱莉娅-安布拉·魏尔兰和贡扬·班纳吉,"基思·吉尔推动红迪社区的游戏驿站股票狂热:他对《华尔街日报》说话了",《华尔街日报》,

2021 年 1 月 29 日。

5. 里德·理查森，"《纽约邮报》在被随机推特用户鼓吹自己购买游戏驿站股票的荒谬故事的帖子欺骗后删除了报道"，Mediaite 博客，2021 年 1 月 28 日。

6. 雷切尔·路易丝·因赛因，"游戏驿站股票投资者赌得大、输得多"，《华尔街日报》，2021 年 2 月 15 日。

第十七章　哈哈，没什么大不了的！

1. 伯克希尔·哈撒韦公司，2014 年年度报告，26。

2. 梅里亚姆－韦伯斯特词典，词条"stonk（n.）"，2021 年 4 月 1 日访问，www.merriam-webster.com/dictionary/app。

3. 乔丹·魏斯曼，"当我们谈论 Stonks 时，我们在谈论什么"，《石板》杂志，2021 年 1 月 28 日。

4. 转引自 1994 年 3 月 1 日伯克希尔·哈撒韦公司致投资者的年度信函，www.berkshirehathaway.com/letters/1993.html。

5. 阿斯瓦特·达莫达兰，"攻占巴士底狱：红迪网人群瞄准对冲基金"，关于市场的沉思博客，2021 年 1 月 29 日。

6. 杰森·茨威格，"罗宾汉公司交易人的战斗呐喊——'这对我来说只是一场游戏'"，《华尔街日报》，2021 年 3 月 26 日。

7. 查尔斯·P. 金德尔伯格，《狂热、惊恐和崩溃》，第 3 版。（纽约：约翰·威利父子公司，2011 年），第 14 页。

8. 莎拉·惠顿，"美国电影院线 AMC 的猿猴们给了它一条救生索：现在它的首席执行官想利用模因狂热作为增长的跳板"，全国广播公司财经频道，2021 年 6 月 1 日。

9. 瑟琳娜·吴和托马斯·格里塔，"新的华尔街冲突：分析师们说'买入'为其客户赢得特殊访问权"，《华尔街日报》，2017 年 1 月 19 日。

10. 乔·魏森塔尔和特蕾西·阿洛韦，"约翰·亨普顿谈格林西尔、阿尔切戈斯以及此时此刻做空是什么感觉"，Oddlots（彭博播客），2021 年 4 月 18 日，www.bloomberg.com/news/articles/2021－04－19/john-hempton-on-greensill-archegos-and-what-it-s-like-to-short-right-now。

11. 科林·特威格斯，"乔治·索罗斯说，好的投资是无聊的"，有耐心的投资者博客，2019年7月1日，https://thepatientinvestor.com/index.php/2019/07/01/good-investing-is-boring-george-soros。

12. 亚历克斯·维加，"游戏驿站股价再次飙升，但为什么呢？"美联社，2021年2月25日。

13. 凯特琳·麦凯布和杰森·茨威格，"查理·芒格重申对罗宾汉的批评"，《华尔街日报》，2021年2月25日。

14. 同上。

15. 塞思·克拉曼，《安全边际：给有思想的投资者的风险规避价值投资策略》（纽约：哈珀商业出版社，1991年），第60页。

16. 金熙珍，"迈克尔·伯里称游戏驿站股价反弹'不自然、疯狂'"，彭博社，2021年1月27日。

第十八章　2021年1月28日

1. 罗宾汉，"让客户在整个市场波动期间一直了解情况"，博客文章，2021年1月28日，https://blog.robinhood.com/news/2021/1/28/keeping-customers-informed-through-market-volatility。

2. 约瑟夫·萨维里律师事务所，"从事逼空的股票经纪人和对冲基金面临拟议的反垄断集体诉讼"，新闻稿，2021年2月1日，www.saverilawfirm.com/press/short-squeeze-stockbrokers-and-hedge-funds-face-proposed-antitrust-class-action。

3. 大谷茜，"'华尔街下注'论坛创始人在股市狂潮中盘算遗产"，《华尔街日报》，2021年1月28日。

4. Theseyeahthese，"对游戏驿站股票GME优洛2021年1月28日更新的回复"，红迪网，2021年1月28日，www.reddit.com/r/wallstreetbets/comments/l78uct/gme_yolo_update_jan_28_2021/gl5dab8。

5. "亿万富翁查马特·帕里哈皮蒂亚谈游戏驿站股价的飙升和散户投资者的崛起"，全国广播公司财经频道《中场报告》栏目，2021年1月27日，www.cnbc.com/video/2021/01/27/billionaire-investor-chamath-palihapitiya-on-gamestop-surge-and-rise-of-retail-investors.html。

6. 马克·库班（@mcuban），"我得说我喜欢'华尔街下注`论坛上正在发生的事情。多年来，高频交易者们一直利用内幕消息抢在散户交易者们前头交易，而现在信息和零售交易的速度和密度正在为小人物带来优势。甚至我11岁的小孩也和他们一起交易股票赚钱"，推特，2021年1月28日，晚上9：14，twitter.com/mcuban/status/1354613692239925249。

7. 丹·内森（@RiskReversal），"我猜想，到了尘埃落定的时候，高频交易者们和期权批发商们会是真正的赢家，他们会在上下波动中赚钱。赌场总是赢嘛……为他们的成功喝彩，但也别忘了'风水轮流转，明年到我家'"，推特，2021年1月27日，晚上9:59，twitter.com/RiskReversal/status/1354625166270197760。

8. "白宫正在监控游戏驿站和其他公司卷入其中的局面"，路透社，2021年1月27日。

9. "关于持续发展中的市场波动的联合声明"，美国证券交易委员会新闻稿，2021年1月27日，www.sec.gov/news/public-statement/joint-statement-ongoing-market-volatility-2021-01-27。

10. 金融业监管局，"随大溜：投资与社交媒体"，博客文章，2021年1月29日，www.finra.org/investors/alerts/following-crowd-investing-and-social-media。

第十九章　穿紧身衣的男人们

1. "高高飘扬在旧金山总部上方的旗帜……"，TMZ网站，2021年1月31日。

2. 迈克尔·博尔顿，"迈克尔·博尔顿：与你的经纪公司分手——Public.com"，YouTube视频，2021年2月23日更新，www.youtube.com/watch?v=xiuMuvqCoXA。

3. 纳迪亚·埃尔-雅奥提，"罗宾汉起义：应用程序在停止游戏驿站股票和其他证券交易后面临诉讼"，《法学评论》，2021年2月1日。

4. 斯宾塞·贾卡布，"请真正的罗宾汉站起来好吗"，《华尔街日报》，2021年2月28日。

5. 詹姆斯·胡克威，"愤怒的罗宾汉交易员瞄准了错误的罗宾汉"，《华尔街日报》，2021 年 2 月 8 日。

6. 克莱门斯·米哈伦，"斯蒂芬·科尔伯特痛斥华尔街交易人：除非你们输了，否则你们都支持不受约束的资本主义！"，《独立》，2021 年 1 月 29 日。

7. 亚历山德里娅·奥卡西奥－科尔特斯，"我们需要更多了解……"推特，2021 年 1 月 28 日，https://twitter.com/aoc/status/1354830697459032066。

8. 乔丹·法比亚、埃里克·沃森和丹尼尔·弗拉特利，"奥卡西奥－科尔特斯敦促审查罗宾汉抑制游戏驿站股票交易的情况"，彭博社，2021 年 1 月 28 日。

9. 凯瑟琳·克劳奇克，"唐纳德·特朗普和亚历山德里娅·奥卡西奥－科尔特斯就这一件事达成了一致"，《周刊报道》，2021 年 1 月 28 日。

10. 埃格贝托·威利斯，"参议员伯尼·桑德斯和正确政治广播电台同意：华尔街的商业模式是欺诈"，DailyKos 网站，2021 年 2 月 1 日。

11. 乔什·霍利，"打电话给华尔街就是虚张声势"，清明政治网站，2021 年 2 月 3 日。

12. 莎拉·艾森对穆罕默德·埃里安的采访记，全国广播公司财经频道（CNBC）《收市钟》栏目，2021 年 2 月 2 日。

13. 莎拉·佩雷斯，"随游戏驿站股票狂热之后交易应用程序激增，罗宾汉公司和红迪网领衔应用程序商店"，TechCrunch 博客网站，2021 年 1 月 28 日。

14. 鲍勃·皮萨尼，"罗宾汉高级用户请注意：大多数日间交易者都在亏损"，全国广播公司财经频道，2020 年 11 月 20 日。

15. 保罗·罗瓦迪，"Alphacution 出版社：《纽约时报》与罗宾汉"，Alphacution 出版社新闻稿，2020 年 7 月 8 日，https://alphacution.com/alphacution-press-new-york-times-and-robinhood。

16. 帕基·麦考密克，"罗宾汉罗宾汉了罗宾汉"，不让人烦博客，2021 年 2 月 1 日，www.notboring.co/p/robinhood-robinhooded-robinhood。

17. 弗拉基米尔·特涅夫，"是时候实行实时结算了"，罗宾汉博客文章，2021 年 2 月 2 日，https://blog.robinhood.com/news/2021/2/2/its-time-for-real-time-settlement。

18. 罗宾汉向美国证券交易委员会提交备案的关于公司 2020 年全年财务和运

作情况的 X-17A-5 报告表。

19. 斯蒂芬·甘德尔,"在首次公开募股之前,罗宾汉扩大了风险股票市场借贷业务",哥伦比亚广播公司(CBS)新闻频道,2021 年 3 月 25 日。

20. 安妮·马萨,维伦·瓦盖拉,以及亚尔曼·奥纳兰,"什么是 DTCC,它是如何中止了游戏驿站股票狂热的?",彭博社,2021 年 1 月 29 日。

21. 穆罕默德·埃里安,"市场的无动于衷意味着红迪网的叛乱将卷土重来",《金融时报》,2021 年 2 月 4 日。

22. 约翰·德特里克斯,"罗宾汉的股价正在飙升,正像在罗宾汉平台上交易的那些股票一样",Quartz 网,2021 年 2 月 11 日。

23. 乔纳森·G. 卡茨给美国证券交易委员会的报告,"期权市场的竞争性发展",2004 年 4 月 13 日,www.sec.gov/rules/concept/s70704/citadel04132004.pdf。

24. 艾维·萨尔兹曼,"美国证券交易委员会主席表示,禁止为订单流付钱的提案已经'提上议程'",《巴伦周刊》,2021 年 8 月 30 日。

25. Public.com,"与我们的社会保持一致",Medium 博客网站,2021 年 2 月 1 日,https://medium.com/the-public-blog/aligning-with-our-community-300885799d03。

26. 汤姆·马洛尼,"城堡证券备受关注",彭博市场,2021 年 4 月 6 日;汤姆·马洛尼和萨莉·贝克韦尔,"城堡证券凭借波动性收割创纪录的 67 亿美元",彭博社,2021 年 1 月 22 日。

27. iainclarke7,"辟谣:为订单流付钱和透露行情信息","我们所有人"博客文章,2021 年 3 月 13 日,www.allofusfinancial.com/post/mythbusting-about-payment-for-order-flow-tipping。

28. 彼得·鲁德盖尔和奥拉·麦卡弗里,"罗宾汉筹集 10 亿美元以满足不断增长的现款需求",《华尔街日报》,2021 年 1 月 29 日。

第二十章 2021 年 1 月 29 日

1. 朱莉娅·魏尔兰和贡扬·班纳吉,"基思·吉尔推动红迪社区的游戏驿站股票狂热:他对《华尔街日报》说话了",《华尔街日报》,2021 年 1 月 29 日。

2. 咆哮小猫（@TheRoaringKitty），视频，推特，2021年3月9日，上午10：21，twitter.com/TheRoaringKitty/status/1369307339568873473。
3. 格雷戈里·祖克曼和杰弗里·罗戈，"在游戏驿站强烈反对之后，香橼研究公司将停止发布关于卖空者的报告"，《华尔街日报》，2021年1月29日。

第二十一章　怎样做就教训不了大人物

1. 丹尼尔·米勒、苏豪娜·侯赛因和雨果·马丁，"游戏驿站投资者的动机，同意赌一局优洛：'毁掉一位亿万富翁的生活'"，《洛杉矶时报》，2021年1月29日。
2. 约翰·吉特尔森，"债券大王比尔·格罗斯赢得过所有资金管理人的最长连胜纪录之一，他退休了"，《金融邮报》，2019年2月4日。
3. 比尔·格罗斯，"比尔·格罗斯发布投资展望：局（Game）、盘、赛皆胜，大获全胜"，美通社，2021年1月29日。
4. 贝伦热尔·西姆，"亿万富翁比尔·格罗斯是怎样一百八十度大转弯并通过做空游戏驿站股票挣得1 000万美元的"，《财经新闻》杂志，2021年3月17日。
5. 泰利斯·德莫斯，"游戏驿站股票狂热对华尔街而言可能并没有那么糟糕"，《华尔街日报》，2021年2月1日。
6. 克里·多兰，蔡斯·彼得森－惠特恩，以及詹妮弗·王，"福布斯世界亿万富翁榜"，《福布斯》，2021年4月6日。
7. 阿里·利维，"随着罗宾汉联合创始人为首次公开募股做准备，金融科技正不断打造出亿万富翁"，全国广播公司财经频道（CNBC），2021年7月19日。
8. 伊丽莎白·迪尔茨·马歇尔，"财务总监：摩根士丹利亿创理财账号（E*Trade）的客户活动'超出预期'"，路透社，2021年2月25日。
9. 利亚·戈德曼和迪娜·斯佩克特，"在世的最性感对冲基金经理们"，《澳大利亚商业内幕》，2010年12月23日。
10. 凯瑟琳·伯顿和凯瑟琳·多尔蒂，"对冲基金穆德里克资本通过下注美国电影院线AMC股票和游戏驿站股票获得2亿美元收益"，彭博社，2021

年 2 月 2 日。

11. 凯瑟琳·多尔蒂和贝利·利普舒尔茨,"对冲基金抛售'被高估'美国电影院线 AMC 股,股价继续飙升",彭博社,2021 年 6 月 1 日。

12. 凯瑟琳·多尔蒂,"在模因狂热重创对冲基金之后,穆德里克对美国电影院线 AMC 股的押注结果适得其反",彭博社,2021 年 6 月 11 日。

13. 朱丽叶·钟,"这只对冲基金在游戏驿站股票上赚了 7 亿美元",《华尔街日报》,2021 年 2 月 3 日。

14. 托米·基尔戈,"游戏驿站股东出售价值超过 10 亿美元的股份",市场观察网站,2021 年 1 月 30 日。

15. 乔尔·蒂林哈斯特,《治大钱必较锚铢:偏见、盲点和更明智的投资》(纽约:哥伦比亚大学出版社,2017 年),第 31 页。

16. 康纳·史密斯,"积极投资者加入游戏驿站董事会:这对投资者意味着什么",《巴伦周刊》,2020 年 6 月 12 日。

17. 思薇雅·赫伯斯特-贝利斯,"独家消息:游戏驿站股票的强劲表现引发了董事会成员退出",路透社,2021 年 4 月 8 日。

18. 大卫·贝努瓦,"两位小投资者在游戏驿站股票变酷之前就在买它",《华尔街日报》,2021 年 2 月 2 日。

19. 尼娜·特伦特曼和马克·毛雷尔,"游戏驿站财务总监在红迪网引发的股市狂潮数周后辞职",《华尔街日报》,2021 年 2 月 24 日。

20. 杰西卡·迪拿坡里,"一笔私下交易是怎样带给游戏驿站首席执行官一件价值 1.79 亿美元的告别礼物的",路透社,2021 年 4 月 21 日。

21. 斯蒂芬·甘德尔,"公司高管们从红迪网股票狂潮中收割数百万",《财富观察》频道,哥伦比亚广播公司新闻节目,2021 年 1 月 30 日。

22. 罗伯特·弗兰克,尼克·威尔斯,以及皮帕·史蒂文斯,"高斯家族和公司的高管们在逼空狂潮期间套现了 4 400 万美元的股票",全国广播公司财经频道,2021 年 2 月 4 日。

23. 艾德·林,"美国电影院线 AMC 娱乐控股公司高管出售大量股票",《巴伦周刊》,2021 年 1 月 29 日。

24. 约书亚·富兰克林,"在红迪社区助燃股价反弹之后,银湖资本从美国电影院线(AMC)股票套现 7.13 亿美元",路透社,2021 年 1 月 29 日。

25. 丽贝卡·戴维斯,"中国的大连万达以 4.26 亿美元出售剩余的美国电影院线（AMC）股份"，《综艺杂志》，2021 年 5 月 21 日。

26. 莎拉·惠顿，"美国电影院线（AMC）首席执行官亚当·亚伦对与华尔街格格不入的新投资者赞不绝口"，全国广播公司财经频道，2021 年 5 月 7 日。

27. 雷切尔·莱恩，"美国电影院线（AMC）模因股票飙升入轨：首席执行官亚伦的财富也是如此"，哥伦比亚广播公司（CBS）新闻节目，2021 年 6 月 7 日。

28. 凯莉·吉尔布洛姆，"美国电影院线（AMC）首席执行官送给儿子们的股票礼物价值激增至超过 3 000 万美元"，彭博社，2021 年 6 月 2 日。

29. 托米·基尔戈，"美国电影院线（AMC）董事会成员本周售出了价值近 400 万美元的股票"，市场观察网站，2021 年 6 月 10 日。

第二十二章　2021 年 2 月

1. 匿名，"对 DeepF**kingValue 的帖子'2021 年 2 月 3 日游戏驿站股票优洛更新——注意了，眼下要退出每日更新'的回复"，红迪网，2021 年 2 月 3 日，www.reddit.com/r/wallstreetbets/comments/lbykxg/gme_yolo_update_feb_3_2021_heads_up_gonna_back/gmb06of。

2. 同上。

第二十三章　故伎重演

1. 布拉德·M. 巴伯和特伦斯·奥丁，"交易有损于您的财富：散户的普通股投资表现"，《金融杂志》第 55 卷，第 2 期，2000 年 4 月 12 日，doi.org/10.1111/0022-1082.00226。

2. 米凯拉·佩格尔，"关于投资组合选择中疏忽与委托的新闻效用理论"，《计量经济学》第 86 卷，第 2 期（2018 年 3 月）：第 491－522 页。

3. "富途证券：Z 世代将在可预见的未来主导投资格局"，美通社，2021 年 4 月 7 日。

4. 对吉姆·查诺斯的电话采访，2021 年 3 月 2 日。

5. 布拉德·M. 巴伯等人，"注意力诱导交易和回报：来自罗宾汉用户的证据",社会科学研究网(SSRN)电子期刊,2021年7月27日,https://papers.ssrn.com/sol3/papers.cfm?abstract_id=3715077。

6. 大卫·麦凯布和索菲亚·琼,"游戏驿站听证会以罗宾汉的情况为中心",《纽约时报》,2021年2月18日。

7. 游说数据一览,Opensecrets.org,2020年4月访问,www.opensecrets.org/federal-lobbying。

8. 米歇尔·莱德,"3 000万美元能否解决罗宾汉的法律问题",彭博社,2021年7月19日。

9. 思薇雅·赫伯斯特-贝利斯,"消息来源称:梅尔文资本2月份扣除费用后的净收益为21.7%",路透社,2021年3月3日。

10. 转引自全国广播公司财经频道主持人卡尔·昆塔尼拉(@carlquintanilla),"卡欣说:'……我们读到的一切都证实了我们从一开始就说过的话。''股票零售业的造反有点像一出闹剧,是金融媒体太容易接受的一种错觉'",推特,2021年2月8日,上午8:31,twitter.com/carlquintanilla/status/1358770450025881601。

11. 玛吉·菲茨杰拉德,"沃伦·巴菲特说罗宾汉是在迎合投资者的赌博本能",全国广播公司财经频道,2021年5月2日。

12. 杰奎琳·奥尔蒂斯-拉姆齐,"保守派投资人又开始捣蛋了",罗宾汉博客文章,2021年5月3日,https://robinhood.engineering/the-old-guard-of-investing-is-at-it-again-a8b870fbfd49。

13. 亨德里克·贝森宾德,"1926年至2019年美国公共股票市场的财富创造情况",社会科学研究网电子期刊,2020年2月13日,https://papers.ssrn.com/sol3/papers.cfm?abstract_id=3537838。

14. 投资公司协会,"第60版投资公司协会信息汇总",2020年,www.ici.org/system/files/attachments/pdf/2020_factbook.pdf。

15. "美国基金费用研究",晨星网站,2019年,www.morningstar.com/lp/annual-us-fund-fee-study。

16. 联博基金,"主动-被动之辩:从公共政策角度看",博客文章,2016年9月8日,www.alliancebernstein.com/library/active-passive-debate-the-public-policy-angle.htm。

17. 伯克希尔-哈撒韦公司致股东的信,2017年2月25日,www.berkshire

hathaway.com/letters/2016ltr.pdf。

后记

1. 联邦储备委员会 2019 年消费者财务调查，2021 年 4 月访问，www.federalreserve.gov/econres/scfindex.htm。
2. 伯顿·G. 马尔基尔，《漫步华尔街：一种久经考验的成功投资策略》（纽约：W.W. 诺顿出版公司，2007 年），第 24 页。
3. 斯宾塞·贾卡布，"把出席索恩投资大会的投资大师们变成猴子",《华尔街日报》，2019 年 5 月 6 日。
4. CXO 咨询集团，"大师级别"，于 2021 年 6 月 2 日检索，www.cxoadvisory.com/guru。
5. 穆雷·科尔曼，"主动管理型基金与被动管理型基金绩效评分报告：2020 年年中主动对被动记分卡，指数基金顾问"，指数基金顾问博客文章，2020 年 10 月 7 日，www.ifa.com/articles/despite_brief_reprieve_2018_spiva_report_reveals_active_funds_fail_dent_indexing_lead_-_works。
6. 约翰·博格，"投资的'全包'型费用之算法"，《金融分析师杂志》第 70 卷，第 1 期（2014 年），https://doi.org/10.2469/faj.v70.n1.1。
7. 拉里·斯威德罗，"年龄较大的投资者对去年波动的处理最糟糕"，《循证投资者》博客网站，2021 年 4 月 9 日，www.evidenceinvestor.com/older-investors-handled-last-years-volatility-worst-morningstar。
8. 投资公司协会数据库，2021 年 3 月访问。
9. "不确定性下的理性决策：观察到的对有偏硬币的投注模式"，社会科学研究网电子期刊，2016 年 10 月 19 日，http://dx.doi.org/10.2139/ssrn.2856963。

译者注

引 言

① www.Reddit.com,美国著名社交新闻网站,也被称为散户大本营。口号为提前于新闻发声,来自互联网的声音。其拥有者是 Condé Nast Digital 公司(Advance Magazine Publishers Inc. 的子公司)。其用户也叫 redditors。

② 英文名为 GameStop,是一家的美国连锁游戏零售公司,股票代码为 GME。从 2021 年 1 月 19 日开始在不到一个月的时间里,股价翻了 20 倍,导致做空的机构大佬不断爆仓,多家基金被血洗。

③ 英文名为 Blockbuster Video,是一家从事家庭电影和视频游戏租赁服务的美国基础供应商,其业务在 2004 年高峰期时拥有 6 万名员工和超过 9 000 家门店。由于受到来自 Netflix 和红盒子公司的竞争,失去了大片市场份额,于 2010 年 9 月 23 日申请破产。

④ 微软开发的电子游戏平台,包括软件、硬件和配件,提供了在线游戏与多媒体功能。

⑤ 英文名为 Robinhood,一个提供在线投资和交易平台的互联网金融服务公司,2015 年其应用程序上线,开创性地推出了线上投资交易的免佣金模式,投资者无须支付佣金就可以使用其应用程序交易股票、ETF、期权,甚至加密货币。它被认为是美国零佣金券商的代表,被称为"散户大本营"。

颠覆者

⑥ 逼空：期货市场和股市术语，字面上指逼迫空方买入。其意思是多方反复单边不断拉动上涨迫使空方平仓。在股市中就是指多方故意买入导致股价不断上涨使得空方无法在比自己卖出低价的价位补入，只能高位追仓，中国法律不允许这种行为。

⑦ 英文名为 *Trading Places*，1983 年上映的美国电影，导演是约翰·兰迪斯（John Landis），主演是丹·艾克罗伊德（Dan Aykroyd）和艾迪·墨菲（Eddie Murphy）等，又译作《你整我，我整你》或《运转乾坤》。

⑧ 英文名为 *Zulu Dawn*，荷兰和美国联合制作的战争片。影片讲述欧洲军队三个半世纪以来在非洲的最大败仗伊散德尔瓦纳战役的经过。上映日期为 1979 年 5 月 15 日，导演为道格拉斯·希考克斯（Douglas Hickox），主演为伯特·兰卡斯特（Burt Lancaster）、西蒙·沃德（Simon Ward）、丹霍姆·艾略特（Denholm Elliott）等。

⑨ 英文名为 *Attack of the Clones*，于 2002 年 5 月 16 日上映的美国电影，全名为《星球大战前传 2：克隆人的进攻》，导演为乔治·卢卡斯（George Lucas），主演为伊万·麦格雷戈（Ewan McGregor）、克里斯托弗·李（Christopher Lee）等。

⑩ 原文为 meme stock。模因（meme）这个词最初源自英国科学家理查德·道金斯（Richard Dawkins）所著的《自私的基因》(*The Selfish Gene*)一书，其含义是指"在诸如语言、观念、信仰、行为方式等的传递过程中与基因在生物进化过程中所起的作用相类似的那个东西。"网络时代最常见的模因就是表情包，表情包文化体现的正是模因式传播的核心特质。模因股票指拥有强大的社交媒体追随者群体的公开交易的证券，它是散户投资者基于在线论坛和讨论板进行交易的股票。这些交易不是基于深入的公司分析、交易模型或其他一些基本面。取而代之的是，他们通常受到投机、趋势操纵，甚至是想在游戏中击败职业选手的集体想法的推动，这些动机受到论坛成员包含大量表情包、截图的激发和相互加强，从而对散户投资者的证券交易行为产生重大的，甚至是决定性的影响。

⑪ 指数基金（Index Fund），指以特定指数（如沪深 300 指数、标普 500 指数、纳斯达克 100 指数、日经 225 指数等）为标的指数，并以该指数的成分股为投资对象，通过购买该指数的全部或部分成份股构建投资组合

从而通过追踪标的指数表现获利的基金产品。
⑫ 共同基金就是证券投资信托基金，由信托公司依信托契约的形式发行受益凭证，主要投资标的为股票、期货、债券等有价证券。简单来讲，共同基金就是把投资者的钱凑在一起，然后交给专业机构来操作管理以获取利润的一种集资式的投资工具。共同基金有以下几个特点：一是分散投资风险，二是专业操作管理，三是变现灵活，四是投资范围广，五是安全性较高。
⑬ 英文名为 *Animal House*，是 1978 年发行的美国电影，导演为约翰·兰迪斯（John Landis），主演为汤姆·休斯克（Tom Hulce）、玛丽·路易丝·韦勒（Mary Louise Weller）等。

第一章 小猫先生去华盛顿

① 意即都还不知道问题是什么就先有了解决方案。
② 做空（short sale, sell short）：投资术语，与卖空是一样的意思，指金融资产的一种操作模式，即在预计标的资产价格下跌的情况下先借入标的资产，然后卖出获得现金，过一段时间之后，再支出现金买入等量标的资产归还，如果标的资产价格确如预料下跌，一卖一买即可获得差价。做空与做多相对。
③ 20 世纪 80 年代，华尔街的某些交易员被称为"宇宙的主宰"（Master of the Universe）。
④ 美国私人企业为雇员提供的一种最普遍的退休福利，雇员的退休福利由雇主和雇员共同负担，投资风险由个人承担。
⑤ 对冲基金（hedge fund）也称避险基金或套利基金，意为"风险对冲过的基金"，"对冲"就是对同一种金融资产，通过既做多又做空来规避风险的机制，对冲基金是指由金融期货和金融期权等金融衍生工具与金融组织结合后以高风险投机为手段并以盈利为目的的金融基金。
⑥ 英文为 Super Bowl 是职业橄榄球大联盟（NFL）的年度冠军赛，胜者被称为"世界冠军"。超级碗一般在每年 1 月最后一个星期天或 2 月第一个星期天举行，那一天被称为超级碗星期天（Super Bowl Sunday）。超级碗是比赛的名称，其奖杯名称为文斯·隆巴迪杯（Vince Lombardi

Trophy）。参与球队为该球季的美国橄榄球联合会冠军以及国家橄榄球联合会冠军。超级碗多年来都是全美收视率最高的电视节目，并逐渐成为美国一个非官方的全国性节日。另外，超级碗星期天是美国单日食品消耗量第二高的日子，仅次于感恩节。

第二章　2019年9月8日

① Mind Medicine Inc. 在加拿大注册成立是一家神经药物开发公司，开发和部署受迷幻药启发的药物和疗法，以治疗精神病、神经病、成瘾、疼痛以及潜在的其他疾病，如焦虑症、药物滥用和戒断以及成人注意力缺陷症。

② 英文原书名为 *The Big Short: Inside the DoomsdayMachine*，作者为迈克尔·刘易斯（Michael Lewis），出版社为 Penguin，出版日期为 2011 年 1 月。中文译本为《大空头》，由中信出版社于 2015 年 5 月出版。译者为何正云。

③ 英文原名为 *Wayne's World*，是 1992 年 2 月 14 日上映的美国喜剧片。导演为佩内洛普·斯皮瑞斯（Penelope Spheeris），主演为迈克·梅尔斯（Mike Myers）、达纳·卡维（Dana Carvey）等。

第三章　杀手级应用程序

① 网络流行语，又称"新时代人群""网生代""互联网世代""二次元世代""数媒土著"，是指 1995 年至 2009 年出生的一代人，他们一出生就与网络信息时代无缝对接，深受数字信息技术、即时通信设备、智能手机产品等影响。

② "极客"是美国俚语 geek 的音译。随着互联网文化的兴起，这个词含有智力超群和努力的语意，又被用于形容对计算机和网络技术有狂热兴趣并投入大量时间钻研的人。"极客时尚"是指 2000 年兴起的非主流时尚文化，年轻人刻意采用"极客"风格的时装，如超大的黑色角质架镜框、吊带、背带和高腰长裤。没有度数或者没有镜片的黑框眼镜是这个潮流的标志，一些名人也纷纷尝试这种"极客"风格，如贝克汉姆

（David Beckham）、贾斯汀（Justin Timberlake）。同时，在体育界，很多NBA球员也在赛后采访戴上这种"极客"眼镜，如史蒂夫·乌尔克尔（Steve Urkel）。

③　国外的一款热门手机社交交友App。

④　英文原名为 *Barron's*，创刊于1921年，其发行量超过30万份。作为专业财经周刊，该周刊以帮助美国专业及机构投资者把握金融市场发展方向为宗旨，以准确的判断和透彻的分析为特色。《巴伦周刊》隶属莫多克新闻集团，作为道琼斯旗下的一份杂志，以对公司前景的尖锐评估和对股票市场的调查报告而闻名。其受众为华尔街主要基金经理和各大证券投资财团等，其文章作者包括WSJ专栏作家、高盛、瑞联、苏格兰皇家银行资深经济学家，以及比尔·格罗斯等投资人。

⑤　一个正版流媒体音乐服务平台，2008年10月在瑞典首都斯德哥尔摩正式上线。Spotify提供免费和付费两种服务，免费用户在使用Spotify的服务时将被插播一定的广告，付费用户则没有广告，且拥有更好的音质。

⑥　英文原名为Netflix，简称"网飞"。是一家会员订阅制的流媒体播放平台，总部位于美国加利福尼亚州洛斯盖图。

⑦　英文原名为 *The Social Network*，根据本·麦兹里奇（Ben Mezrich）于2009年出版的小说《意外的亿万富翁：Facebook的创立，一个关于性、金钱、天才和背叛的故事》（*The Accidental Billionaires: The Founding of Facebook, A Tale of Sex, Money, Genius, and Betrayal*）改编而成，并于2010年10月1日在美国上映的电影。导演为大卫·芬奇（David Fincher），主演为杰西·艾森伯格（Jesse Eisenberg）、安德鲁·加菲尔德（Andrew Garfield）等。影片的故事原型源于脸书网站的创始人马克·扎克伯格（Mark Zuckerberg）和爱德华多·萨维林（Eduardo Saverin），主要讲述两人如何建立和发展脸书的历史。

⑧　英文原书名为 *The Code: Silicon Valley and the Remaking of America*，作者为玛格丽特·奥马拉（Margaret O'Mara），出版商为企鹅出版社（Penguin Press），出版日期为2019年7月9日。中译本《硅谷密码：科技创新如何重塑美国》，由中信出版社出版，于2022年4月1日上市。译者为谢旎劼。

⑨　一套让专业人士访问"彭博专业服务"（Bloomberg Professional Service）

・ 317 ・

⑩ 原文全称为American Multi-Cinema，股票代码AMC，是一家美国连锁电影院，总部位于堪萨斯城附近的黎雾城（Leawood City），它成立于1920年，也是世界最大的连锁院线，在美国剧院市场中占有最大的份额。

⑪ 原指参与工业革命时期以破坏机器为手段反对工厂主压迫和剥削的自发工人运动——卢德运动的人士。

⑫ 《萨班斯－奥克斯利法案》（Sarbanes‐Oxley Act）是美国立法机构根据安然有限公司、世界通信公司等财务欺诈事件破产暴露出来的公司和证券监管问题所立的监管法规，简称《SOX法案》或《索克思法案》，该法案全称为《2002年公众公司会计改革和投资者保护法案》，由参议院银行委员会主席萨班斯（Paul Sarbanes）和众议院金融服务委员会（Committee on Financial Services）主席奥克斯利（Mike Oxley）联合提出，又被称作《2002年萨班斯－奥克斯利法案》。该法案对美国《1933年证券法》《1934年证券交易法》做出大幅修订，在公司治理、会计职业监管、证券市场监管等方面作出了许多新的规定。

⑬ 《沃尔克规则》（Volcker Rule）以美联储前主席沃克尔命名，于2010年1月由奥巴马公布，于2013年12月10日由包括美国证券交易委员会、美联储和联邦存款保险公司等在内的五大金融监管机构批准。内容以禁止银行自营交易为主，包括禁止银行利用参加联邦存款保险的存款进行自营交易、投资对冲基金或私募基金等。

第五章　逐底竞争

① 原文为Mayday，是国际通用的无线电通话遇难求救讯号，而May Day是五一国际劳动节，二者读音相同。1975年5月1日前经纪商必须取消股票交易固定佣金，因此，对他们而言5月1日代表一场灾难。

② 指政治经济学。

③ 指黑店生意。

④ 统计学术语"异常值"的英文Outlier也可以用来指露宿者。

| ⑤ | 泰国游戏制作者 Sinthai 于 2005 年制作的轰动一时的系列恐怖游戏。
| ⑥ | *The Only Game in Town* 是斯莫基·罗宾逊（Smokey Robinson）演唱的歌曲，借指唯一的选择。
| ⑦ | 引自唐代罗隐的《筹笔驿》。
| ⑧ | 根据罗马共和国的法律，任何将领不得率军越过高卢与意大利的分界卢比孔河（Rubicone），否则就会被视为叛变。公元前 49 年，恺撒（Caesar）率领高卢军团跨越卢比孔河，返回罗马境内。此举将罗马共和国推向内战的深渊，开启了罗马共和国走向衰亡的过程。
| ⑨ | 特指尤其在社交媒体上表现出来的总担心失去或错过别人正在经历的某些事的焦虑或恐惧心情，也称局外人困境。
| ⑩ | 伯尼·桑德斯（Bernie Sanders）在 2016 年的竞选口号，与"请感受烧伤"（feel the burn）是谐音。

第六章 2020 年 4 月

| ① | 《光环》（*Halo*）是由美国著名的电子游戏软件制作商 Bungie 公司开发、微软发行的游戏系列。
| ② | 《麦登橄榄球游戏》（*Madden*）是由 EA Sports 开发的一款体育竞技类游戏。
| ③ | 原文为 dumb money，（尤指普通人的）投资被套牢的钱。
| ④ | 原文为 Hamptons，此汉普顿是离纽约市 125 千米的一处宁静的地方，由长岛湾（通常称为海湾）和毗邻大西洋的村庄和城镇组成。
| ⑤ | 派克大街是美国纽约市的豪华大街，常用作奢华时髦阶层的同义语。
| ⑥ | 美国的一间独立民调机构，总部设在华盛顿特区。该中心对那些影响美国乃至世界的问题、态度与潮流提供信息资料。受皮尤慈善信托基金资助，据称是一个无倾向性的机构。

第七章 矮子当道

| ① | 《矮子当道》原文为 *Get Shorty*，是 1996 年上映的一部美国喜剧电影的

名称。导演是巴里·索南菲尔德（Barry Sonnenfeld），主演有蕾妮·罗索（Rene Russo）、约翰·特拉沃尔塔（John Travolta）、吉恩·哈克曼（Gene Hackman）等。此处"Shorty"（矮子）影射"short"（空头、做空者）。

② 头寸（position）：金融行业术语，常用于交易金融、证券、股票、期货。头寸就是当前所有可以运用资金的总和。

③ 英文为short interest或short float，指当前被卖空的全部股票数量。但通常这个数字是按照与全部发行的总股票数量（shares outstand）的百分比来表示的。如short interest = 3%，表示目前有3%的股票数量被卖空。

④ 标准普尔是世界权威金融分析机构，由普尔先生（Mr. Henry Varnum Poor）于1860年创立。标准普尔由普尔出版公司和标准统计公司于1941年合并而成。标准普尔500指数英文简写为S&P 500 Index，是记录美国500家上市公司的一个股票指数。这个股票指数由标准普尔公司创建并维护。标准普尔500指数覆盖的所有公司，都是在美国主要交易所，如纽约证券交易所、纳斯达克交易的上市公司。与道琼斯指数相比，标准普尔500指数包含的公司更多，因此风险更为分散，能够反映更广泛的市场变化。

⑤ 秃鹫策略：寻找陷入困境的企业，跟踪其可投资工具，在价格极低时介入，从而挖掘出企业剩余价值的投资策略，从事这种金融活动的基金被称为秃鹫基金。

⑥ 原文为德语 *Fahrvergnügen*，收录在德国演员、歌手Chris Imler 2018年10月5日发行的专辑"机器与动物"（Maschinenund Tiere）里的歌曲。

⑦ 原书名为 *Reminiscences of a Stock Operator*，有不同的译者翻译、多家出版社发行的近三十种同名中文译本。

⑧ S3XY为SEXY的刻意讹写。特斯拉CEO马斯克2019年3月14日在社交媒体上发布消息，以"S3XY"来表示特斯拉当时所拥有的车型。原因详见本章译者注12。

⑨ 在美国的大麻文化中，4月20日或4/20被人们视为"大麻节"。

⑩ 马斯克的生日是6月28日，即在4月20日那天的69日后出生。

⑪ 李伯拉斯（Liberace），1919年5月16日–1987年2月4日，以多栖发展而闻名世界的著名美国艺人和钢琴家。从20世纪50年代到20世纪70

年代，是世界上收入最高的艺人，台下生活也非常的奢华，被誉为"闪耀之王"（The King of Bling）。

⑫ 马斯克本想以 SEXY 命名特斯拉车的新型号，由于 E 已经被福特占有，就以"3"仿效 E，"S3XY"由此而生。

⑬ 《薄伽梵歌》（Bhagavad Gita，英译：*Song of God*，汉语意译：神之歌、主黑天之歌），《薄伽梵歌》的字面意思是"主之歌"或"神之歌"，是印度古代史诗《摩诃婆罗多》（MahabharaIa）中的一部宗教哲学诗。它提供印度教徒修身处世的行为准则，被一些人作为人生哲学的经典。

⑭ 这是一个双关语玩笑，空头的复数与短裤的英文都是 shorts。

⑮ 做空者有理由活下去，参见⑭。

⑯ 头寸（position）也称为"头衬"，就是款项的意思，是金融界及商业界的流行用语。头寸指投资者拥有或借用的资金/资产数量；空头头寸（short position/bear covering）：投资者通过经纪人卖出自己所不拥有的股票、即卖出空头而产生的投资头寸。一般情况下，投资者在预计某只股票的价格将下跌时，便向经纪人发出卖出指令。但此时他手中并无这只股票，而是通过经纪人借入股票再卖出。因此，这时的投资者是处于"空头"位置。待股票价格下跌后投资者再买入先前所借数量的该股票以冲抵这笔借贷，同时从卖出与买入的价差中（扣除佣金及其他费用）获利。

第八章　2020 年夏秋季节

① 罗纳（rona）：冠状病毒（Coronavirus）的美国俚语表达。

② 由美国派拉蒙影业公司发行的传记剧情片，导演为亚当·麦凯（Adam McKay），主演为克里斯蒂安·贝尔（Christian Bale）、史蒂夫·卡瑞尔（Steve Carell）等。影片根据迈克尔·刘易斯（Michael Lewis）同名小说改编，讲述了美国金融危机时四个性格怪异的男人抓住机会，从全球经济衰退中捞取了利润，同时他们还试图阻止全球经济衰退的故事。该片于 2015 年 12 月 23 日在美国上映，于 2016 年获得第 88 届奥斯卡金像奖最佳改编剧本奖。

③ 傻票（stonks）：在这里是 stocks 的刻意讹写。

④ 根据1934年《证券交易法》第13条d项以及美国联邦证券与交易委员会（SEC）依据该项规定所制定的13D-G规章，取得了任何公司公开发行股票5%或5%以上的当事人，必须在10个工作日之内向证券交易委员会、发行股票的公司、该公司挂牌的证券交易所提交13D表格。表格的具体内容包括：(1)所取得证券的名称、种类，发行人的名称及其主要决策机构的地址；(2)证券取得人（发盘者）的身份及背景材料；(3)取得证券的融资安排，如果需要贷款，则贷款人的名单；(4)取得证券的目的，对目标公司经营发展的计划，有其是有无将目标公司合并、重组或分解的计划；(5)发盘者持有该种证券的总额以及过去60天内买卖该种证券而订立的合同、协议，所达成的默契、关系等。

⑤ 哈洛德·泰·华纳（Harold Ty Warner）于20世纪90年代创造的豆豆娃（Beanie Babies）是一系列用塑料颗粒填充的动物玩具，普遍被用作收藏品。

⑥ 70%的空头所持游戏驿站股票的价格低于游戏驿站现在的股价。

第九章　作弊码

① 英文原名为 *Grand Theft Auto V*，由游戏发行商Take-Two Interactive旗下的游戏开发分公司Rockstar Games开发的以犯罪为主题的世界著名游戏，别名有《侠盗飞车》《横行霸道》等，于1997年发行第一部作品。这款游戏在黑帮的背景下混合了驾驶、枪战、格斗、养成乃至经营的元素，自《侠盗猎车手：罪恶都市》发行以后便迅速占领玩家们的视野，大多数中国玩家是从这一集开始认识《侠盗猎车手》的。

② 原文为exposure。敞口是风险分析中常用的重要概念，表示对风险有暴露的地方以及受金融风险影响的程度。比如，给一个企业贷款10亿美元，其中8亿美元有外部担保，而其中2亿美元没有担保，那么我们就说风险敞口是2亿美元。同样的说法也用于其他领域，如期货等。

③ 借指期权合约卖方承担的巨大风险，由于地震造成损失的巨大性及保险经营"大数法则"的难以运用，商业保险公司多将地震损失列为除外责任。

④ 溢价（premium）：证券市场术语，指所支付的实际金额超过证券或股票

的名目价值或面值。而在基金上，则专指封闭型基金市场的买卖价高于基金单位净资产的价值。我们通常说一只股票有溢价，是指在减掉各种手续费等费用之后还有钱。

⑤ 行权价是指在期权交易中发行人发行权证时所约定的、权证持有人行使期权在约定时间以约定价格向发行人购买（看涨期权的情况）或出售（看跌期权的情况）标的证券的价格。

⑥ 未到价（Out of the money）指持有者行使期权没有获利价值的状态，即标的资产（此处为股票）的当前价格低于（看涨期权的情况）期权合约中约定的买入价格或高于（看跌期权的情况）卖出价格的情形。到价（In the money，at the money）是指行使价格低于（看涨期权的情况）相关股票的市场价格，对于看跌期权，到价指行使价格高于相关股票的市场价格。

⑦ 期权清算公司（Option Clearing Corporation，OCC）是美国由证券交易委员会（SEC）批准创建的全国性期权清算系统，由芝加哥期权交易所和美国证券交易所联合建立。自1974年成立以来，发行、保证、登记、清算、结算所有交易所挂牌期权的所有交易。

⑧ 又称欧式期权定价模型。

⑨ 美国外卖平台巨头GrubHub是创建于2004年的一家食品配送服务公司，总部位于美国芝加哥市，联合创始人兼CEO是马特·马洛尼（Matt Maloney）。GrubHub在纽约、芝加哥、旧金山、奥克兰、波士顿、洛杉矶、华盛顿、费城、圣地亚哥、西雅图、波特兰、丹佛和博尔德经营业务。

⑩ 标的股票（underlying stock）是指主要包括股指期货、股票期权的金融衍生品的标的物。

⑪ 波动率偏斜（volatility skew），又称期权偏斜，是一种期权交易概念，指的是平价期权、到价期权和未到价期权之间波动率的差异，该术语指合约的市场价格和执行价格之间的关系。

⑫ 期货交易风险指标之一。Delta=期权价格变化/标的资产的价格变化。看涨期权的Delta值为正数，因为其价格变化与标的股票的价格变化方向一致，看跌期权的Delta值为负，因为其价格变化与标的股票变化的方向相反。Delta值的绝对值在0和1之间，一般到价期权的Delta绝

对值大，而未到价期权的 Delta 绝对值小。

第十章　2020—2021 跨年假日季节

① 全称为艾拉索恩投资大会（Ira Sohn Investment Conference），以一位名为艾拉·W. 索恩（Ira W. Sohn）、因患癌症去世的华尔街交易员的名字命名，于 1996 年创办。作为对冲基金业界的顶级盛会，该会议每年都会吸引大量的对冲基金经理们齐聚一堂，分享各自的投资思路，大会的召开同时也为明天儿童基金会筹集资金。

② 美国证券与交易委员会要求的机构持仓报告。

③ 英文原名为 *The Princess Bride*，是 1987 年 9 月 25 日在美国上映的一部冒险喜剧电影。导演为罗伯·莱纳（Rob Reiner），主演为加利·艾尔维斯（Cary Elwes）、罗宾·莱特（Robin Wright）等。

④ 英文原名为 *Scarface*，是 1983 年 12 月 9 日在美国上映的动作犯罪电影。导演为布莱恩·德·帕尔玛（Brian De Palma），主演为阿尔·帕西诺（Al Pacino）、斯蒂文·鲍尔（Steven Bauer）、米歇尔·菲佛（Michelle Pfeiffer）等。

⑤ 少即多指 less is more，是著名的现代主义建筑大师路德维希·米斯·凡·德·洛（Ludwig Mies van der Roh）提倡的支持简约、反对度装饰的设计理念。

⑥ 英文名为 Bed Bath & Beyond，是美国一家大型连锁的家居用品专门店，具体销售家用商品、家居用品、食品、礼品、健康和美容商品，以及婴幼儿用品。

⑦ 戈登·盖柯（Gordon Gekko），是 1987 年好莱坞犯罪片《华尔街》（*Wall Street*）中的主角（由迈克尔·道格拉斯饰演）。导演为奥利弗·斯通（Oliver Stone），主演为迈克尔·道格拉斯（Michael Douglas）、查理·辛（Charlie Sheen）、奥利弗·斯通（Oliver Stone）、达丽尔·汉纳（Daryl Hannah）等。

译者注

第十一章　摸老虎屁股

① 全称为威朗制药国际制药公司（Valeant Pharmaceuticals InternationalInc），是一家总部在加拿大魁北克省拉瓦尔（Laval）、在纽约证券交易所和多伦多证券交易所挂牌上市的生物制药公司，世界范围内雇员有18 000人。

② 平滑（smooth），指有意压低生意兴旺年度或生意兴旺部分的报表利润，将其转移到亏损年度或生意亏损部分，使公司财务报表显示持续稳定均衡的盈利趋势。

③ 这里香橼（Citron）被愤怒的发帖者故意讹写作Shitron，而shit是屎的意思。

④ *Lord of the Flies*，中文译作《蝇王》，是英国现代作家、诺贝尔文学奖获得者威廉·戈尔丁（William Golding）的长篇小说，也是其代表作，书中专制的化身杰克想要把民主的化身拉尔夫像杀死野猪一样干掉，而野猪头是被他戳在削尖的棍子上的。中译本有《世界文艺》杂志、浙江文艺出版社、上海译文出版社（1985-06）等版本。

⑤ 玩家门（Gamergate）：2014年因女性游戏制作人Zoë Quinn的一系列争议行为所引发的一场席卷互联网的论战。这一事件被主流媒体称为"游戏文化中性别主义和进步主义的问题"，玩家称为"对抗主流媒体控制网络舆论的社会运动"，而学术界则定义为"女性在游戏界对传统男权至上问题的发声与男性对之的捍卫"。这一事件导致部分事件参与者（以女性为主）受到不同程度的攻击和骚扰，社会上对于游戏界的性别歧视争议加深，而与之相对，玩家界对于媒体的不信任感也大大加深了。同时，在玩家门事件中涌现出的一大批参与者日后也开始在政坛鼓吹国家主义，也有人认为，"2016美国大选是玩家门的放大化"。

⑥ 罗素指数是由Frank Russell公司创立，由华盛顿州的Frank Russell所发行的市场资本总额加权平均数，为小企业股价表现最佳的衡量工具之一，是美国市场被广泛关注的跟踪大型股和小型股的指数。罗素以美国市场为原始基准，它的成分股必须是美国公司。罗素宣布，他们将把股票指数家族扩张到超过300支指数，成份股票数量为10 100支左

· 325 ·

右，覆盖全球 63 个国家和 22 个地区。罗素指数种类有三种：一是罗素 3000 指数（Russell 3000 Index），包含了美国 3 000 家最大市值的公司股票，以加权平均的方法来编定的指数。二是罗素 1000 指数（Russell 1000 Index），是在罗素 3000 指数中市值最大的首 1 000 家公司股票的加权平均数而编定。此指数大约包含了罗素 3000 指数中的公司的市场总值的 92%，价值约 121 亿美元。三是罗素 2000 指数（Russell 2000 Index），由 FrankRussell 公司创立于 1972 年，成份指数股股数 2 000 家，是由罗素 3000 指数中市值最小的 2 000 只股票构成。此指数大约包含了罗素 3000 指数 11% 的市场总值。

第十二章　2021 年 1 月 22 日

① 英文为 Google search trends，谷歌旗下基于搜索数据推出的一款分析工具。

② 简称 PS5，是索尼互动娱乐有限公司于 2020 年 11 月 12 日起在全球发行的家用电子游戏机，于 2021 年 5 月 15 日在中国大陆正式发售。该主机是同系列机种 PlayStation4 的后续机型，在硬件上比前代 PS4 有大幅的提升，使用了 PCIe 4.0 规格的高速定制固态硬盘和 AMD 的定制处理器。

③ 英文名为 Motherboard，知名在线科技媒体，内容覆盖领域从科技热点到太空探索到生命科学，专注报道最新科技产品、科学发现、科研成果等。

第十三章　"猿族"崛起

① 英文名为 *Rise of the Planet of the Apes*，是 2011 年上映的美国动作片。内地译名为《猿族崛起》《猩球崛起》，香港译名为《猩凶革命》，导演为鲁伯特·瓦耶特（Rupert Wyatt Rupert Wyatt），主演为詹姆斯·弗兰科（James Franco）、汤姆·费尔顿（Tom Felton）、芙蕾达·平托（Freida Pinto）、布莱恩·考克斯（Brian Cox）等。该片是科幻片《人猿星球》（*Planet of the Apes*）的前传，讲述了人猿进化为高级智慧生物、进而攻占地球之前的种种际遇的故事。

② 指"巨人对战巨人",是"大卫对战歌利亚(少年对战巨人)"情节的颠倒。据《旧约·撒母耳记上》第 17 章记载,13 岁的牧羊少年大卫去军营为哥哥们送食物,正碰上非利士猛将歌利亚叫阵。大卫见无人敢应战,就向以色列王扫罗请求出战。他用投石带和 5 块石子前去迎战并杀死了歌利亚,使得非利士人大败而逃。大卫在扫罗死后成为以色列年轻的新国王。该故事表现了少年大卫机智勇敢、不畏强敌并战胜强敌的英雄品质。

③ 英文名为 The Dark Knight,改编自 DC 漫画公司的经典超级英雄漫画《蝙蝠侠》(Batman),于 2008 年全球公映。导演为克里斯托弗·诺兰(Christopher Nolan),主演为克里斯蒂安·贝尔(Christian Bale)、希斯·莱杰(Heath Ledger)、迈克尔·凯恩(Michael Caine)等。该片为《蝙蝠侠:黑暗骑士》三部曲的第二部作品,前作为 2005 年上映的《蝙蝠侠:侠影之谜》。本片以现实主义警匪片的手法包装了一个幻想中的超级英雄故事,成功地挖掘出角色的深层性格和故事所蕴含的人性哲理,将漫画电影提升到一个崭新的层次,成了影史上第一部跨入"10 亿美元俱乐部"的超级英雄电影。

④ Karma,佛教和印度教用语,指会产生苦乐果报的行为的力量,此处借用为用户个人可信度的一种积分形式的衡量标准。

第十五章 网络红人

① 英文名为 The Ladys Home Journal,是美国历史最悠久的月刊杂志之一,创刊于 1883 年,是塞勒斯·H. K. 柯蒂斯(Cyrus H. K.Curtis)创立的《论坛报》(Tribune)和《农民报》(Farmer)的女性增刊,由其妻路易莎·克纳普(Louisa Knapp)担任编辑。后于 1884 年开始独立发行,以多愁善感的文学题材著称,吸引来自欧美各地的优秀作家,为女性撰写高质量的小说和非小说类文章。孙中山与宋庆龄夫妇收藏多期该杂志。

② 英文全称为 Federal Deposit Insurance Corporation,美国联邦政府的独立金融机构。负责办理存款保险业务。该公司根据 1933 年银行法设立。自 1934 年 1 月 1 日起,对联邦储备系统所有会员银行以及申请参加联邦储备保险并符合条件的州银行,实行有法定限额的存款保险制度。该公司

的资金来自投保银行每年按其存款总额 1/3000 缴付的保险费以及政府债券投资所获的利息,并有权在任何时候向财政部借入不超过 30 亿美元的资金。

③ 艾因霍恩(Einhorn)在德语里指"独角兽"。

④ 金·卡戴珊,1980 年 10 月 21 日出生于美国加利福尼亚州洛杉矶,美国娱乐界名媛、服装设计师、演员、企业家,是 O. J. 辛普森案中已故律师罗伯特·卡戴珊(Robert Kardashian)的女儿。金·卡戴珊于 2007 年因为"性爱录影带"事件而走红;2008 年参演电影《灾难大电影》(*Disaster Movie*);2009 年,金·卡戴珊以《灾难大电影》中的演出提名金酸莓奖(Razzie Awards)最差女配角;2011 年参演电影《婚姻顾问》(*Tyler Perry's Temptation*: *Confessions of A Marriage Counselor*);金·卡戴珊作为服装设计师,2012 年创建了时装品牌 Kardashian Kollection。

⑤ 道恩·强森(Dwayne Johnson),1972 年 5 月 2 日出生于美国加利福尼亚州海沃德市,美国演员、制片人、职业摔跤手。

⑥ Saturday Night Live(SNL)是美国一档于周六深夜时段直播的喜剧小品类综艺节目,由洛恩·迈克尔斯(Lorne Michaels)创立,为迪克·埃伯索尔(Dick Ebersol)所继承发展。节目以纽约市为拍摄地,于 1975 年 10 月 11 日起在全国广播公司(NBC)首播,截至第 45 季完结已播出 891 集,是美国电视史上最长寿的节目之一。

⑦ Dogecoin,也叫"狗币",2013 年 12 月 8 日问世,是基于 Scrypt 算法、目前国际上很常用的数字货币。狗币系统上线后,由于红迪网的助力,流量呈现爆发式发展,不过两周的时间,狗币已经铺开了专门的博客、论坛,截至 2014 年 6 月 1 日,市值已达到三千多万美元。狗狗币也包括在 2017 年央视公布的 350 个资金传销组织名单中。

⑧ 即平滑异同平均线指标,由查拉尔·阿佩尔于 1979 年提出,是证券市场技术分析中最常用的指标之一。

⑨ Nifty Fifty:指 20 世纪 60 ~ 70 年代在纽约证券交易所交易的 50 只备受追捧的大盘股。

⑩ 出自《圣经》的一句格言,英文为:People who live in glass houses should not throw stones,意思是住在玻璃屋的人不应该向别人扔石头。因为对方也会将石头扔回来,打碎你的玻璃屋伤及你。也就是说,世间没有十

全十美的人，每个人都有缺点，所以不要妄议他人。
⑪ SPAC，即特殊目的收购公司（Special Purpose Acquisition Company），又称空白支票公司（blank check firm），是一种投资基金，它允许公共股票市场投资者投资私募股权交易，特别是杠杆收购。SPAC是空壳公司或空白支票公司，它们没有业务，这家公司将投资并购欲上市的目标企业。目标企业通过与已经上市SPAC并购迅速实现上市融资的目的。
⑫ 英文全名为LendingTree inc，是一个在线市场，帮助消费者和企业借款人与多家放款人联系，寻求抵押贷款、助学贷款、商业贷款、信用卡、定期存款账户和保险的最佳条款。LendingTree与全世界400多家金融机构建立了合作伙伴关系。1 500多万个活跃用户使用LendingTree监控其信用、挑选贷款，并管理其财务健康状况。
⑬ crappywallstreetadvice= 华尔街的烂点子。
⑭ 这里的"机器人农场"（bot farm）不是指从事农作物种植或动物养殖的真正农场，而是指"种植"大量账户用来发消息从而影响甚至操纵某一事态发展的机构或组织。

第十六章　2021年1月27日

① 原文"to de-gross"为借用并加以改造的法语动词不定式"dégrossir"，意为"粗切、粗削、粗加工"。

第十七章　哈哈，没什么大不了的！

① 英文名为 *Joker*：是美国DC漫画旗下超级反派，初次登场于《蝙蝠侠》第1卷第1期（1940年6月），由鲍勃·凯恩（Bob Kane）、比尔·芬格（Bill Finger）和杰瑞·罗宾逊（Jerry Robinson）联合创造。
② 英文为 *The Avengers*，是2012开始上映的美国动作科幻电影系列。导演为乔斯·韦登（Joss Whedon）（第1、2部）、罗素兄弟（Russo Brothers）（第3、4部）；主演为小罗伯特·唐尼（Robert Downey Jr.）、克里斯·埃文斯（Chris Evans）、克里斯·海姆斯沃斯（Chris Hemswort）等。该系列电影讲述了"复仇者联盟"的诞生以及后续的超级英雄集结。他们各

颠覆者

显神通，团结一心，终于打倒邪恶势力，保证了地球的安全。

③ 英文全称为 *Jackass The Movie*，是2002年上映的美国喜剧片。导演为杰夫·特雷梅恩（Jeff Tremaine），主演为约翰尼·纳什维尔（Johnny Knoxville）等。

④ 英文全称为 Wilshire 5000 Index。以前称为"威尔逊5000证券指数"（Wilshire 5000 Equity Index）。该指数由威尔逊协会（Wilshire Associates）创立于1980年，现已超过7 500家成份指数股股数。威尔逊5000指数并不只涵盖5 000只股票。该指数目前已涵盖超过7 500只股票。由于涵盖面广，许多美国投资者称该指数为"市场总指数"。威尔逊5000指数是目前全球最大的指数。该指数涵盖所有在纽约证券交易所（NYSE）和美国股票交易所（AMEX）上市的股票和绝大多数在纳斯达克市场交易活跃的股票。指数价值约15万美元。

⑤ 英文原名为 *Manias, Panics, and Crashes: A History of Financial Crises*。作者为查尔斯·P. 金德尔伯格（Charles P. Kindleberger）和罗伯特·Z. 阿利伯（Robert Z. Aliber），中译本《疯狂、惊恐和崩溃：金融危机史（第六版）》由中国金融出版社于2014年8月出版，译者为朱隽、叶翔、李伟杰。

第十八章 2021年1月28日

① 一款游戏聊天应用软件和同名社区。Discord从游戏语音、IM工具（聊天工具、即时通信工具）服务起家，随后转向直播平台，进而发展成为开设游戏商店的社区平台，现在是游戏玩家在游戏中沟通协作的首选工具。

② 原文为mods，是modernists或modists的缩写，又叫摩托车男孩（scooter boys），大致就是身着奇装异服骑着改装摩托车成群结队飙车的那群人。

③ iOS是由苹果公司开发的移动操作系统，最初是设计给iPhone使用的，后来陆续套用到iPodtouch、iPad上。该系统于2007年1月9日公布。

译者注

第十九章　穿紧身衣的男人们

① 英语 Stock 作名词的意思之一是"股票，股本，企业的股本总额"，另一个意思是旧时的刑具"足枷，手枷"。

② 英文 cancel culture，有时也作 call-out culture，即取消文化，或称抵制文化。指在社交媒体上取消、抵制犯了社会不能接受的错误的、有身份地位的名人的社会影响，比如下架、封杀其歌曲、电影等作品，甚至通过关闭其账户将本人踢出社交圈或者行业圈。

③ 原文为 environmental initiatives and healthy communities。美国疾病预防控制中心、美国环境保护署、美国退休人员协会和纽约探访护士服务等官方或民间机构推出过多个"环境倡议"和"健康社区计划"（healthy communities program）。

④ 指股票投资者购买一定数量的上市股票，经过一段时间后又由同一个经纪人如数售出的交易。

⑤ 在中国庞氏骗局又称"拆东墙补西墙"或"空手套白狼"。简言之就是利用新投资人的钱来向老投资者支付利息和短期回报，以制造赚钱的假象，进而骗取更多的投资。查尔斯·庞兹（Charles Ponzi）于1919年策划了一个阴谋，他许诺向一个子虚乌有的企业投资，将在三个月内得到40%的利润回报，把新投资者的钱作为快速盈利付给最初投资的人，以诱使更多的人上当。由于前期投资的人回报丰厚，庞兹成功地在7个月内吸引到3万名投资者。这场阴谋持续了一年之久才被揭穿，后人称类似的骗术为"庞氏骗局"。

⑥ 英文为 cost center，指对成本和费用承担控制、考核责任的中心，是对费用进行归集、分配，对成本加以控制、考核的责任单位，即成本可控性的责任单位。

⑦ 英文为 market maker，指在证券市场上由具备一定实力和信誉的独立证券经营法人作为特许交易商，不断向公众投资者报出某些特定证券的买卖价格（双向报价），并在该价位上接受公众投资者的买卖要求，以其自有资金和证券、投资者进行证券交易。买卖双方无须等待交易对手出现，只需做市商出面承担交易对手方即可达成交易。做市商通过做市制

度来维持市场的流动性,以满足公众投资者的投资需求。做市商通过买卖报价的适当差额来补偿所提供服务的成本费用,并实现一定的利润。

第二十章　2021年1月29日

① 英文名为 *Forrest Gump*,于1994年7月6日上映的美国电影,导演为罗伯特·泽米吉斯(Robert Zemeckis),主演为汤姆·汉克斯(Tom Hanks)、罗宾·怀特(Robin Wright)等。电影改编自美国作家温斯顿·格卢姆(Winston Groom)1986年出版的同名小说,描绘了先天智障的小镇男孩福瑞斯特·甘自强不息,最终"傻人有傻福",在多个领域创造奇迹的励志故事。该片于1995年获得奥斯卡最佳影片奖、最佳男主角奖、最佳导演奖等6项大奖。

第二十一章　怎样做就教训不了大人物

① 房利美即联邦国民抵押贷款协会(Federal National Mortgage Association),简称Fannie Mae。房地美是联邦住宅贷款抵押公司(Federal Home Loan Mortgage Corp),简称Freddie Mac。房地美和房利美分别为美国政府赞助企业(Government Sponsored Enterprise, GSE)中第一和第二大者。

② 英文名为 *Billions*,是2016年1月17日首播的美国电视剧。导演为尼尔·博格(Neil Burger)、詹姆斯·弗雷(James Foley)等;主演为保罗·吉亚玛提(Paul Giamatti)、戴米恩·路易斯(Damian Lewis)、玛琳·阿克曼(Malin Akerman)等。本剧讲述了纽约市政治与经济领域中关于金钱的一场较量,一场两个华尔街重量级人物之间捕猎者与猎物式的斗争的故事。

③ 原书名为 *Big Money Thinks Small: Biases, Blind Spots, and Smarter Investing*,由哥伦比亚大学出版社于2017年8月15日出版。中译本为《大钱细思:优秀投资者如何思考和决断》,由机械工业出版社于2020年5月出版,译者为王列敏、朱真卿、郑梓超。

④ 英文为 thundering herd,也可以称为羊群效应、从众效应,这是社会心理学当中的一个重要表现形式,具体来说,就是指每一个人的行为或者

译者注

是观念，都会受到来自群体的影响，或者是接受群体的有利影响，或者是受到来自群体的压力，都会使自己的行为和言论朝着与群体相一致的方向发展变化。

⑤ 英文为 restricted share award，限制性股票激励就是向管理人员或员工奖励限制性股票。限制性股票指上市公司按照预先确定的条件授予激励对象一定数量的本公司股票，激励对象只有在工作年限或业绩目标符合股权激励计划规定条件的，才可出售限制性股票并从中获益。

⑥ 英文为 silverback，指银背大猩猩，成年雄性，通常为大猩猩家庭之长，背披银豪力大无穷，又指美国 DC 漫画旗下超级反派，登场于《蓝甲虫》(Blue Beetle)。

第二十三章 故伎重演

① 英文书名为 The Man Who Solved the Market: How Jim Simons Launched the Quant Revolution，由 Portfolio/Penguin 出版社于 2019 年出版。中译本由天津科技出版社于 2021 年 2 月出版。译者为安昀、朱昂。

② 英文为 beat the market，指获得比大盘高的收益率。

③ 英文为 Woodstock，这里指伍德斯托克音乐节（Woodstock Rock Festival），该音乐节在美国纽约州北部城镇伍德斯托克附近举行，是世界上最著名的系列性摇滚音乐节之一。

④ 英文为 Berkshire Hathaway，由沃伦·巴菲特创建于 1956 年，是一家主营保险业务，在其他许多领域也有商业活动的公司。其中最重要的业务是以直接的保险金和再保险金额为基础财产及灾害保险。

⑤ 英文为 alternative asset managers，即管理另类资产（alternative asset）的机构或个人。另类资产是传统的三个主要资产类别股票、债券和现金之外的房地产、艺术收藏品、大宗商品、自然资源、对冲基金、私募股权、其他金融衍生品，甚至类似比特币这样的加密虚拟货币。

后记

① 原文为 Little League，指少年棒球联盟世界大赛（Little League World

Series）。该大赛是位于美国的世界少棒联盟（Little League Baseball，LLB）所举办的世界性少年棒球比赛，创办于 1947 年，每年 8 月在该联盟所在地宾州南威廉波特（South Williamsport, Pennsylvania）比赛。

② 英文为 Tiger Woods，指艾德瑞克·泰格·伍兹（Eldrick Tiger Woods），是美国著名的高尔夫球手。

③ 在高尔夫大师赛颁奖仪式上，新科冠军将在上届冠军的帮助下穿上绿夹克。

④ 拉丁文为 *Magna Carta*，英文为 *Great Charter*。英国封建时期的重要宪法性文件之一。1215 年 6 月 15 日，金雀花王朝国王约翰王（1199—1216 年在位）在大封建领主、教士、骑士和城市市民的联合压力下被迫签署。全文共 63 条。主要内容是保障封建贵族和教会的特权，以及骑士、市民的某些利益，限制王权。

⑤ 英文原书名为 *A Random Walk Down Wall Street*。中译本为《漫步华尔街》，由上海财经大学出版社于 2002 年 6 月出版，译者为骆玉鼎和彭晗；机械工业出版社于 2017 年 12 月出版同名中译本，译者为张伟。

⑥ 英文的"长"（long）和"短"（short），也可以分别用来指多头和空头，所以这里的"投掷长短两种飞镖"喻指做多和做空。

⑦ 英文为 *Mad Money*，美国全国广播公司财经频道的栏目之一。

⑧ 原文为 HODLer：区块链术语，意为持股人。

⑨ 原文为 High Earning, Not Rich Yet，其首字母缩写 HENRY 与英语人名"亨利"相同。

⑩ 原书全名为 *When Genius Failed: The Rise and Fall of Long-Term Capital Management*。中文译本有：《营救华尔街：一群投机天才的崛起与陨落》，由上海远东出版社于 2003 年 1 月出版，译者为孟立慧；《赌金者：长期资本管理公司的升腾和陨落》，由机械工业出版社于 2017 年 1 月出版，译者为毕崇毅。

原书索引

（页码数字为原书页码）

Ackman, William, 56, 116–17, 253

addictive behavior, 31

see also gambling

Ailes, Roger, 156

All of Us Financial, 209

Alphacution Research Conservatory, 202

Alphaville, 78

Amazon, 26, 52, 89, 98, 133, 160

AMC, 39, 93, 125, 127, 132, 169, 188, 220–21, 224–26

Americans for Tax Fairness, 72

Andreessen, Marc, 24, 161

Animal House, xv

Apes Together Strong, 142, 230

Apple, 25, 46, 52, 98, 133, 178

apps, 26

see also smartphone trading apps

arbitrage, 84

Aron, Adam, 225

Attack of the Clones, xiv, 262

Attal, Alan, 114

Atwater, Peter, 59, 101, 123, 214

Axonic Capital, 103

baby boomers, 71

Bale, Christian, 88

Bank of America, 56, 59

Barber, Brad, 235, 238, 243

Barnes & Noble, 26

Barron's, 128, 254

Barstool Sports, 57

Bartiromo, Cole, 163

baseball playoffs, 19

BB Liquidating Inc., 133

bear markets, 52, 59, 69, 70, 72, 255

Bear Traps Report, The, 99

Bed Bath & Beyond, 115, 133, 188

behavioral economics, 51, 62, 255

Belfort, Jordan, 118, 148, 217

Benchmark Company, 128
Berkshire Hathaway, 240, 259
Bernanke, Ben, 10
Bessembinder, Hendrik, 243
Best Buy, 130
Betterment, 27, 54, 183, 193, 242, 257, 258, 261
Bezos, Jeff, 89, 160
Bhagavad Gita, 83
Bhatt, Baiju, 23–25, 49, 90, 219
Biden, Joe, 192
big banks, 202, 219–20
Big Money Thinks Small (Tillinghast), 222
Big Short, The (Lewis), 16, 88
Billions, 218
Black, Fischer, 101, 102, 108
BlackBerry, 93, 115, 133, 169, 178, 188, 224
black swan events, 5
blank check firms (SPACs; special purpose acquisition companies), 64–65, 155, 158, 164, 178, 194, 246, 247
Blankfein, Lloyd, 9
Block, Carson, 158
Blockbuster Video, x–xi, 15, 93, 133, 178
Blodget, Henry, 90, 156
Bloomberg, 126, 181
Bloomberg Intelligence, 159

Bloomberg News, 208
Bogle, John, 4, 37, 254
Bolton, Michael, 196, 207
bonds, 58
bots, 163–66, 229–30
Box, 26
Broderick, John, 223
Bronte Capital, 181
Buckingham Strategic Wealth, 62
Buffet, Warren, x, 52–53, 57, 88, 96, 174–75, 183, 236, 240–41, 245, 259
bull markets, 27, 28, 41, 52, 59, 62, 156, 159, 175, 179, 183, 185, 217, 234, 252, 256
Burry, Michael, 16–17, 52, 88–89, 91, 93, 153, 185, 222
Business Insider, 220
ByteDance, 162
call options, 15–16, 43–44, 68, 99–101, 104–8, 138, 147, 169–70, 216, 227–28
covered calls, 102
Robinhood and, 97–98
Tesla, 103
Carlson, Tucker, 189
Cashin, Art, 240
Casten, Sean, 5, 6
Cato Institute, 14
CBS News, 165

原书索引（页码数字为原书页码）

Cecchini, Peter, 103, 228
Center for Monetary and Financial Alternatives, 14
Center for Responsive Politics, 239
Change.org, 120
Chanos, Jim, 77, 84–86, 105, 119, 125, 148, 186, 236
Charles Schwab, 24, 25, 33–35, 49, 50, 59, 66, 70, 139, 200, 202, 234, 236, 245, 257, 259
Charlotte Hornets, 8, 111, 246
Chartered Financial Analyst designation, 18
Chen, Steve, 162
Chewy, 89, 114, 128
Chu, Sandra, 37, 165, 166
Chukumba, Anthony, 128, 147
Churchill Capital IV, 164
Ciara, 64
Cihlar, Rachael, 142–43
Citadel, 8–11, 33, 35, 49, 55, 104, 106–8, 140–41, 146, 178, 189, 198, 202, 206–8, 218, 231
Citron Research, 118, 120, 121, 123, 124
clearinghouses, 187, 203–5
Clubhouse (app), 60, 161–62
Clubhouse Media Group, 60, 161–62
CNBC, 98, 111, 117, 119, 128, 152, 156, 157, 170, 180, 191–92, 240

CNN, 104
Coates, Ta-Nehisi, 160
Code, The (O'Mara), 38
Cohen, Abby Joseph, 254
Cohen, Ryan, 89–90, 154, 221, 222
GameStop and, 90–95, 112–14, 128, 130, 133, 148, 154, 223–24
Cohen, Steven A., 7–9, 110, 146, 161, 197, 218
Cohen, Ted, 89
Colbert, Stephen, 197
college endowments, 77, 245
Comeau, F. S., 46–47
commissions, 48–50, 234, 251
zero-dollar, 47, 48–51, 54, 59, 70, 101, 102, 139, 166, 218, 241, 247, 259
Commonstock, 47
Condé Nast, 38
Congress, 206, 230–31
see also House Committee on Financial Services hearing
Consumer Federation of America, 29, 241
Consumer Financial Protection Bureau, 42
control, illusion of, 27
Cooperman, Leon, 191
COVID-19 pandemic, ix–xii, xv, 1, 23, 31, 42, 45, 47, 52, 55–57, 62, 68–72, 83, 88, 89, 92, 93, 105, 156, 179, 214,

· 337 ·

颠覆者

219, 224, 255, 256
stimulus checks during, 56, 62, 71, 72, 255
Cox, Christopher, 83
Cramer, Jim, 128, 254
Crash of 1929, 42, 150, 233
Crawford, Cindy, 111
Credit Suisse, 60, 128
Crockett, Molly, 39
Cruz, Ted, 197
Cuban, Mark, 191–92
cryptocurrencies, 58, 154, 179
Dogecoin, 19, 152, 154
CXO Advisory Group, 254
Daily Journal Corporation, 183
Dalio, Ray, 160–61
Damodaran, Aswath, 18, 82, 177–78
Dark Knight, The, 138
DARTs (daily average revenue trades), 59
DeepF**kingValue, *see* Gill, Keith
deep-value investors, 17, 52
demands for goods, 51
democratization of finance, 4, 5, 10, 173, 178, 182, 198, 207, 240, 242–43, 251, 262
dentists, 237, 251
Depression, Great, 48
derivatives, xi, xii, 5, 36, 101
see also options
Dian Fossey Gorilla Fund, 135

Dimon, Jamie, 160
Discord, 190
Discover Brokerage, 28
Dogecoin, 19, 152, 154
Doji, 47
dot-com era, 4, 21, 24, 25, 28, 42, 63, 65, 70, 90, 106, 118, 155, 179, 186
Dow Jones Industrial Average, 52, 53, 61, 70, 151, 234, 243
DraftKings, 26, 30
Drew, Daniel, 74
Dunning, David, 28
Dusaniwsky, Ihor, 76, 81, 130, 132, 170
economic theory, 51
behavioral, 51, 62, 255
Edelman, 143
Egan, Dan, 54, 60, 65, 183
Einhorn, David, 152–53, 158, 166, 253
El-Erian, Mohamed, 199, 205
Elm Partners, 260
Enron, 42, 84–85, 117, 119, 125, 129, 186, 242, 261
Epsilon Theory, 165
eToro, 47, 200
E*Trade, 24, 28, 55, 189, 219
Gill's account with, 15, 19, 87, 88, 90, 100, 112, 130–31, 136, 141, 147, 171, 212, 230, 232
Eurekahedge, 119
exchange-traded funds, 159, 234

· 338 ·

原书索引（页码数字为原书页码）

Express, 188

Facebook, 37–38, 98, 162, 166, 202

Factiva, 127

FactSet, 177

FanDuel, 26

Fannie Mae, 216

Fast Company, 26

FBI, 122

Federal Reserve, 10, 58, 67, 69, 71, 98

Survey of Consumer Finances, 252

Federal Reserve Bank of New York, 83

Fidelity Investments, 8, 25, 27, 221–22, 245

fiduciaries, 13–14, 258

financial advisers, 27, 253–55, 258

see also robo-advisers

financial crisis, xi, 6, 8, 10, 21, 28, 58, 63,

69, 70, 78, 83, 143, 199, 204, 215

Financial Industry Regulatory Authority (FINRA), 34–35, 101, 103, 120, 131, 193, 202, 239

Financial Times, 78, 81, 85

FOMO (fear of missing out), 63, 151, 172,

177, 178

Forbes, 9, 234

Ford Motor Company, 82

Forrest Gump, 212

Fortune, 85

4chan, 39, 125

Fox News, 156, 189

Freddie Mac, 216

French, Sally, 45

Fuld, Dick, 80

Futu, 236

Gallagher, Dan, 240

Galvin, William, 29

gambling, 30–31, 55, 57

lotteries, 62, 239, 241, 242

sports, 26, 30–31, 57

Gamergate, 125

GameStop (GME), GameStop short squeeze, x–xiv, 2, 10, 12, 16, 21, 22, 26, 30, 31, 36, 54, 56, 60, 61, 67, 72, 76, 80, 83, 85, 86, 88, 93–95, 97, 102, 107, 108, 111–15, 122, 125, 127–34, 128–32, 137, 138, 141–49, 152–55, 157, 158, 160, 161, 164, 169–70, 174–78, 180, 185, 188, 189–92, 200, 204, 211–14, 215–17, 221–22, 227–31, 234, 235, 237–40, 242, 249, 252, 262

board members and, 222–23

CEOs and, 224

congressional hearing on, *see* House Committee on Financial Services hearing

Gill and, 14, 15–19, 43–45, 68–69, 90–92, 94, 95, 100–101, 112–14, 130–33, 143–44, 147–48, 154–55, 260

· 339 ·

Gill's *Forrest Gump* Twitter post on, 212
margin debt and, 58
poll on, 13
Reddit and, 37; *see also* WallStreetBets
thousand-dollar price predicted for, 172–73, 176, 177
Volkswagen squeeze compared to, 77, 78
gamification, 29–31
gamma squeeze, 108, 109, 132, 141, 216,
227–28
General Motors, 151
Generation Z, 21, 26, 56, 88, 143, 162, 236, 246, 255
Gensler, Gary, 207
Gill, Elaine, 171
Gill, Keith (DeepF**kingValue), 1–3, 14,
15–20, 47, 48–49, 52, 73, 87–88, 116, 126, 129, 136, 141–42, 171, 175, 183, 191, 211–14, 218, 219, 222, 227, 230–32, 250
at congressional hearing, 1–3, 14
E*Trade account of, 15, 19, 87, 88, 90, 100, 112, 130–31, 136, 141, 147, 171, 212, 230, 232
Forrest Gump Twitter post of, 212
GameStop and, 14, 15–19, 43–45,
68–69, 90–92, 94, 95, 100–101, 112–14, 130–33, 143–44, 147–48, 154–55, 260
net worth of, 19, 94, 114, 131, 133, 148, 155, 171, 191, 212
YouTube videos of, as Roaring Kitty, 2, 18, 45, 48–49, 92, 130, 133, 144, 171, 174–75, 191, 211, 213
global financial crisis, xi, 6, 8, 10, 21, 28, 58, 63, 69, 70, 78, 83, 143, 199, 204, 215
GME, *see* GameStop, GameStop short squeeze
Goepfert, Jason, 227
Golden State Warriors, 158
Goldman Sachs, 9, 55, 63, 76, 132, 170–71,
178, 219–20, 254
Google, 46, 162, 243
Google Glass, 24
Google Play, 195
gorillas, 135, 225
Graham, Benjamin, 174, 177
Grand Theft Auto V, 97
Great Crash of 1929, 42, 150, 233
Great Depression, 48
Greenfield, Rich, 39, 180
Griffin, Ken, 8, 14, 41, 65, 67, 146, 189, 206–8, 218, 234, 240
at congressional hearing, 9–11, 14, 65
Gross, Bill, 216, 217, 220, 228

Grube, Jim, 114

Grujic, Al, 208–9

Hacker News, 25

Haghani, Victor, 260–61

Harvard Law School, 220

Harvard University, 80

Hawley, Josh, 198

Hearst, William Randolph, 9

hedge funds, xi, xv, 4, 6–8, 12, 13, 22–24, 56, 67, 68, 73, 75–77, 96, 109, 110–11, 115, 119, 121, 126, 129, 130, 133, 135, 138–39, 141, 143, 146, 157, 170–71, 173, 176, 179–80, 189, 197, 199, 202, 213, 217, 220, 228, 229, 234, 239, 245, 249, 260

and locating a borrow, 72–73

Robinhood's trading restriction and, 197–99, 206

Volkswagen and, 77–78

WallStreetBets as, 139

hedonic products, 51

Hemingway, Ernest, xiii

Hempton, John, 181

herding events, 238

Hertz, 60–61, 255

Hestia Partners, 222–23

Hickey, Mike, 44, 128

high-frequency traders, 236, 238, 243, 247, 258

Robinhood and, 193, 202, 207, 236

Hirst, Damien, 7

HODL-ing, 140, 255–56

homeownership, 71

House Committee on Financial Services hearing, 1–14, 76, 80, 183, 206, 238–40

Gill and, 1–3, 14

Griffin and, 9–11, 14, 65

Huffman and, 11–13, 40, 165–66

Plotkin and, 6–11

Tenev and, 3–6, 11, 14, 32, 40, 65, 206

Washington establishment and, 13–14

Waters's chairing of, 3, 13

Hsieh, Tony, 89–90

Huffman, Steve, 37–38, 40

at congressional hearing, 11–13, 40, 165–66

Hunt, Ben, 165

illusion of control, 27

index funds, xv, 4, 6, 125, 191, 235, 242, 244, 245, 251, 254, 256, 257, 259, 260

influencers, 150–68, 170, 210, 246, 249

In Good Company, 87, 171

initial public offerings (IPOs), 63–65, 155

insider trading, 42

Instagram, 162, 166

Intel, 46

Interactive Brokers, 188

interest, 63

compound, 242
short, 76, 92, 93, 106, 108, 113, 121, 132,
133, 140, 164, 169
zero, 58, 72
internet, 22, 163, 258
see also social media
Invisibly Realtime Research, 13
iShares, 259
Jacob, Mary K., 172
Japan, 81
Ja Rule, 197
Jay-Z, 64
JMP Securities, 70, 199
JOBS (Jumpstart Our Business Startups) Act, 13, 246
Jordan, Michael, 8, 111
J.P. Morgan Asset Management, 255–56
JPMorgan Chase, 160, 217
KaloBios, 39
Kearns, Alex, 103–4
Kindleberger, Charles P., 179
Klarman, Seth, 184
Koss, 132, 169, 188, 224
Kruger, Justin, 28
Kynikos Associates, 77
Ladies' Home Journal, 150
Lamberton, Cait, 54, 62
Lamont, Owen, 80
Langer, Ellen, 27
Langlois, Shawn, 45

Laufer, Henry, 237
Lay, Kenneth, 85
Lebed, Jonathan, 163
Leder, Michelle, 239
Ledger, Heath, 138
Left, Andrew, 39, 116–26, 148, 191, 214, 217
GameStop and, 120–24, 129, 130, 133, 146
harassment of, 122
WallStreetBets and, 121–23, 126, 129, 130, 133, 136, 238
Lehman Brothers, 80, 117
Lending Tree, 162
Levie, Aaron, 26
Lewis, Michael, 16, 88
Lindzon, Howard, 24, 49, 176
LinkedIn, 239
Livermore, Jesse, 78–79
locating a borrow, 72–73, 80
Loeb, Dan, 111
Lombardi, Vince, 8
Long-Term Capital Management, 260
Loop Capital, 128
Los Angeles Times, 215
loss aversion, myopic, 236
lotteries, 62, 239, 241, 242
Lowenstein, Roger, 260
Lucid Motors, 164
Mad Money, 254
Madoff, Bernie, 117, 206

MagnifyMoney, 162

Mahoney, Seth, 19, 31, 176–77

Malaysia, 75

Malkiel, Burton, 253

Manias, Panics, and Crashes (Kindleberger), 179

Manning, Peyton, 64

Man Who Solved the Market, The (Zuckerman), 237

Maplelane Capital, 217

March Madness, 57

Marcus, 257

margin calls, 203–5

margin debt, 58–59, 62, 67, 138, 188

Markets Insider, 103

MarketWatch, 45, 180

MassMutual, 87, 131, 171

Mavrck, 142

Mayday, 48–50, 66

McCabe, Caitlin, 128–29

McCormick, Packy, 23, 35, 104, 202

McDonald, Larry, 99

McDonald's, 154

McHenry, Patrick, 239

McLean, Bethany, 85

Medallion Fund, 237

MedBox, 117

Melvin Capital Management, 6–8, 56, 72, 94–96, 110–12, 114, 119, 121, 123, 128–30, 132, 135, 136, 146, 189, 190, 202, 205, 217, 218, 222, 227

meme stocks, xii–xiv, 5, 7–9, 11, 12, 14, 22, 30, 32–34, 36, 39, 40, 47, 54, 63, 67, 72, 73, 76, 100, 108, 123, 125, 127, 129, 132–33, 135, 137–40, 146, 147, 153–55, 157, 159, 160, 162, 164, 169, 170, 178, 179, 181, 183, 185, 191, 193, 194, 198–99, 204–5, 208, 219, 220, 222, 227, 229, 230, 237, 238, 240, 246

AMC, 39, 93, 125, 127, 132, 169, 188, 220–21, 224–26

Bed Bath & Beyond, 115, 133, 188

BlackBerry, 93, 115, 133, 169, 178, 188, 224

bot activity and, 165, 166

GameStop, *see* GameStop, GameStop short squeeze

insiders of, 224

Koss, 132, 169, 188, 224

margin debt and, 58

Naked, 132, 188

Nokia, 169, 178, 188

payment for order flow and, 207

Robinhood's trading restrictions on, 187–89, 194, 195–200, 203, 206

Merton, Robert, 101, 102, 108

Microsoft, 46, 93

Mihm, Stephen, 48

millennials, 21, 26, 27, 56, 71, 88, 142, 143, 148, 162, 242, 246, 255

Minnis, Chad, 126, 157, 242

MoneyWatch, 59

monthly subscription services, 32

Morgan Stanley, 28, 55, 178, 219

Morningstar, 216, 244, 245, 254, 255

Motherboard, 131–32

Motter, John, 215–17, 226

Mudrick, Jason, 220–21

Mudrick Capital Management, 220

Mulligan, Finley, 230

Mulligan, Quinn, 142, 214

Munger, Charlie, 183–84, 241

Murphy, Paul, 78

Musk, Elon, 19, 75, 82–83, 92, 124, 143, 149, 152–53, 155–57, 160, 161, 167, 212, 216

tweets of, x, 60, 82, 83, 124, 144, 152–54, 161, 170

Must Asset Management, 221

mutual funds, 139, 151, 221, 234, 244, 245, 254–56

myopic loss aversion, 236

Naked Brand, 132, 188

Nasdaq, 60, 92, 98, 104

Nasdaq Whale, 98, 104–6, 108, 109, 227

Nathan, Dan, 192

National Council on Problem Gambling, 31, 57

National Futures Association, 118

Nations, Scott, 99

Nations Indexes, 99

NCAA Basketball, 57

Netflix, x–xi, 15, 50, 98, 133, 208

Netscape, 24

Neumann, Adam, 105

New Yorker, 143

New York Mets, 8, 161

New York Post, 124, 172

New York Stock Exchange, 49

New York University, 20, 82, 177

Nikola, 64

NIO, 120

Nobel Prize, 101, 260

Nokia, 169, 178, 188

nudges, 31–32, 235–36

Nvidia, 98

Obama, Barack, 13, 38

Ocasio-Cortez, Alexandria, 160, 197

Occupy Wall Street movement, 12, 125

Odean, Terrance, 235, 238, 243

Odey, Crispin, 126

Ohanian, Alexis, 12, 37–38, 125

O'Mara, Margaret, 38, 156, 157

Omega Family Office, 191

O'Neal, Shaquille, 64

Oppenheimer, Robert, 83

options, 34–35, 99–107, 217

call, *see* call options

delta and, 107, 108

losses and quick approval processes for, 103

put, 46, 99, 106, 111–12, 148
Robinhood and, 34–35, 102–4, 106, 108–9
Options Clearing Corporation, 102
Pagel, Michaela, 235
Palantir Technologies, 120
Palihapitiya, Chamath, 143, 144, 152–53,
155, 157–58, 160, 164, 212, 234, 246, 253
Palm, 84
PalmPilot, 84
Pao, Ellen, 38
Paperwork Crisis, 49
Parker, Sean, 38
payment for order flow, 10, 33, 153, 196, 206–9
Penn National, 57
penny stocks, 60, 120, 133, 166, 167
Permit Capital, 223
Pershing Square Holdings, 56
Pets.com, 90
PetSmart, 89
Pew Research, 71
Physical Impossibility of Death in the Mind of Someone Living, The
(Hirst), 7
Piggly Wiggly, 78–79
PiiQ Media, 166
PIMCO, 216
Plotkin, Gabriel, 41, 56, 67, 73, 80,
85, 86, 95–96, 110–12, 114–15, 116, 122, 123, 129, 130, 133, 140, 146, 148, 157, 158, 161, 191, 197, 213–14, 217, 218, 227, 240, 246, 250, 253
at congressional hearing, 6–11
Porsche, 77
Portnoy, Dave, 57, 152–55, 158–59, 161, 181, 188–89, 212
Povilanskas, Kaspar, 195
Pruzan, Jonathan, 219
Psaki, Jen, 192
Public.com, 196, 207, 209
pump and dump, 163
put options, 46, 99, 106, 111–12, 148
Qualcomm, 46
RagingBull, 163
Random Walk Down Wall Street, A
(Malkiel), 253
Raskob, John J., 150–52, 154, 156
Raytheon, 153–54
RC Ventures LLC, 114
Reagan, Ronald, 156, 234
Reddit, xi, xii, 11–12, 19, 22, 23, 25, 36–39, 41, 42, 107, 122, 125, 162, 164, 199
founding of, 37–38
Gill's influence on, 141–42; *see also*
Gill, Keith; WallStreetBets
karma on, 47, 141–42

mechanics and demographics of, and GameStop, 37

offensive subreddits on, 38

r/ClassActionRobinHood, 196

r/GMEbagholders, 140

r/investing, ix, 46

r/wallstreetbets, *see* WallStreetBets

Super Bowl ad of, 12

Volkswagen squeeze and, 78

Reddit Revolution, xv, 41, 42, 75, 99, 152,

170, 192, 206, 211, 219, 220, 230, 246, 261

see also GameStop, GameStop short squeeze; WallStreetBets

rehypothecation, 80, 92

reinforcement learning, 35

Reminiscences of a Stock Operator (Lefèvre), 78

Renaissance Technologies, 237

retail trading, xiii, xiv, xvi, 4, 7, 9–14, 49,

56–59, 63–64, 66, 67, 81, 98,

140–41, 143, 169–70, 178, 181, 183, 186, 194, 218, 237, 238, 244, 247

retirement accounts and pension funds, 5, 13, 27, 31–32, 41, 69, 76, 77, 81, 171, 182, 234, 235, 245, 252, 255, 256

Rise of the Planet of the Apes, 135–36

RiskReversal Advisors, 192

Ritter, Jay, 63, 65

Roaring Kitty (Gill's YouTube persona), 2, 18, 45, 48–49, 92, 130, 133, 144, 171, 174–75, 191, 211, 213

Roaring Kitty LLC, 171

Robinhood, xi, xiii, xv, 4–6, 13–14, 19, 22–35, 41–42, 50, 53, 55, 57, 61, 66, 70, 81, 98, 139, 141, 153, 154, 157, 158, 161, 176, 178, 183, 184, 187–90, 193, 194, 195–210, 212–13, 219, 237–38, 243, 245, 246, 259

account transfer fees of, 54

average revenue per user of, 66–67

Buffett on, 240–41

call options and, 97–98

Citadel and, 10, 11

clearinghouse of, 187

commissions and, 49, 50

customer loan write-offs of, 205

daily average revenue trades of, 59

daily deposit requirement of, 205

former regulators hired by, 239–40

founding of, 3, 23–25, 90

funding crisis of, 187–88, 193, 198, 203, 205–6

gamification and, 29–31

Gold accounts, 32, 58, 97, 202

growth of, 25–26, 50

herding events and, 238

Hertz and, 61

hyperactive traders and, 193, 202, 207, 236

原书索引（页码数字为原书页码）

initial public offering of, 200–201, 219

Instant accounts, 32

Kearns and, 103–4

lawsuits against, 196

margin loans of, 58–59, 205

median account balances with, 50, 54

options and, 34–35, 102–4, 106, 108–9

payment for order flow and, 10, 33, 196, 206–9

revenue from securities lending, 73

risky behavior encouraged by, 202–3

Robintrack and, 53, 61

SPACs and, 64

stimulus checks and, 56

Super Bowl ad of, 28, 30, 200

technical snafus by, 53–54

Top 100 Fund and, 61

trading restricted by, 187–89, 194, 195–200, 203, 206, 209

valuation of, 49

WallStreetBets and, 22–23

wholesalers and, 33–35, 49, 104, 106

Robin Hood (charitable foundation), 196–97

robo-advisers, xv, 27, 257–58

Betterment, 27, 54, 183, 193, 242, 257, 258, 261

SoFi, 27, 56, 57, 158

Rockefeller, John D., 9

Rodriguez, Alex, 64

Rogers, Will, 163

Rogozinski, Jaime, 23, 39, 46, 50, 53, 55, 70–71, 97, 122, 138, 144, 190, 231

Roper, Barbara, 29–30, 35, 54, 185, 241

Rozanski, Jeffrey, 46

Rukeyser, Louis, 156

Russell 2000 Value Index, 125, 191

S3 Partners, 76, 81, 130, 133, 170, 217

SAC Capital Advisors, 7, 110

Sanders, Bernie, 65–66, 198

S&P (Standard & Poor's), 83

S&P Dow Jones Indices, 70, 254

S&P 500, 76

Sanford C. Bernstein & Company, 244

Santoli, Michael, 170

Sarbanes–Oxley Act, 42

sardines parable, 184–85

Saturday Night Live, 154

Saunders, Clarence, 78–79

Saveri, Joseph, 190

Saverin, Eduardo, 38

savings, 56, 58, 62, 69, 163, 182, 241, 256–57

see also retirement accounts and pension funds

Scarface, 113

Scholes, Myron, 101, 102, 108

Schulp, Jennifer, 14

Schwab, 24, 25, 33–35, 49, 50, 59, 66, 70, 139, 200, 202, 234, 236, 245, 257, 259
Schwed, Fred, Jr., 233–34, 247, 258
Securities and Exchange Commission (SEC), 30, 34, 42, 61, 66, 83, 84, 90, 117, 120, 139, 153, 163, 167–68, 192–93, 206–8, 230, 231, 246
Robinhood's hiring of regulators from, 239–40
Seides, Ted, 245
SentimenTrader, 227
Senvest Management, 221
Sherman, George, 224
short selling, xi, xii, 12, 72–73, 74–86, 93, 95, 106–7, 115, 119–20, 125–26, 164, 181, 217, 225, 246–47
   activist, 119
   bans on, 83
   benefits to others from, 84–85
   interest and, 76, 92, 93, 106, 108, 113, 121, 132, 133, 140, 164, 169
   long-term strategies and, 81
   misunderstandings about, 80–81
   naked, 80
   rehypothecation and, 80, 92
   Tesla and, 81–82, 106, 107
short squeezes, xii, 5, 23, 39, 40, 72, 73, 75–77, 81, 107–8, 113, 126, 139, 184, 221, 247
   corner in, 75
   GameStop, *see* GameStop, GameStop short squeeze
   gamma, 108, 109, 132, 141, 216, 227–28
   history of, 77–80
   silver, 229–30
   Volkswagen, 77–78, 81
   see also meme stocks
Shkreli, Martin, 38–39
Siegel, Robert, 50
SigFig, 257
Signal Advance, 60
Silent Road to Serfdom, The: Why Passive Investing Is Worse Than Marxism, 244
Silicon Valley, 24–26, 40–41, 154, 156, 157, 160, 168
silver, 229–30
Silverblatt, Howard, 70
Silver Lake, 225
Simons, Jim, 237
Skilling, Jeffrey, 85
Skinner, B. F., 31
Slate, 175
smartphone apps, 26
smartphone trading apps, x, xi, 1, 21–25, 36, 41, 53, 87, 102, 208, 236, 247, 251, 257–58
   Doji, 47
   social media and, 36
   see also Robinhood

Smith, Ben, 19
Snoop Dogg, 24
Social Capital, 152
Social Identity and Morality Lab, 20
Social Leverage, 24
social media, x, 1, 4, 6, 11, 12, 18–20, 21–25, 41, 57, 107, 135, 137, 141, 154–56, 159, 162, 163, 167, 176, 179–80, 182, 188, 189, 193, 194, 195, 199, 200, 243, 247, 253
advertisers and, 202
bots on, 163–66
Facebook, 37–38, 98, 162, 166, 202
harassment on, 39, 122, 125
peers and, 35–36, 142–44
Reddit, *see* Reddit
smartphone trading apps and, 36
TikTok, 18, 37, 107, 131, 162–63
Twitter, *see* Twitter
YouTube, *see* YouTube
Social Network, The, 38
social proof, 142–44
social reality, 36
SoFi, 27, 56, 57, 158
SoftBank Corp., 105–7, 109
Sohn Investment Conference, 111, 253
Solomon, David, 220
Son, Masayoshi, 105, 106
Sony, 93
Soros, George, 183
SPACs (special purpose acquisition companies; blank check firms), 64–65, 155, 158, 164, 178, 194, 246, 247
sports betting, 26, 30–31, 57
sports team ownership, 8, 111, 158, 246
Stanford University, 25
Center on Longevity, 71
Stein, Jon, 193, 242, 261
Stern School of Business, 82
S3 Partners, 76, 81, 130, 133, 170, 217
stimulus checks, 56, 62, 71, 72, 255
Stocklemon, 118
stock market crash of 1929, 42, 150, 233
stock market crash of 1987, 10, 70
stock market prices and valuation, 173, 178–81, 185
Stocktwits, 24, 176
stonks, 173, 175–78, 181, 185, 209
Stratton Oakmont, Inc., 118
student loans, xi, 62
Summer, Donna, 9
Sundheim, Daniel, 8
Super Bowl, 19
Super Bowl ads
Reddit, 12
Robinhood, 28, 30, 200
Supreme Court, 26
Survey of Consumer Finances, 252
Swedroe, Larry, 62, 66, 238, 247
Szymczak, Kayana, 171–72
Tabb, Larry, 33–34

Taleb, Nassim Nicholas, 5
taxes, 66–67
TD Ameritrade, 25, 51, 139, 188
technologies, 155
defense of, 40–41
tech stocks, 59, 76, 84, 92, 104–5
Tenev, Vladimir, 30, 49, 67, 89, 161, 183,
187, 194, 197, 200, 201, 204–6, 210, 219, 234, 240
at congressional hearing, 3–6, 11, 14, 32, 40, 65, 206
Robinhood cofounded by, 3, 23–25, 90
Tesla, Nikola, 64
Tesla Motors, 15, 50, 52, 64, 81–82, 91, 92, 98, 103, 105–7, 120, 124, 149, 152, 164, 259
Thaler, Richard, 31
TheStreet, 128
3Com, 84
TikTok, 18, 37, 107, 131, 162–63
Tillinghast, Joel, 221–22
Tinder, 24, 122
Tongji Medical, 60, 161–62
TopStonks.com, 94
trading apps, *see* smartphone trading apps
trading commissions, *see* commissions
"Trading Is Hazardous to Your Wealth" (Barber and Odean), 235
Trading Places, xiv, xv

"trading sardines" parable, 184–85
Treasury notes, 58
Trump, Donald, 13, 70
Trump, Donald, Jr., 197
Trust Index, 143
Twitter, 11, 19, 24, 37, 39, 57, 88, 135, 152–54, 157–58, 161–63, 166, 172, 177, 187, 202
Gill's *Forrest Gump* post on, 212
Musk's use of, x, 60, 82, 83, 124, 144, 152–54, 161, 170
SEC and, 167–68
two-day period to settle trades, 204
Uber, 105
unemployment, 71, 151
Ursus, 85
utilitarian products, 51
Valeant Pharmaceuticals, 116–17, 120, 125
Van Bavel, Jay, 20, 36
VandaTrack, 139
VanEck, 158–59
Vanguard Group, 8, 32, 254, 257, 259
venture capitalists, 24
Vergara, Salvador, 172–73
Verlaine, Julia-Ambra, 171
Versailles, 9
Virtu Financial, 49, 55, 178, 202, 207, 218
Vision Fund, 105
Volcker Rule, 42

Volkswagen, 77–78, 81

Vrabeck, Kathy, 114, 223

WallStreetBets, ix–x, xii, xiv, 2, 4, 8, 11, 14, 15, 16, 19, 22–23, 36, 38–40, 43–47, 55, 57, 67, 69, 75–77, 88, 92–95, 97–99, 107, 111, 113, 115, 120, 122, 127–32, 135, 138, 145, 147–49, 152, 157, 159–61, 170–72, 181–82, 188, 190, 192, 193, 205, 213, 216–17, 220–22, 227, 229–31, 238, 243, 255, 259

AMC and, 225–26

"apes together strong" and, 135–36

WallStreetBets (*cont.*)

bots on, 163–66

BTFD on, 69

DeepF**kingValue on, *see* Gill, Keith

as hedge fund, 139

Jeffamazon on, 107–9

Kronos_415 on, 103, 107

Left and, 121–23, 126, 129, 130, 133, 136, 238

membership demographics of, 57

MoonYachts on, 97–98

number of members of, xi, 46, 136–38, 190, 199, 213, 229

Player896 on, 93, 109

proof of trade on, 47 racial slurs on, 190

Robinhood and, 22–23

Senior_Hedgehog on, 72, 73, 76, 79, 92

sharing of losses on, 144

Stonksflyingup on, 95, 109

taken off-line, 190

WeLikeTheStock and, 126, 242

see also GameStop, GameStop short squeeze

Wall Street Journal, ix, 30, 50, 52, 61, 84, 118, 128–29, 132, 136, 152, 171, 179, 180, 210, 211, 223, 250, 253

Wall Street Week, 156

Walmart, 26

Wanda, Dalian, 225

Wang Jianlin, 225

warrants, 101

Washington Post, The, 161

Waters, Maxine, 3, 13, 64–65, 76

Wealthfront, 27, 257

wealthiest Americans, 234

wealth inequality, xi, 14, 71–72, 160, 182

Webull, 178, 200

Weissmann, Jordan, 175–76

WeLikeTheStock, 126, 242

West, Jack, 172

Western Digital, 46

WeWork, 105

When Genius Failed (Lowenstein), 260

Where Are the Customers' Yachts? or A Good Hard Look at Wall Street (Schwed), 233–34

wholesalers, 33–35, 49, 104, 106, 203,

208–9
Whyte, Keith S., 31, 55
Williams, Serena, 64
Wirecard, 85
Wisdom Homes of America Inc., 167
Wolf, Kurt, 222–23
Wolfie Has Fallen (Comeau), 47
Wooten, Jadrian, 19
WorldCom, 42
World Wide Robin Hood Society, 197
Yahoo, x, 163
Yellen, Janet, 10, 231
YOLO traders, 16, 23, 33, 42, 200, 201, 231, 237, 249, 261

YouTube, 2, 18, 37, 92, 131, 162, 166, 214
   Gill's videos on, as Roaring Kitty, 2, 18, 45, 48–49, 92, 130, 133, 144, 171, 174–75, 191, 211, 213
Zappos, 89–90
zero commissions, 47, 48–51, 54, 59, 70, 101, 102, 139, 166, 218, 241, 247, 259
zero interest rates, 58, 72
zero-price effect, 51
Zuckerberg, Mark, 37–38
Zuckerman, Gregory, 237
Zulu Dawn, xiv, xv
Zweig, Jason, 179, 181